INTRODUCTION
À LA
PHILOSOPHIE

BIBLIOTHÈQUE DES TEXTES PHILOSOPHIQUES

Fondateur : Henri GOUHIER

Directeur : Jean-François COURTINE

F. W. J. SCHELLING

INTRODUCTION À LA PHILOSOPHIE

Traduction, présentation et postface
par
Marie-Christine CHALLIOL-GILLET
et
Pascal DAVID

Ouvrage publié avec le concours d'Inter Nationes, Bonn, et de la Maison des Sciences de l'Homme, Paris

PARIS
LIBRAIRIE PHILOSOPHIQUE J. VRIN
6, Place de la Sorbonne, V^{e}

1996

Édition originale : Schelling : Einleitung in die Philosophie.
Hrsg. von Walter Ehrhardt. Schellingiana, Band 1. 1989.

Printed in France
ISSN 0249-7972
ISBN 2-7116-1281-3

PRÉSENTATION

Comme le souligne leur éditeur, Walter E. Ehrhardt, ce cours de 1830 d'*Introduction à la philosophie*, dont l'édition en 1989 inaugure la série *Schellingiana* de la Société Schelling, chez Frommann-Holzboog, présente la dernière grande figure de la philosophie de Schelling avant l'élaboration, ou du moins l'achèvement, de la philosophie de la Révélation. Il s'agit d'une copie offerte à Hubert Beckers par Daxenberger, secrétaire personnel du prince Maximilien. Comme il pourrait s'agir d'une dictée originale, ou révisée – en tout cas d'une *Abschrift,* non d'une *Nachschrift* – on accordera sans peine que « l'intérêt de la trouvaille n'est pas surfait »[1] *.

Comme l'indique leur titre, ces cours d'*Introduction à la philosophie* ont une ambition propédeutique, que l'on pourrait d'ailleurs dire triple : propédeutique à la philosophie moderne (Descartes, Spinoza, Leibniz, Kant, Fichte), au fil du rapide survol qui en est proposé, comme condition nécessaire à la compréhension du dessein philosophique schellingien qui s'y trouve impliqué, auquel ces cours se veulent donc également une propédeutique, et par là enfin propé-

1. X. Tilliette, Postface à la réédition de *Schelling. Une philosophie en devenir* (Vrin, 1992), t. II, p. 516.

* Liste des abréviations utilisées :

– I-XIV, chiffre arabe : F.W.J. Schelling, *Œuvres complètes,* éditées par K.F.A. Schelling, Stuttgart, 1856-61.

– Cgm 6282, p. : cote de la Bayerische Staatsbibliothek, transcription, par Hubert Beckers, des leçons sur l'Introduction à la philosophie, 1830.

– NL Schelling : Académie des sciences de l'ex-RDA, archives, cote : NL Schelling.

– Plitt I-III, p. : *Aus Schellings Leben.* In Briefen. Édité par G.L. Plitt, Leipzig, 1869-70.

– *Rariora,* p. : *Schellingiana rariora,* rassemblés et préfacés par Luigi Pareyson, Turin, 1977.

– *Spiegel,* I-II, p. : *Schelling im Spiegel seiner Zeitgenossen.* Édité par X. Tilliette, Turin, 1974-81.

deutique à la philosophie, dans l'achèvement qu'entend lui donner la pensée schellingienne, et la configuration revendiquée ici du « système de Schelling ». Le raccourci saisissant proposé de l'histoire de la philosophie moderne gagne assurément à être complété, éclairé, voire nuancé par l'enseignement de Schelling expressément consacré à ces questions, notamment dans le cours intitulé *Contribution à l'histoire de la philosophie moderne*[2]. Si Schelling a conscience d'inscrire son dessein philosophique dans l'aventure, à laquelle il se trouve mêlé, de la philosophie moderne, c'est pourtant la philosophie grecque, dans ses figures essentiellement pythagoricienne et platonicienne, qui ici fait figure de partenaire du dialogue, de *répondant* à ses propres investigations.

Les trente-quatre leçons de ce cours se partagent explicitement, selon la distinction qu'elles instituent et accomplissent entre philosophies négative et positive, en philosophie négative (Leçons I à XXV) et philosophie positive (Leçons XXVI à XXXIV). L'enjeu ne réside pas seulement dans cette sorte de déhiscence d'une philosophie en deux que sont aussi deux philosophies en une, mais dans le difficile passage, dans le problème de la transition *(Übergang)* de l'une à l'autre, dans l'accomplissement du geste, toujours recommencé, qui consiste à franchir le seuil de la philosophie positive, d'autant que cette césure, loin de scander seulement l'itinéraire philosophique schellingien, permet de reprendre et de rejouer, de réorchestrer toute l'histoire de la philosophie à la lumière d'une dualité, voire d'une dichotomie qu'elle abritait sans pouvoir la thématiser explicitement, sauf précisément à *se reprendre*. On voit d'ailleurs comment l'opposition entre philosophies respectivement négative et positive se prépare avec celle entre « philosophie logique » et « philosophie historique ». Toujours est-il que cette *Introduction à la philosophie* montre on ne peut plus explicitement que le rapport entre philosophie négative et philosophie positive n'est pas un rapport d'exclusion réciproque, mais de mutuelle complémentarité (Leçon III, *in fine*). C'est pourquoi l' « introduction à *la philosophie* » ne saurait consister ni à sanctionner un divorce, ni à juxtaposer purement et simplement deux « parties », car il s'agit bien plutôt de deux « côtés » ou « versants » *(Seiten)* d'une philosophie indivise et « d'un seul tenant » *(aus einem Stück)*[3], si bien que le besoin d'une philosophie positive ou historique, secrète aspiration de toute philosophie, ne peut pas ne pas se faire sentir également, comme *en*

2. Trad. J.-F. Marquet, P.U.F., coll. Épiméthée, 1983.

3. Cf. par exemple le début de la Sixième Leçon de l'*Introduction* à la *Philosophie de la Révélation* = SW 6 E 94).

creux ou en filigrane, au sein même de la philosophie négative ou purement logique. La philosophie positive se fait jour ici, par conséquent, bien avant qu'en soit effectivement (et solennellement) franchi le seuil. C'est ainsi que la Leçon VI montre que la philosophie est irréductible à une simple logique, entendue comme pensée ayant la pensée pour objet : « qui veut penser sur la pensée cesse par là même de penser ». La pensée fidèle à sa vocation native « vise l'objet lui-même », c'est l'objet lui-même, extérieur à la pensée et à elle antérieur, qu'elle « attaque », s'il est permis de reprendre ici l'illustration gastronomique donnée par Schelling, comme l'hôte délicat fait honneur aux plats au lieu de se lancer dans de vastes considérations apéritives sur l'alimentation ou l'art culinaire ! Le positif est défini ici (Leçon IX) comme *« ce dont on ne peut savoir à l'avance qu'il est, mais dont on sait seulement qu'il est par le fait qu'il est. »* N'étant pas susceptible, par définition, d'être anticipé, il est par excellence ce qui « fait événement », ou en d'autres termes, il est ce dont la réalité prévient la possibilité. Par opposition à la pure nécessité qui prévaut dans la philosophie négative, logique ou purement rationnelle, c'est une certaine contingence que doit assumer la philosophie positive, qualifiée ici de « pensée libre » par opposition à la « pensée nécessaire », en s'ouvrant à la libre et irréductible singularité de l'Existant.

La pensée n'a donc pas pour vocation, selon Schelling, de se prendre elle-même pour objet, d'être une pensée sur *(über)* elle-même, mais bien plutôt, dit Schelling en sollicitant le mot *nachdenken*, une pensée « d'après », qui ne peut survenir que dans un « après-coup », selon la structure d'une expérience à l'aune de laquelle elle s'élabore. Mais si empirisme il y a, encore faut-il prendre soin d'en préciser le sens inédit. Car il s'agit là d'un empirisme philosophique ou encore « métaphysique », dont l'expérience est plutôt construite que donnée, à titre de résultat de l'investigation philosophique, bref, cet empirisme n'a pour ainsi dire rien d'empiriste. L'expérience est bien, si l'on veut, ce dont il faut partir, mais à condition d'y arriver ! Aussi avons-nous recouru au terme « expérientiel », suggéré par X. Tilliette qui l'emprunte à Gabriel Marcel[4], pour traduire le vocable schellingien *erfahrungsmäßig*, mot-clef de la philosophie munichoise. Si la philosophie a pour tâche d' « expliquer le fait du monde » (ou encore « l'énigme du monde »), c'est là un « fait » dont il convient tout d'abord de se mettre en quête, qui demande à être constitué et établi, ou découvert, car,

4. Voir ci-dessous Leçon VI, note 12.

comme l'*Introduction à la philosophie* le redit après le *System der Weltalter*[5], « le véritable fait est toujours quelque chose d'intérieur».

Le « monde » dont il revient à la philosophie d'expliquer le « fait » ou l' « énigme », ne consiste pas en concepts abstraits, mais pas davantage en concepts concrets, car il ne consiste nullement en concepts. La concrétude du concept ne nous fait pas sortir du concept. Pour cette raison, la définition donnée par Hegel de la nature, comme « l'idée sous la forme de l'être-autre »[6], va constituer ici une cible privilégiée pour Schelling, la Leçon XVII étant tout entière consacrée à une critique de l' « épisode » de la philosophie hégélienne, critique amorcée du reste par la Leçon XVI. Mais de façon plus générale, c'est tout le cours d'*Introduction à la philosophie* qui peut se lire comme une critique, ouverte ou feutrée, de la philosophie de Hegel, critique d'autant plus acérée qu'elle ne revient pas à la rejeter en bloc, mais à lui assigner une place, et une place telle qu'elle ne saurait prétendre constituer le système de la philosophie. Si l'on adopte le point de vue de Schelling, toute la philosophie de Hegel se présente moins, si grandiose que puisse être son édifice systématique, comme l'avènement d'une figure inédite de la pensée philosophique que comme une réédition de l'échec de celle-ci, à savoir comme philosophie négative. D'où l'attention privilégiée portée par Schelling à ce qui, dans le hégélianisme achevé, lui apparaît comme une pseudo-transition entre la science de la logique et la philosophie de la nature, dans la mesure où la nature équivaut à l'agonie du concept ou à la déchéance de l'Idée. Ce n'est d'ailleurs pas le fait d'avoir remanié et parachevé la philosophie logique qui constitue, aux yeux de Schelling, le défaut rédhibitoire du hégélianisme, mais plutôt, à l'inverse, sa prétention d'accéder au positif, son absorption et sa résorption de l'existant, de la nature, du « fait du monde » dans le conceptuel, de l'extra-logique dans le logique. Il n'y aurait rien à redire, à la limite, à la philosophie de Hegel, si celle-ci consentait à ne se présenter que comme « philosophie négative », mais c'est là dire au fond : si celle-ci n'était pas la philosophie de Hegel ! Le réel, s'il est rationnel, est surtout extra-rationnel selon l'économie de la philosophie positive. Aussi est-ce la problématique jonction entre le rationnel et le réel, entre le « logique » et le « naturel », entre le « négatif » et le « positif », qui focalise toute l'attention de Schelling lecteur de Hegel. Mais il ne s'agit là que de points névralgiques, et l'on pourra s'étonner à bon droit de voir le système hégélien soumis à un tel traitement de défaveur. D'un commentateur perspicace des écrits de

5. Éd. Siegbert Peetz, Francfort, Klostermann, 1990, Leçon XX, p. 86.
6. *Encyclopédie*..., § 247.

Schelling, retenons ce jugement émis naguère, et qui peut corroborer l'impression que laissent les leçons de l'*Introduction à la philosophie* : « Tout se passe (...) comme si Schelling avait cherché avant tout à sonder les points "critiques" du système hégélien – plus précisément son commencement et sa fin, et ce rebondissement imprévu où l'Idée "se laisse aller" à la nature ; sur le détail, sur l'enchaînement même des moments du concept, il a vraisemblablement glissé très vite. »[7]

En tout état de cause, la nature n'est pas pour Schelling une aventure immanente à la logique du concept, elle s'offre à la pensée tout autant qu'elle s'y refuse, ou plutôt ne s'offre à elle que pour autant qu'elle s'y refuse, et ainsi lui offre une résistance, à titre de principe rebelle, réfractaire, récalcitrant. Elle est existence divine suspendue, et s'inscrit par là même, dans l'économie de la Révélation, comme une ruse ou un détour, voire une dissimulation. Un texte s'y donne à déchiffrer, que nous ne savons plus lire, qui est à vrai dire comme un palimpseste de l'histoire des hommes. Mais si le livre de la nature est pour nous un livre refermé, s'il nous est devenu illisible, ou indéchiffrable, il n'en reste pas moins que « l'histoire de la nature est notre histoire » (Leçon XXXII), une histoire mouvementée, tourmentée, dont Schelling s'attache à scruter les vestiges, à recueillir les signes de désespoir et de découragement, d'amertume et de deuil : « Qui peut bien s'imaginer que l'amertume de l'eau de mer, la puanteur des javelles, seraient un paisible produit de la nature ? Ne faut-il pas voir là, bien plutôt, ce qu'ont enfanté le découragement, l'angoisse et le désespoir ? Nous nous tenons à vrai dire devant la nature comme devant un livre refermé, ou une histoire qui a sombré ... » *(ibid.)*. La nature est au fond une histoire qui a mal tourné, et en ce sens elle peut même être qualifiée d' « erreur ». Mais de cette histoire avortée, nous sommes les contemporains immémoriaux, en même temps que les dépositaires de la *puissance* qui s'y morfond à la peine. On peut songer ici à Nerval, au « pur esprit » qui « s'accroît sous l'écorce des pierres », ou à Michelet, qui ajoutera : « il faut le dire, cet hymen de l'esprit et de la matière, de l'homme et de la nature, les agrandit et les enchante l'un par l'autre. *L'esprit divin*, dit Schelling, *dort dans la pierre, rêve dans l'animal, est éveillé dans l'homme.* L'homme est le verbe du monde, la nature ayant conscience d'elle-même et reconnaissant son identité, il s'y retrouve en toute chose et sent à son tour respirer en lui l'univers ; partout la vie réfléchit la vie. *Ne vivent-ils pas ces monts et ces étoiles ? Les ondes, n'est-il pas en elles un esprit ?*

7. J.-F. Marquet, tr. cit., Présentation, p. 12.

Et ces grottes en pleurs, n'ont elles pas un sentiment dans leurs larmes silencieuses ? (Byron). Lorsque, préoccupé de ces idées, on parcourt les forêts et les vallées désertes, c'est je ne sais quelle douceur, quelle sensualité mystique d'ajouter à son être l'air, les eaux et la verdure ou plutôt de laisser aller sa personnalité à cette avide nature qui l'attire et qui semble vouloir l'absorber. »[8] C'est à peu près en ces termes, en effet, que Schelling présente l'hymen de l'homme et de la nature, ou plutôt, ce qui a empêché leur rapport d'aller jusqu'à cet hymen, l'homme ayant comme *court-circuité* la nature qui attendait de lui qu'il en fût l'animateur ou le « remueur » magique, qui l'eût alors fêté comme un dieu, si seulement il ne s'était pas insurgé en son individualité et n'avait, par là même, rompu le charme : « Ce n'est pas de son plein gré que la nature se pare, telle une fiancée dont le prétendant est mort le jour des noces, et demeure, solennellement vêtue, désemparée. » (Leçon XXXIV). Schelling cite dans ce contexte le mot de Lessing qui, invité à s'extasier de concert devant le verdoiement printannier de la nature, déclara qu'il préférerait encore que tout rougeoie, afin qu'il y eût au moins quelque changement dans le cycle immuable des saisons. C'est depuis lors, ajoute Schelling, que l'homme ne peut rien obtenir de la nature qu' « à la sueur de son front ». Expulsé de l'enclos, il ne lui reste plus que l'histoire : *« Le Seigneur Dieu le fit sortir ensuite du jardin de délices, afin qu'il allât travailler à la culture de la terre dont il avait été tiré. Et l'en ayant chassé ... » (Genèse, III, 23-4).* Être de la nature à présent opposé à la nature qu'il lui faut affronter au lieu de simplement s'y inscrire (selon un fil conducteur de l'analyse qui sera celle de Marx dans les *Manuscrits de 44*), devenu étranger à la nature qui a cessé d'être pour lui accueillante, l'homme n'a plus la possibilité de se reposer en son sein, de se dire avec Lamartine[9] :

Mais la nature est là, qui t'invite et qui t'aime

On peut lire ces analyses à la lumière de la *Philosophie de la Révélation* alors en gestation, où c'est une *expulsion* qui constitue l'événement initiateur de l'histoire, le coup d'envoi annonciateur de tous les événements à venir, ou encore, en amont, comme un lointain écho des toutes premières recherches de Schelling, en 1792, sur le chapitre III de la *Genèse (De malorum origine)*, qu'il fut le premier à

8. *Introduction à l'Histoire universelle*, éd. Charles Morazé, Paris, 1962, pp. 220-221, cit. par X. Tilliette, *op. cit.*, t. II, p. 492 n. 7.
9. *Le Vallon*, in *Premières Méditations poétiques.*

interpréter comme philosophème. De Spinoza à Marx, mais en passant notamment par Lessing et Schelling, l'exégèse rationaliste de la Bible aura servi de prélude et de tremplin à une *histoire* de la raison, et par là à une *philosophie de l'histoire* [10] dont ces Leçons cherchent le « fil d'Ariane ».

Pascal DAVID

10. Telle est du moins la thèse développée dans la belle étude de Wilhelm G. Jacobs, *Gottesbegriff und Geschichtsphilosophie*, Frommann-Holzboog, 1993.

INTRODUCTION DE L'ÉDITEUR

Même pour les rois, il n'y a pas en philosophie de voie royale. Pourtant, aucun élève de Schelling ne s'est attiré autant de formules de reconnaissance, de la part du « grand maître »[1], que Maximilien II de Bavière. Par lui Schelling s'est senti compris, et Maximilien II fit graver sur le monument funéraire de Schelling l'inscription suivante : « Au premier penseur d'Allemagne ». Vu le nombre de documents attestant une reconnaissance et une affection réciproques, il est permis de s'étonner que la recherche n'ait guère accordé d'attention jusqu'à présent aux sources des progrès royaux dans la compréhension de la pensée de Schelling, d'autant plus que les résultats ne pouvaient, dans cette mesure, avoir des répercussions scientifiques. Mentionnons en priorité, parmi ces sources – outre les cours particuliers, les conversations et les lettres échangées – les notes prises par Maximilien, qu'il a étudiées à fond. Parmi ces notes se trouve un cahier qu'il tenait en si haute estime qu'il écrivit à Schelling le 16 novembre 1843 : « Depuis mon arrivée dans mon cher Hohenschwangau, de la fin juin jusqu'à hier, j'ai consacré la plus belle heure de la journée, mais plus souvent plusieurs heures par jour, à examiner le cahier très complet que vous connaissez bien, l'*Introduction à la philosophie,* phrase par phrase, et à le reprendre à fond, car ce cours doit être considéré comme la base de toute votre philosophie. »[2]

Schelling prit connaissance de ce cahier, y apporta quelques menues corrections et en identifia le texte comme étant son propre exposé datant de l'année 1830[3]. Quant à savoir si l'original que Schelling

1. *König Maximilian II. von Bayern und Schelling, Briefwechsel* (Le roi Maximilien II de Bavière et Schelling, Correspondance), éd. par L. Trost et Fr. Feist, Stuttgart 1890, p. 66.

2. *Op. cit.*, p. 91.

3. Dans le deuxième tome des « Schellingiana », je publierai une lettre qui en témoigne. [Il s'agit de la lettre de Maximilien à Schelling du 6 mai 1842. N.d.T.]

a eu entre les mains [4] a été conservé, cela ne peut être établi en toute sûreté à l'heure actuelle, mais parmi les papiers posthumes *(Nachlass)* de Hubert Beckers s'en trouve une transcription que celui-ci avait reçue « de l'ami Daxenberger », secrétaire particulier de Maximilien [5]. Cette transcription, à présent répertoriée sous la cote Cgm 6283 de la Bayerische Staatsbibliothek, est publiée dans ce volume. Le texte restitue le cours de Schelling d'*Introduction à la philosophie* de l'été 1830. Son unité stylistique est remarquable pour la transcription d'un cours. L'exactitude des citations [6] et l'absence de digressions relevant de l'improvisation [7] pourraient laisser présumer que le rédacteur a eu accès au manuscrit de la main de Schelling ou à tout le moins à un canevas dicté du cours [8]. Mais l'allusion (au début de la Leçon III) à un « éternuement » renvoie sans équivoque à un auditoire, et coupe court à ces supputations. Le rédacteur est manifestement chevronné dans la prise de notes, versé en grec et en latin [9]. Rien n'indique une attention et une restitution sélectives imputables à des centres d'intérêt propres ou à des interprétations personnelles. Seul semble au contraire guider le rédacteur le dessein de restituer minutieusement la pensée qu'il transcrit de façon aussi concise que possible, en sorte qu'il pourrait s'agir d'une transcription de commande, dont le commanditaire pourrait n'être autre que Maximilien lui-même ; car pour ce qui est de l'origine de la transcription, on ne dispose à présent que de l'indication fournie par une lettre de Maximilien à Schelling : « Je possède déjà depuis un certain temps votre *Introduction à la philosophie* » [10].

Quel qu'ait pu être le rédacteur, cette transcription, qui a fait ses preuves par l'influence qu'elle a exercée, mérite d'être plus largement offerte au public du fait de sa haute qualité et de son exhaustivité. L'année 1830 est de surcroît une année durant laquelle il est du plus haut intérêt de jeter un coup d'œil dans l' « atelier intérieur » [11] de Schelling, pour les raisons suivantes :

4. Cf. n. 71.

5. La comtesse de Hesse-Hombourg reçut également une transcription, cf. *op. cit.* en n. 1, p. 131.

6. Cf. n. 78.

7. Cf. n. 6 et 128.

8. Schelling à Pfister, le 1er février 1830 : « Voici déjà longtemps que j'ai dû m'habituer à dicter des lettres et d'autres documents ». Plitt III, p. 47.

9. Il pourrait aussi avoir exploité un cahier sténographié, puisque selon *Spiegel* I, p. 336, il semble possible qu'il y en ait eu un.

10. *Op. cit.* en n. 1, p. 66.

11. Cf. *infra* p.[38].

En 1830, Schelling n'avait pas encore commencé à faire cours sur la *Philosophie de la Révélation*. Le cours présenté ici nous montre par conséquent la dernière figure atteinte par la philosophie de Schelling avant l'élaboration de sa *Philosophie de la Révélation*. C'est là ce qu'atteste Schelling lui-même [12]. Vu que la transition, que le passage à la philosophie positive est déjà acquis dans ce cours de 1830, celui-ci réfute immédiatement toutes les tendances à accorder une préséance à la *Philosophie de la Révélation,* comme à identifier philosophie positive et philosophie de la Révélation, tendances patentes dans les éditions dues au fils de Schelling.

En 1830, Schelling a donné son accord à une réédition inchangée de ses *Leçons sur la méthode des études académiques* de 1803, ce qui lui fut certainement une incitation à réfléchir sur ses propres débuts. L'*Introduction* de 1830 rappelle sur bien des points le style abrupt des *Leçons* de 1803, et l' engagement de Schelling dans une politique de la formation culturelle [13].

En 1830, l'imprimeur n'attendait plus que l'*Introduction* pour décrocher les feuillets déjà imprimés des *Leçons sur la mythologie* [14]. Attente qui devait s'avérer vaine, et pourtant, il est toujours permis de se demander si la lacune qui suit l'*Introduction historique* a été correctement comblée [15]. Si bien des pensées destinées à être livrées en 1830 à l'impression se sont immiscées dans ce qui a été délivré à l'auditoire de 1830 [16], il en est assurément d'autres, parmi les thèmes de recherche qui étaient alors ceux de Schelling, à avoir laissé des traces dans ses cours [17].

12. Cf. *supra* n. 3, et *infra* n. 94.

13. Cf. à ce sujet: *Spiegel* I, p. 343; *Rariora,* p. 518 sq. et ma note p. 154 sq. in: Schelling, F.W.J., *Vorlesungen über die Methode des akademischen Studiums,* éd. par W.E. Ehrhardt, Hamburg, 1974.

14. Cf. *Spiegel* I, p. 332. – Je ne connais que les pages 17 à 32 de ce tirage perdu.

15. Seuls les quelques extraits du «Münchener Folio-Diktat» dans lesquels Schelling renvoie à sa «vue d'ensemble» *(Übersicht),* en tant qu'alternative pour combler les lacunes (cf. *Rariora* p. 674), pourraient de temps en temps permettre un contrôle. NL Schelling donne à vrai dire maintes occasions de supposer un rapport du «Folio-Diktat» au contenu de la transcription ici publiée; mais émettre davantage qu'une supposition serait, dans l'état actuel de l'exploitation de ce *Nachlass*, injustifiable, même si les archives de l'académie des sciences de l'ex-RDA ont maintenant été mises en ordre de façon utilisable. Que le Dr. Klaus Klauß et Gisela Klauß en soient remerciés.

16. J'en donne un exemple dans la n. 116.

17. Les n. 114, 122 et 133 en donnent des exemples.

En 1830, enfin, Schelling fit durant l'été ses premiers cours consécutifs aux retrouvailles avec Hegel, rencontré à Karlsbad, car il n'avait pas fait cours durant l'hiver. Le cours présenté ici ne laisse rien à désirer quant à la clarté de la situation réservée à Hegel dans la philosophie [18].

Les raisons de rendre ce cours accessible sont donc si nombreuses que la question se pose de savoir pourquoi il ne l'a pas été plus tôt.

Le fils de Schelling n'a assurément pas pu examiner le manuscrit original de ce cours [19] – dont l'agenda de 1830 atteste l'existence [20] – lequel s'est probablement fondu, après l'élaboration de la *Philosophie de la Révélation,* dans les remaniements de l'*Introduction,* et dont Schelling lui-même ne semble plus avoir disposé [21]. Il semble bien pourtant que la numérotation des leçons de 1830 ait été reprise. Même un renvoi à une leçon ultérieure a été maintenu, comme du reste la date figurant à la fin du cours : « le 19 août 1830 ». Mais même cette nouvelle version ne saurait correspondre à un texte bien arrêté dans les documents posthumes, car deux volumes ont été conservés à Berlin, qui portent manifestement la trace d'une tentative d'établir un texte par une compilation et en incluant des transcriptions de cours [22]. On a souvent regretté que « seule », en définitive, l'*« Exposition de l'empirisme philosophique*, extrait de l'*Introduction à la philosophie*, exposé à Munich, pour la dernière fois en 1836 » ait été reprise dans l'édition des *Sämtliche Werke*. Mais cela est probablement lié à l'inventaire des textes du *Nachlass,* et il n'y a pas de raison valable de

18. Un bon aperçu en est fourni dans les comptes-rendus envoyés par Leonardi à Krause. Cf. *Spiegel* I ; p. 330 sq.

19. Le 27 juillet : XXVII = feuillet 105 ; le 31 juillet, feuillet 114 (in : NL Schelling, *loc. cit.*).

20. Comment expliquer, sinon, l'échec des efforts en vue de rédiger un texte définitif de l'*Introduction*, pour les *Œuvres complètes*, efforts dont témoignent maints documents dans NL Schelling ? Cf. aussi *infra* n. 118.

21. Peut-être l'inscription peu claire de Schelling, dans l'agenda de 1853, p. 46, fait-elle allusion à cela : « Aucun progrès dans le travail, bien plutôt la découverte qu'aucun manuscrit original n'existe. À séparer de l'élaboration <ultérieure>. » (NL Schelling, *loc. cit.* ; la transcription est encore incertaine). Cela expliquerait en tout cas, puisque, deux lignes plus loin, on trouve la mention : « Al. Braun à Berlin », qu'une marque « Br » se trouve dans les volumes mentionnés dans *Introd.*, n. 22 ; Braun était en effet en 1830 l'auditeur de Schelling à Munich (cf. *Spiegel* II, p. 147), et Schelling pourrait lui avoir demandé ses notes.

22. NL Schelling, t. 109, 1 et 2. – Que Schelling lui-même utilise occasionnellement des transcriptions de ses cours pour son travail ultérieur, c'est là ce que constate déjà H. Fuhrmans pour l'époque d'Erlangen. (Cf. p. XXI, n. 14 de l'introduction de H. Fuhrmans in : Schelling, F.W.J., *Initia Philosophiae Universae,* éd. par H. Fuhrmans, Bonn 1969).

soupçonner le fils de Schelling, très porté comme on sait sur la théologie, d'avoir délibérément détaché et isolé l'*Introduction* de 1830[23].

C'est pour la même raison que Horst Fuhrmans n'a tenté à vrai dire que de reconstituer une version plus exhaustive de la "grande *Introduction*" , sur la base de transcriptions, et en y transposant des formulations plus heureuses empruntées aux *Werke*[24], sous une forme qu'elle n'a reçue qu'après l'élaboration de la *Philosophie de la Révélation.* Cette façon de procéder appelle la question de savoir si elle ne revient pas à « fermer plus de perspectives qu'elle n'en ouvre »[25] – selon la question adressée par Fuhrmans lui-même à la politique éditoriale adoptée par le fils de Schelling. Les interprétations risquées à partir de là ne semblaient guère soucieuses de prendre appui sur la forme primitive de l'*Introduction,* sur sa configuration *in statu nascendi*[26] en quelque sorte, car Horst Fuhrmans a pu prendre connaissance du texte ici présenté par mes soins et l'a même déclaré, en 1972, « loin d'être franchement mauvais »[27]. Mais Fuhrmans n'avait manifestement aucune raison de s'arrêter davantage à l'*Introduction* de 1830, car il commettait l'erreur de tenir une transcription trouvée dans les papiers posthumes de Beckers (à présent répertoriée sous la cote Cgm 6282) pour « assez exacte » en l'attribuant à trois rédacteurs inconnus « s'étant manifestement relayés »[28], alors qu'il s'agit tout simplement de notes de Beckers reportées sur un cahier en partie par lui-même et en partie par des calligraphes[29]. L'opinion représentée par Fuhrmans selon laquelle la « grande *Introduction* de Munich » aurait été professée pour la première fois en 1827/28 et serait demeurée telle quelle jusqu'au semestre d'hiver 1836/37[30] ne se soucie guère des

23. Un tome ultérieur de la collection « Schellingiana » fournira des informations à ce sujet.

24. Cf. p. 63 de l'introduction de H. Fuhrmans, in: Schelling, F.W.J., *Grundlegung der positiven Philosophie,* éd. par H. Fuhrmans, Turin, 1972.

25. H. Fuhrmans, « Dokumente zur Schellingforschung IV », in: *Kantstudien,* t. 51, p. 25.

26. L'agenda de 1830 offre là un riche matériau, qui ne pourra cependant être utilisé que si H.-J. Sandkühler parvient à établir, dans l'édition projetée, qu'il ne s'agit pas d'ajouts ultérieurs, ce qui est à l'évidence le cas pour l'agenda de 1829. Cf. aussi *infra* n. 90 et 127.

27. *loc. cit. supra* n. 24, p. 29.

28. *Ibid.* Cf. aussi infra n. 90.

29. L'original du manuscrit collectif de Beckers, qui fut utilisé pour la transcription, est en partie conservé en Cgm 6291.

30. Loc. cit. supra *Introd.* n. 24, p. 27.

transcriptions de 1830, bien que Fuhrmans ait relevé des écarts et attiré l'attention sur ceux-ci[31].

Les progrès de l'Édition historico-critique des *Œuvres* de Schelling doivent s'accompagner d'un recul progressif de la tendance à mêler aux soucis éditoriaux ce qui relève de l'interprétation des textes. Aussi, je me félicite de pouvoir déclarer ici que le texte présenté ci-après n'a pas subi la moindre intervention externe.

Le manuscrit se présente sous une reliure cartonnée[32] et son déchiffrement ne laisse place à aucune équivoque. Le volume se trouve à la Bayerische Staatsbibliothek de Munich, répertorié sous la cote Cgm 6283. Il provient du *Nachlass* de Hubert Beckers. On trouve sur la première page cette indication au crayon: «Copie d'un cahier de notes ayant appartenu à feu le prince impérial Maximilien (Reçu de l'ami Daxenberger, son secrétaire particulier)». Le papier, l'écriture et la reliure cartonnée ne sont pas sans rappeler d'autres documents de la section des «Archives secrètes» du Bayerisches Hauptstaatsarchiv, ce qui confirmerait l'exactitude de la source indiquée[33]. Les liasses ont été numérotées en marge de 1 à 52 par le rédacteur, la liasse portant le numéro 7 ne contenant que quatre pages au lieu de huit sans que pour autant une lacune soit décelable dans le texte. Après avoir initialement pris des notes selon la numérotation par liasses, Beckers a finalement numéroté les pages, tout en en sautant par mégarde un certain nombre, en sorte qu'il faut compléter les feuilles 77 ainsi que 183 en a et b. Sa numérotation va jusqu'à la page 410, les trois dernières pages demeurant vierges, ou pourvues d'annotations dues à Beckers lui-même. Le texte lui-même porte quelques traces de lecture, il est même souligné par endroits, mais sans confusion possible avec l'état du texte original. Beckers a parfois reporté une pagination renvoyant à sa propre transcription (Cgm 6282). Le manuscrit dont nous disposons étant la copie d'une transcription, il m'a semblé justifié d'en conformer l'orthographe à l'usage actuel, pour autant qu'il est à exclure que telle ou telle particularité corresponde à un choix délibéré. La ponctuation, quant à elle, et pour inhabituelle qu'elle soit, n'a pas été adaptée mais respectée, car elle permet de restituer d'une certaine façon le caractère oral du cours[34]. Là où des compléments ou au contraire des élisions ont

31. *Ibid.*; p. 23, n. 2.

32. Format: 16,5/ 21,2 cm.

33. Cf. à ce sujet *infra* n. 71.

34. Cela vaut en particulier pour l'emploi inhabituel du point-virgule, que l'on serait souvent tenté de remplacer par deux points, une virgule ou un tiret, mais qui peut aussi parfois laisser supposer une simple pause dans le discours. Les termes

semblé nécessaires à la bonne intelligence du texte, ces interventions éditoriales sont signalées par des crochets droits [ ], les suppressions étant signalées chaque fois par une note en bas de page. Les notes de l'éditeur renvoient à des passages parallèles ou à des problèmes posés par le texte, sans vouloir pour autant anticiper sur l'édition historico-critique.

Que trouvent ici l'expression de ma gratitude, pour m'avoir permis l'accès aux sources et en avoir autorisé la publication, comme pour m'avoir témoigné, tout au long de mon travail, une confiance prévenante, Sa Majesté Royale le Duc Albert de Bavière, le Bayerisches Hauptstaatsarchiv (Archives secrètes), la Bayerische Staatsbibliothek de Munich et l'Académie des Sciences de la RDA (Archives centrales de l'Académie).

Walter E. EHRHARDT

soulignés ont été mis en italiques. Aucun changement typographique ne fait ressortir les mots latins.

N.d.T. : La ponctuation allemande est généralement respectée. Cela n'a cependant pas toujours été possible ni souhaitable, pour des raisons évidentes de clarté. Ont été mis en italique les termes soulignés et, à la différence du texte allemand, les termes latins. On trouvera, entre crochets droits, dans le texte, la pagination de l'édition originale.

INTRODUCTION À LA PHILOSOPHIE

LEÇON I

Les joyeuses acclamations dont vous avez salué mon retour en chaire me sont d'autant plus agréables que les considérations auxquelles j'aurai à me livrer avec vous au cours de ces leçons sont plus sérieuses [1].

S'il est un exposé universitaire, sur quelque science que ce soit, qui présente beaucoup de difficultés, c'est bien l'exposé philosophique ; car c'est la philosophie qui, dans le domaine du savoir, suppose non seulement déjà une culture véritablement mûrie, mais aussi une expérience spirituelle parvenue à maturité, et non pas simplement des concepts superficiels. J'avoue certes volontiers que ces exigences s'adressent surtout à celui qui veut produire la philosophie librement à partir de lui-même ; mais même celui qui veut l'assimiler complètement en tant qu'elle est déjà produite doit cependant être capable de suivre un tel exposé et de le comprendre par lui-même. C'est là ce que l'on devrait, en général, d'autant plus supposer selon l'opinion qui régnait encore il n'y a pas tellement longtemps. Je vise par là cette opinion qui conduisit à séparer l'étude des sciences générales de celle des sciences particulières et à attribuer à chacune un nombre d'heures déterminé, ce qui eut pour conséquence de faire entrer la philosophie dans la série des sciences dites propédeutiques. Puisse-t-elle ne jamais plus resurgir, cette malheureuse opinion, qui ne peut avoir que ce

1. Un brouillon, de la main de Schelling, de l'annonce du début des leçons, a été conservé. Si l'on néglige les termes barrés, on obtient le texte suivant : « Je commencerai certainement les leçons sur l'introduction à la philosophie le 10 au soir, à 5 heures, dans la salle habituelle. —— Puisque je ne suis plus tenu, comme c'était auparavant le cas, de permettre à n'importe qui d'assister à mes leçons, et que je me suis vu contraint, par des manifestations, à instaurer une carte d'entrée, je prie ceux qui souhaitent écouter mes leçons, et particulièrement messieurs les étudiants, de signer, avant le début des leçons, soit chez moi, soit chez le concierge de l'académie des sciences, M. Herzabuch, et de retirer une carte d'entrée. Ceux qui souhaitent signer chez moi me trouveront à mon domicile chaque soir de 6 heures à 7 heures. » (NL Schelling 110).

résultat, que l'on se presse de se débarrasser, sans effort, des sciences générales, et que l'on chasse loin de soi ce qui renferme le fondement du prétendu savoir, la tranquillité de la vie. Ou alors il faudrait pouvoir mettre de quelque façon en doute que le général et le particulier ne se renforcent que par une alliance réciproque, que ce n'est que de cette façon qu'ils subsistent vraiment et qu'ils peuvent subsister, voire que le particulier ne peut obtenir consistance et force qu'à travers le général.

Si mes souvenirs sont bons, tel était déjà auparavant le point de vue d'autres universités, mais ici aussi, depuis quelque temps, la libre constitution lui a permis de se développer librement, et c'est avec plaisir que, parmi mes [2] auditeurs, j'en vis de nombreux qui non seulement étaient déjà très avancés dans des matières particulières, mais aussi certains qui avaient déjà autrefois assisté à mes cours.

Mais même si ces exigences sont les meilleures et les plus importantes, je ne les considère cependant pas encore suffisantes pour rendre parfaitement capable d'accéder à un exposé sur la véritable philosophie. Beaucoup de choses doivent en effet être apprises même par les philosophes, non pas simplement reconnues et comprises. Parmi ce qui devrait être connu des philosophes, je comprends la logique, qui constituait auparavant et qui constitue encore fréquemment, même de nos jours, une part intégrante de la philosophie. La logique n'est pour cette dernière rien de plus que ce qu'elle est pour toute autre science et n'a pas d'autre avantage que d'être produite par la philosophie. Toute science a sa dialectique, car dans chacune on trouve des concepts faux.

Dans les écoles des sophistes, le jeune Grec apprenait toutes les techniques de cette dialectique, pas toujours dans le but de briller lui-même un jour en philosophie, mais plutôt pour soulever et séduire les âmes en tant qu'orateur populaire. Et il est vrai qu'il faut qualifier de très utiles ces dispositions selon lesquelles on enseignait déjà, dans les années qui précédaient les exposés de philosophie véritable, la logique pure et formelle.

Pourtant, si la philosophie a repoussé certains aspects que l'on avait pu mettre au compte de son essence, elle s'est en revanche adjoint à nouveau, de façon indissociable, pour ainsi dire en tant que base, bien des aspects dont, il y a encore quelques décennies, on osait à peine parler même si on les pressentait. C'est ainsi que la science de la nature forme maintenant une partie essentielle de la philosophie, depuis que l'on a reconnu que la nature et l'homme ne sont que le double reflet du même et unique Dieu, et nous voici déjà assez avancés pour qu'il ne soit plus nécessaire de rester sur le seuil de cette science mais pour que l'on puisse soi-même pénétrer dans son accueillant giron.

Ne serait-ce que dans le domaine des sciences historiques, on a au moins trouvé une extrémité du fil d'Ariane susceptible de nous guider à travers ce vaste labyrinthe.

Cela est indéniable, nous nous approchons toujours plus de ce moment où la science, un jour, doit atteindre son achèvement, l'homme saisir l'organisme de son savoir, et où ce qui était jusqu'alors séparé [3] doit briller, transfiguré, au comble de son éclat. Un baume sera enfin un jour répandu sur les blessures que l'esprit échauffé par ses efforts presque trop vifs s'est lui-même infligées.

Mais l'aspect moins reluisant ne peut être passé sous silence. Voici aussi venu le temps, non seulement de la confusion, mais même de l'absurdité, voici venu le temps où tous les anciens concepts vacillent, où l'on saisit toutes les occasions pour élever un trône à l'opinion. On peut presque dire que bientôt seule s'attirera du respect la philosophie au service des opinions d'hier, qui ne sont précisément que celles d'hier. Je ne l'appelle pourtant pas philosophe, celui qui adore la mode et refuse la réalité. Voici également le temps où la philosophie agit autant sur la vie que celle-ci agit sur celle-là, le temps où le jeune homme, effrayé de ces oscillations, cherche partout un maître qui lui mette en main un bâton solide, qui lui donne la vérité. Malheur au maître qui abuse de cette confiance et qui séduit <de jeunes esprits> par des théorèmes dont il tourne lui-même en dérision le fondement. Mais je crois que le temps de ces systèmes artificiels sera bientôt révolu et que l'on donnera tout de même enfin le pas à la vérité objective sur l'opinion subjective. Par systèmes artificiels, j'entends ces philosophèmes subjectifs qui s'imaginaient devoir partir d'une abstraction vide, mais aussi ceux qui commencaient par une pure négation ; qu'est-ce en effet que leur principe s'il surgit en définitive par abstraction de choses objectives, sinon une opinion subjective ? Mais nous en parlerons davantage dans la prochaine leçon.

LEÇON II

Avant d'élucider plus précisément la différence entre une philosophie purement subjective et une philosophie objective, il s'avère nécessaire d'ajouter quelques remarques sur les différents systèmes au sein de la philosophie en général, d'autant plus que l'on a coutume de reprocher à celle-ci, comme un grief majeur, sa versatilité.

[4] De fait, je dirais non pas quiconque considère rétrospectivement les antiques écoles de sagesse de la Grèce, dont il ne nous reste que quelques ruines colossales, mais quiconque déambule parmi les pierres funéraires des philosophèmes modernes ne manquera pas d'être saisi d'une profonde mélancolie face aux efforts sans relâche, et non moins infructueux, déployés par l'esprit humain. On a pu voir en effet une scolastique aguerrie demeurer d'abord invaincue[2], se voir même recrutée et encouragée par les chefs des partis religieux en conflit, avant de retourner précipitamment dans le néant face à la philosophie pourtant guère perspicace d'un Descartes. Car la philosophie en général avait alors à ce point sombré qu'il lui fallut tout le prestige d'un penseur aussi éminent que *Leibniz* pour retrouver ne serait-ce qu'un éclat de sa défunte splendeur. Mais elle ne s'est pas maintenue longtemps sur la position nouvellement conquise. L'esprit formel de *Wolff* n'était pas en mesure, en effet, de maintenir la philosophie sur les hauteurs où Leibniz l'avait portée. C'est pourquoi il lui fallut bientôt céder devant la critique de *Kant*, [et] elle qui, auparavant déjà, n'avait pas su se protéger contre une plate philosophie populaire. Ce qui du reste n'empêcha pas la critique de *Kant* de partager l'universel destin de tout ce qui est périssable, lorsque le vigoureux *Fichte* entreprit de fonder sa philosophie transcendantale. C'est alors que commence le temps dont Gœthe dit que le ciel du savoir semble en lui prêt à se déclarer. Mais ce temps fut de courte durée, un nouvel assombrissement ne tarda pas en effet à faire suite à l'éclaircie vite dissipée. *Fichte* lui-même ne fut pas épargné par la débâcle. On cherchait partout une autorité qui permît à la vérité de se déclarer au milieu du désarroi régnant.

2. Corrigé à l'encre en « demeurer durant le premier siècle ».
Le texte allemand publié porte : *« stand nicht im Anfange… »*, corrigé donc par : *« stand nicht im ersten Jahrhunderte… »*. N.d.T.

Que l'on songe à cette rapide alternance de systèmes, au fait qu'un résultat satisfaisant se fait désirer, et l'on ne trouvera plus hors de propos que l'on ait pu désespérer de toute possibilité de parvenir à un résultat sûr, et s'exclamer avec Gœthe dans son *Faust*: ce monde-ci n'est que pour un seul; lui seul vit en sa splendeur, les hommes ne connaissent que le jour et la nuit[3].

Toutefois, ces tentatives avortées ne suffisent pas à démontrer qu'il serait impossible d'atteindre enfin au but convoité; il se pourrait en effet que tous reposent sur une erreur commune; et c'est de fait à une faille commune, à un manque caractéristique [5] qu'est imputable la chute de tous les systèmes, erreur qui n'est autre que celle déjà mentionnée, à savoir la pure fondation logique, ou la subjectivité.

Le temps est venu pour moi de m'expliquer davantage sur cette pure fondation logique, comme d'exposer ce que j'entends par cette subjectivité. Explication d'autant plus nécessaire qu'elle seule permet d'établir un concept de la vraie philosophie. Tous ces systèmes reposaient bien sur un concept de la philosophie, entendue comme science rendant compte du fondement ultime de tout être et de tout connaître; mais un concept aussi général ne saurait nous donner satisfaction.

J'appelle pure nécessité logique celle qui fait que nous ne pouvons nous représenter un triangle que comme une figure comportant trois côtés et trois angles. Mais cette nécessité ne résulte nullement d'une constitution naturelle du triangle qui précéderait notre pensée, [vu] que c'est seulement par notre pensée que se trouve posée une telle nécessité.

Il suffit de transposer ce qui vient d'être dit aux philosophèmes purement subjectifs pour voir clairement ce que recouvre l'expression d'un caractère purement logique. Sa signification s'exprime en effet en toute clarté, comme c'est le cas chez *Spinoza*, pour nommer d'emblée le représentant de ces systèmes, à savoir que toutes les choses finies ne sont que des modifications de la force pensante infinie de l'être premier. Mais si, même abstraction faite du reproche injustifié qu'on lui adresse de n'avoir pas distingué les choses finies de la substance primitive infinie, si donc, même en faisant abstraction de ce grief, il est vrai que les choses finies soient posées originellement et éternellement avec la pensée, cela ne peut se faire qu'au prix d'une création allant de

3. Schelling n'a certainement pas, dans les leçons, cité littéralement les vers de *Faust* (v.1776 sq) qui furent imprimés en XIII, 14 sq., puisque dans Cgm 6291 également (cf. *supra Introd.*, n. 29) la citation exacte n'a été ajoutée que par la suite. Les premières représentations données à Braunschweig et à Weimar en 1829 avaient rendu le *Faust* de Gœthe tout à fait d'actualité.

pair avec une liberté et une décision autonome, en n'obtenant, [au lieu d'un] Dieu positif, qu'une pure nécessité.

Quiconque croit à une création, c'est-à-dire la reconnaît comme possible, car c'est là ce que je préfère appeler croire, croit du même coup à [l'existence d'] un créateur libre et raisonnable. Mais ce n'est pas de croire qu'il s'agit, il s'agit de savoir. Au grand jamais ne pourra trouver d'excuse le renoncement au savoir là où nous incombe < bien plutôt > le devoir de savoir.

[6] Mais pour revenir aux philosophèmes subjectifs, je dois dire qu'il n'y a aucun grief à leur adresser aussi longtemps qu'ils se bornent à se donner pour ce qu'ils sont proprement, à savoir pour de purs échafaudages de vues subjectives, au gré desquelles ce qui y tient lieu d'objet pourrait fort bien être autre. À un tel aveu, ils ne peuvent toutefois ni ne veulent consentir, car ce serait là prononcer leur propre verdict.

Ce qui est l'objet ne peut donc être transmis de façon subjective ; c'est une autre voie qui y conduit, que j'appellerai provisoirement, afin de diminuer le risque de malentendus, la voie historique.

De cela, messieurs, il sera question dans la prochaine leçon.

LEÇON III

Messieurs, (éternuement)

Notre dernière recherche nous a conduit à la détermination du concept de philosophie, non pas de la philosophie en général, mais de la philosophie véritable et proprement dite. Avant d'en établir le concept, il sera toutefois nécessaire d'écarter les griefs adressés sur ce point à la philosophie du fait de l'indétermination et de la disparité que l'on a coutume d'alléguer à son encontre, et il m'appartiendra de montrer par conséquent que ces griefs pour une part ne sont pas fondés, et pour une autre part ne sont en rien des griefs.

Ce qui a été exposé jusqu'à présent vous permet de comprendre en quoi ces griefs ne sont pas fondés. Tous les systèmes philosophiques reposent en effet, si hétérogènes qu'ils puissent être, sur un concept commun, encore qu'il ne soit pas toujours expressément formulé ; tous conviennent dans l'effort qu'ils déploient afin de mettre en évidence le fondement ultime de l'être et du connaître. Qu'il y ait un tel concept nécessaire ultime de la philosophie, c'est là ce dont même ses adversaires ne peuvent disconvenir, qui ne cherchent tout au plus à mettre en doute que la possibilité d'une telle philosophie, non sans raison en apparence – mais de l'existence de cette philosophie, je me réserve de parler ultérieurement.

Même à supposer qu'il y eût dans les divers systèmes philosophiques autant de diverses déterminations du concept de philosophie, il reste toutefois à rechercher si cette diversité de la [7] philosophie peut effectivement lui être imputée comme un grief, ou si ce n'est là, bien plutôt, que la conséquence aussi naturelle que nécessaire d'une cause propre à la philosophie.

S'il ne fait aucun doute que, parmi les sciences, seules celles qui sont de purs produits des connaissances subjectives peuvent prétendre former un système fondé en lui-même ; et s'il ne fait aucun doute que la mathématique ne doit son existence qu'à cette subjectivité, pourquoi serait-ce adresser à la philosophie un grief que d'affirmer qu'elle ne peut y prétendre, vu qu'elle n'est pas une science subjective mais, comme je l'ai déjà dit, une science historique ou objective, qu'elle a par conséquent une racine vivante et qu'elle est susceptible, pour la même raison, d'un traitement individuel ?

L'autre raison pouvant être alléguée de cette diversité de concepts et de systèmes réside en outre dans le fait que tel de ses auteurs ne présume pas qu'il pourra mener à bien l'entreprise à laquelle tel autre se sent appelé, chacun n'exposant au contraire que ce qui est à la mesure de ses forces, de la manière dont il estime être en mesure de le montrer.

Seulement, l'humanité ne peut se satisfaire de ce que tel ou tel est ou n'est pas en mesure de faire. Ce concept secondaire, pour ainsi m'exprimer, ne saurait se substituer au concept primitif.

Comme son nom l'indique, la philosophie est un vouloir, une aspiration à la sagesse. Quant à savoir en quoi consiste ce vouloir primitif, ce premier besoin de l'humanité, il n'y a aucun doute à ce sujet. Il ne porte pas en effet sur les opinions de tout un chacun, mais sur ce qui est effectivement. Dieu, l'homme, la nature, la liberté et la moralité [4] – tels sont les pivots de ce besoin primitif, et il y a du reste fort longtemps que, dans toutes les philosophies, on le sait pertinemment, même dans celles qui ne reconnaissent aucune moralité ; – ce n'est que sur le mode de fondation de ce savoir que l'on ne parvient pas

4. Cf. *System der Weltalter*, *Nachschrift* du cours de 1827-28, éd. par S. Peetz, Francfort, Vittorio Klostermann, 1990, p. 19, où cette même énumération est davantage détaillée. N.d.T.

à s'accorder ; et c'est dans le découragement [face à] une fondation objective qu'il faut chercher la raison de ces systèmes subjectifs.

Mais c'est là, encore une fois, une mesure qu'on ne peut approuver tant que n'a pas été démontré que son contraire est absolument tourné vers l'intériorité.

En disant que les philosophies subjectives ne peuvent être approuvées, je ne cherche nullement à donner à entendre par là qu'il s'agirait de les rejeter sans plus de façon ; je ne suis nullement enclin à renverser [8] ce à quoi j'ai payé un tel écot. Elles ne sont à rejeter que pour autant qu'elles prétendent à une objectivité < qu'elles n'ont pas >, mais non lorsqu'elles ne se veulent que des développements de la nécessité inhérente à la pensée. Leur imperfection en ce dernier cas n'est qu'un manque, un *moins,* auquel un *plus* demande à être ajouté. C'est pourquoi leur convient fort bien l'appellation de philosophie négative, tandis que nous appellerons philosophie positive celle que nous tenons toujours à nommer encore philosophie historique. « Positive » désigne pour nous en l'occurrence ce qui est l'émanation d'une volonté expresse, d'une visée déterminée, d'un acte exprès, et c'est bien conformément à cette acception que l'on parle de loi positive ou encore de religion positive. « Négative » ne désigne en revanche que l'absence d'un tel acte.

Le rapport de cette philosophie négative à ladite philosophie positive n'est donc pas, pour récapituler une dernière fois, un rapport d'exclusion réciproque, mais au contraire de mutuelle complémentarité.

LEÇON IV

J'ai élucidé dans mon dernier exposé les concepts de philosophie positive et de philosophie négative. J'avais certes auparavant qualifié aussi cette philosophie positive d'historique et cette désignation pourrait facilement être mal comprise, je considère donc nécessaire, avant de poursuivre, d'écarter encore les éventuels malentendus.

On pourrait en effet croire que, par philosophie historique, je voulais désigner celle qui constitue véritablement la deuxième partie de la philosophie dans son ensemble, ce que l'on appelle la philosophie de l'histoire, dans laquelle la nature et l'histoire sont pensées comme les deux parties constitutives de l'univers. Que tel ne soit pas le cas, voilà qui n'a pas besoin d'être davantage précisé.

L'opinion suivante pourrait avoir plus de vraisemblance, d'autant plus que l'on suggère habituellement dans le concept de philosophie une telle différence ; opinion selon laquelle la philosophie historique serait comprise comme le savoir qui [9] ne se constitue pas par des moyens rationnels mais par la Révélation. Mais ce n'est pas non plus d'une telle philosophie que j'ai voulu parler ; que pourrait-elle donner d'autre, si ce n'est au mieux un savoir simplement historique ? Nous voici maintenant parvenus au point où une explication plus précise du rapport de la Révélation à la philosophie ne peut plus être esquivée.

C'est un trait général de notre temps de ne plus se laisser démontrer la Révélation, par ses avocats, comme un simple fait historique, de ne plus se la laisser exposer par des témoignages ; on ne veut plus voir le christianisme fondé par une simple nécessité psychologique, mais de façon objective. Ce reproche de tiédeur que l'on adresse à l'époque actuelle, où trouve-t-il son fondement si ce n'est précisément dans l'insatisfaction de ce besoin, dans le délabrement dans lequel on aime à présenter le christianisme ? Ce sont le laisser-aller et la négligence des défenseurs de la religion qui furent causes de cette tiédeur, par le vain espoir de pouvoir démontrer la réalité de la religion de façon purement historique et de parvenir ainsi à un complet apaisement [5].

Vain et inutile est l'effort des théologiens pour chasser le rationalisme de la religion, puisque ce n'est que par lui qu'elle peut enfin obtenir consistance et force et apaiser les esprits troublés.

Ce n'est donc pas ce traitement historique, comme le pensent les théologiens, qui constitue l'élément historique de la philosophie, mais bien plutôt son objet lui-même. L'univers n'est pas le résultat d'une simple nécessité de la pensée, mais d'une décision libre et autonome et d'un acte particulier ; c'est donc cette philosophie, qui cherche à démontrer que l'être ne peut être trouvé que sur les chemins que nous venons d'évoquer, que je nomme philosophie historique.

Elle ne fonde pas son historicité, comme cette philosophie subjective que, pour cette raison précise, je pourrais même nommer non historique, en cela qu'elle rejette toute histoire, mais elle cherche plutôt à comprendre parfaitement l'objet qui lui est donné. Le christianisme et la Révélation ne sont donc pas, pour la philosophie, la

5. Dès 1802, dans les *Leçons sur la méthode des études académiques* (V, 207-352), Schelling reproche aux théologiens érudits, « principalement les Allemands », d'avoir fondé « la croyance à la divinité » sur « des arguments empirico-historiques » (V, 301-302, tr. fr. J.-F. Courtine et J. Rivelaygue, in *Philosophies de l'université*, Payot, 1979, p.119-120). N.d.T.

doctrine pour laquelle on les prend habituellement, mais une réalité qui veut être examinée jusque dans ses premiers principes et connue à partir de ses premières causes. Le christianisme n'a pour [10] la philosophie aucune autre autorité que celle d'un objet, ce qui lui permet donc d'être examiné sans parti pris en vue de la recherche de la vérité.

Ce que l'on appelle philosophie historique ne pourra donc en aucun cas se passer du rationalisme, qui est en général nécessaire à la fondation de tout système. Que peut-il en effet y avoir de plus élevé que la conviction ? Mais elle n'est pas pur rationalisme, comme le sont les systèmes négatifs déjà décrits.

C'est aussi ce qu'il y a d'historique dans la philosophie qui attire si irrésistiblement l'esprit humain, c'est cela qui, après tant de tentatives malheureuses pour trouver un système auquel l'humanité pourrait enfin s'en tenir durablement, ne peut toujours pas le laisser en paix, et qui, même pendant les siècles hostiles à la philosophie, l'empêcha de sombrer. Qu'était-ce donc, dans la mythologie, dans les mystères anciens, qui attirait si irrésistiblement, si ce n'est la compénétration de l'histoire et de la doctrine qui se fondait sur elle ?

Même s'il était possible de transformer tout le christianisme en un pur rationalisme, bien loin d'être un avantage, cela produirait plutôt inévitablement de la froideur et de l'indifférence. C'est pourquoi les peuples chez lesquels un tel procédé serait légal auraient pourtant ce rationalisme en horreur ; c'est pourquoi nos plus virulents rationalistes conseillent de rester au sein de l'Église.

Je parlerai dans la prochaine leçon d'une autre conception, selon laquelle une philosophie historique serait celle qui se développe au fil d' une histoire des systèmes philosophiques.

LEÇON V

Que je ne veuille pas donner à la philosophie historique *(historische)* le sens indiqué dans la dernière leçon, ce n'est pas la peine d'y revenir. Il faut ici faire quelques remarques sur le rapport qu'entretiennent en général une histoire de la philosophie et une philosophie historique *(geschichtlich)*.

Il faut avant tout distinguer ici celui qui est encore engagé dans la recherche de celui qui est déjà parvenu au but.

[11] Au premier on ne peut plus rien souhaiter si ce n'est qu'il soit convaincu que, à notre époque, le véritable système de philosophie ne peut pas être exclusif, mais ne peut que reconnaître à tout principe philosophique et au système formé à partir de lui la haute considération qui lui revient. Le système véritable ne peut plus être que celui qui comprend tout et qui est cependant élevé au-dessus de tout.

L'histoire de la philosophie peut être d'une grande utilité pour conduire à cette fin celui qui est engagé dans cette recherche ; elle peut en effet l'inciter à intensifier ses efforts et ses recherches ; elle exigera qu'il ne trouve plus de repos tant qu'il n'aura pas reconnu, dans tous les systèmes, la vérité qui ne peut se trouver que dans leur limitation, mais qui doit aussi se trouver en tout système, puisqu'elle est vérité. La vérité peut certes souvent être déformée, mais elle sera toujours présente dans tout ce dont l'esprit humain se préoccupe pour de bon, avec sérieux. Pourtant, il n'est malheureusement que trop vrai que l'histoire de la philosophie, dans les mains de simples compilateurs, n'est plus que littérature sur la philosophie.

Pour en revenir à l'éventuelle utilité de l'histoire de la philosophie, je dirai qu'elle ne peut être utile qu'à celui qui a au moins déjà pressenti la vraie philosophie, éternelle et impérissable. Sa possession ne peut certes revenir entièrement ni à un individu ni à une époque déterminée. Des progrès seront impossibles tant qu'il n'y aura pas d'accord sur le chemin à suivre. Sans cesse des amateurs viendront à nouveau obscurcir ce qui avait auparavant été acquis. Des systèmes artificiels sont certes aussi vite construits que détruits [6] ; seul ce <vrai> système exige des recherches approfondies et astreignantes de la vérité. Une véritable histoire de la philosophie doit conduire au moins indirectement à une présentation de cette philosophie <authentique>. Mais seule s'annoncera comme une véritable histoire de la philosophie celle qui, pure de toute contigence, représente, dans une suite purement

6. Ce passage permet de mettre en évidence le renoncement volontaire de cette transcription aux remarques incidentes. La page d'un cahier pourvue de la mention « Introduction à la philosophie » 1830, Rep. 36, note ici : « Les systèmes artificiels, que l'on fait soi-même, sont rapides à fabriquer ; pour beaucoup d'entre eux, à condition de supposer certaines acquisitions antérieures de la science, on pourrait presque les construire en bourrant une pipe, et ils sont aussi vite appris que construits. Mais les systèmes objectifs ne peuvent être achevés que par une recherche qui progresse lentement, ils ne sont peut-être, dans le détail, jamais achevés ... » (NL Schelling 108, III). Cgm 6282 note lui aussi : « Des systèmes artificiels sont réalisés pour ainsi dire en autant de temps qu'il en faut pour bourrer une pipe. Le système objectif exige une recherche soutenue. » (*loc. cit.*, p. 28) Se reporter *infra* n. 128 et *supra Introd.*, n. 7.

scientifique, un petit nombre de grands systèmes essentiels dans leurs connexions internes.

Ce n'est pas l'ordre chronologique qui permet d'avoir la meilleure connaissance de chaque grand système, mais bien plutôt le fait qu'il se développe là où s'enracine son origine.

Un tel traitement permettra aussi à l'élève de reconnaître facilement ce grand système, même dans son ordre contingent. Je nomme contingent l'ordre chronologique, car en lui [12] l'esprit humain présente le même phénomène que celui que nous percevons dans les forces de la nature : il est revenu en arrière pour rassembler ses forces en vue d'un nouvel élan, il a renoncé à un sommet déjà conquis pour gagner à nouveau, enrichi de nouvelles expériences, tout l'acquis antérieur et s'y installer définitivement.

Pourtant, si une histoire de la philosophie ainsi traitée peut toujours être d'une grande utilité pour celui qui s'efforce d'atteindre le système de la vraie philosophie, je ne pense pas qu'il soit en aucune façon conseillé de commencer une introduction à la philosophie destinée à des débutants par une histoire de la philosophie. Même sans tenir compte de ce que disait Cicéron, qu'il n'y a rien de si absurde qui n'ait été dit par un philosophe [7], beaucoup de pensées ne paraîtront-elles pas tout à fait absurdes au jugement d'un débutant qui ne sait pas encore ce que la philosophie doit lui apporter ? Il faut déjà avoir un certain bagage pour comprendre la question qui, des temps anciens jusqu'à Fichte, a introduit le doute quant à la réalité du monde extérieur. Cela reviendrait à exposer l'histoire d'une guerre à qui n'a encore jamais combattu. Une introduction remplira au contraire parfaitement son dessein si elle tente de conduire l'auditeur jusqu'au point central à partir duquel tout s'explique, tout peut être compris. Mais revenons au vrai système de la philosophie.

Leibniz dit [8], là où il annonce l'idée d'une philosophie à venir, impérissable : plus on pénètrera profondément <au cœur de la philosophie >, plus on trouvera de vérité dans la plupart de ses aspects ; il apparaîtra alors que même les doutes des sceptiques quant à la réalité substantielle, <ainsi que> les nombres et les harmonies des Pythagoriciens et le ἓν καὶ πᾶν de Parménide sont fondés sur une vérité. La nécessité des Stoïciens, la philosophie vitaliste des Ioniens,

7. *Nihil tam absurdum dici potest quod non dicatur ab aliquo philosophum (De divinatione,* II, 58.). N.d.T.

8. *Op. om.* t. II, I, p. 79 et *Recueil de diverses pièces par Des Maizeaux*, t. II, p. 417. Cité par Jacobi dans les *Lettres à Moses Mendelssohn sur la doctrine de Spinoza*, tr. fr. J.J. Anstett, p. 279. N.d.T.

les formes et entéléchies (intelligences) d'Aristote, tout cela se rejoint au point de fuite de la perspective.

Leibniz indique lui-même dans ce passage qu'il doit y avoir un système qui renferme en lui tous ces sytèmes, tout en leur étant supérieur. Il est vrai que l'esprit de secte fut le principal défaut de tous les philosophes jusqu'alors. [13] On s'est imposé à soi-même une restriction, en rejetant ce que les autres enseignaient. Ce n'est pas par l'exclusion, mais par l'accueil, que l'on peut espérer résoudre cette criante dysharmonie en harmonie.

Le vrai système serait alors éclectique [9] et sélectif, c'est-à-dire tel que chaque principe se trouve à la place qui lui revient. Mais il ne faut pas prendre le terme « éclectique » dans le sens où les Néoplatoniciens [10] se nommaient eux aussi éclectiques. Ils furent les instigateurs de ce système douteux qui s'est lui-même renouvelé de nos jours. Le véritable système éclectique n'est pas susceptible d'être constitué par simple accumulation, comme on fait son marché, c'est une idée organique qui doit animer l'ensemble.

Après les explications qui précèdent, l'expression de philosophie positive, à la place de celle de philosophie historique, ne peut plus donner lieu à des malentendus. J'appelle philosophie positive, pour le rappeler une fois de plus brièvement, celle qui admet, pour expliquer le monde, quelque chose de positif, la volonté, la liberté, le fait, et non quelque chose de simplement négatif, saisissable par une simple nécessité de la pensée. Il n'est, provisoirement, pas encore possible de se décider immédiatement pour l'une ou l'autre philosophie, bien qu'il soit d'ores et déjà prévisible que ces systèmes logiques ne peuvent pas avoir été premiers, puisqu'ils n'ont été tenus pour vrais que lorsqu'on a désespéré de pouvoir expliquer la connexion positive <entre les choses>. Cette connexion est à l'évidence celle que l'esprit humain devait rencontrer en premier lieu. Et pourtant ces systèmes <logiques> veulent se présenter comme absolument uniques, sans donner de preuve de l'impossibilité d'une explication de la connexion positive ; ils veulent donner des pierres pour du pain, des scorpions pour des poissons. On ne considère même plus de nos jours nécessaire de condescendre à donner cette preuve, mais on allègue que la philo-

9. Sur les rapports entre Victor Cousin, représentant de l'éclectisme, et Schelling, cf. *Préface à Cousin*, X, 203, 224. N.d.T.

10. Cette allusion peut également se comprendre en lien à V. Cousin, qui avait traduit les œuvres de Proclus. Plus généralement, quant à la connaissance par Schelling des sources antiques, et particulièrement des Néoplatoniciens, cf. X. Tilliette, *Schelling*, II, p. 182, n. 12. N.d.T.

sophie a depuis toujours été tenue pour une science produite par la seule pensée. Il n'y a pourtant dans cette explication rien de plus que ce que chacun accorde : pour réaliser la philosophie, on en est simplement réduit à sa pensée, on ne peut compter sur une aide extérieure. Mais c'est là l'objet de la prochaine leçon.

[14] LEÇON VI

L'homme est certes renvoyé, pour réaliser la philosophie, à sa pensée, mais cela signifie seulement que, quelle que soit la nature de l'objet de la philosophie, ce n'est que par la pensée que l'on peut se rendre maître de ce que l'on s'efforce de connaître en lui. Cela ne signifie en aucun cas que la philosophie en est réduite à la pure pensée même vis-à-vis de son objet ; cela ne signifie pas que, même dans l'objet, rien ne doit être contenu de plus que la simple pensée. Accepter une telle explication conduirait nécessairement la philosophie à se supprimer elle-même. Car celui qui veut penser sur la pensée cesse par là-même de penser. Cette pensée qui fait de soi-même son objet ne peut pas être une pensée originelle et en même temps se rapporter à l'objet lui-même, elle n'est donc pas une vraie pensée ; la pensée originelle vise l'objet lui-même, sans même revenir réflexivement sur cet acte. Ce serait là faire preuve de peu de délicatesse de pensée, tout comme, lors d'un repas, c'est montrer peu d'appétit que de se creuser d'abord la tête sur le repas lui-même <au lieu de faire honneur aux mets>. Soumise à une telle restriction, la philosophie cesserait d'être la science de la pensée vraie. Celle-ci est en effet une pensée qui se dirige vers quelque chose d'extérieur à elle ; c'est précisément parce que la philosophie fait reposer sa force sur la pensée, que son objet ne peut pas être la pensée elle-même, car la pensée est immédiatement transparente à elle-même, il n'est pas besoin de beaucoup penser pour le savoir.

Un professeur de philosophie[11] qui trouve le lien qui maintient ensemble toutes choses, comme <le fait> la philosophie nouvelle en général, dans le concept, dit que la philosophie se réalise à travers la réflexion, c'est-à-dire à travers une pensée qui fait de la pensée elle-même son objet. Mais la réflexion appartient en ce sens à toutes les activités humaines ; elle ne constitue en aucun cas le signe distinctif de

11. Il s'agit bien sûr de Hegel. N.d.T.

la philosophie. Le naturaliste doit lui aussi faire réflexion sur ses expériences, afin de pouvoir les présenter de telle sorte qu'il les garde en mémoire, et pourtant ce procédé n'est rien moins que philosophique. La philosophie ne cherche pas à présenter des expériences, ce qui n'implique pourtant en aucun cas qu'elle aille au-delà de toute expérience ni, bien plutôt, de tout ce qui doit être parcouru. Aucune personnalité, [15] pour attirer votre attention sur un exemple, qu'elle soit sensible ou intelligible, ne fait l'objet d'une expérience immédiate, précisément à cause de sa personnalité, pourtant, elle n'échappe pas à l'expérience, puisqu'elle peut être connue pour autant qu'elle s'extériorise. Ne serait-ce que dans la vie courante, on dit : qui sait ce qu'il y a en lui, c'est-à-dire avant qu'il ait agi. Toute personnalité n'est donc, par nature, rien d'autre que ce qui est susceptible d'être expérimenté, ce qui est connaissable par son acte, c'est-à-dire ce qui est l'affaire de la simple pensée. Ainsi, lorsqu'on dit de la philosophie que ce qu'elle cherche n'est que l'affaire de la simple pensée, on ne veut pas encore dire par là que ce qu'elle cherche est extérieur à toute expérience effective, ni que ce ne serait pas du tout, par nature, expérientiel [12] ; mais cela veut tout aussi peu dire que la philosophie pourrait être démontrée par une expérience immédiate. C'est précisément pour cela que l'objet propre de la philosophie est l'affaire de la réflexion, c'est-à-dire d'une pensée qui réfléchit sur l'expérience, parce que l'expérience immédiate ne veut pas être présentée en elle-même, mais seulement à travers une connaissance qui la médiatise. La philosophie est donc l'affaire d'une recherche successive, non d'un mécanisme de la pensée, qui, une fois mis en marche, se poursuit de lui-même, sans la moindre réflexion. Si tel était le cas, elle serait communicable même au moins doué, car ce qui avance nécessairement par soi-même est précisément ce qui avance sans notre pensée. La philosophie exige donc une pensée constamment présente, du début jusqu'à la fin. D'ailleurs, que la réflexion *(Nachdenken)* [13] soit une pensée sur la pensée *(Denken über das Denken)*, je ne veux pas le contredire : il est plus important pour nous de savoir en quoi consiste la fameuse pensée pure.

12. Nous suivons ici la suggestion de X. Tilliette, *Schelling*, II, p. 99, n. 5, qui propose de traduire *erfahrungsmässig*, terme ici essentiel, par « expérientiel » au sens de G. Marcel. N.d.T.

13. *Nachdenken*, réflexion, est à comprendre dans tout ce passage comme *Nach-denken*, et caractérise la pensée positive, comme le précise le *System der Weltalter* : « car le terme *Nachdenken* montre déjà qu'il y a là auparavant quelque chose de subjectif ». (p. 80). N.d.T.

Il s'agit d'une pensée vidée de tout ce qui est expérientiel. Tout le positif, tout ce qui est là volonté ou qui l'inclut, donc aussi tout ce qui est expérientiel, en est exclu. Cette philosophie le dit elle-même, le début de la philosophie consiste en la décision de se retirer dans la pensée pure, c'est-à-dire de se détacher de tout, de s'abstraire de tout ; – la pensée pure est donc ce qui est atteint par une abstraction, qui doit elle-même d'abord être causée par une décision, donc par quelque chose d'artificiel, de telle sorte qu'une telle philosophie est donc simplement quelque chose de fabriqué, ce qui est bien le pire qu'on [16] puisse dire d'une philosophie. Ce qui doit en définitive être atteint à travers cette totale abstraction consiste en ce qui est encore simplement à penser, qui n'est plus posé mais qui ne peut plus être posé, quelque chose donc d'artificiel, qui manque de toute objectivité, qui est à la vérité le plus proche du néant [14]. Par un tel commencement, cette philosophie montre déjà qu'elle est fabriquée de toutes pièces par l'entendement, qu'elle n'est donc que subjective, et précisément par là unilatérale. Mais si l'on s'avise que cette abstraction n'est là que pour être à nouveau supprimée et se transformer en quelque chose de concret, on aperçoit certes facilement que cette philosophie prétend tout au plus se donner pour un tour d'adresse. Il est certes permis à tout art libéral de s'imposer arbitrairement des conditions, même si cela n'a d'autre fin que de montrer son habileté ; mais un tel tour d'adresse pourrait être exécuté plus adroitement qu'on ne le fait en se transportant dans le néant pour en ressortir quelque chose que l'on possédait déjà auparavant.

La philosophie est donc certes une œuvre de la simple pensée, mais ce n'est pas la pensée pensée en tant que moyen qui doit devenir elle-même l'objet immédiat. Le véritable sens de cette expression est le suivant : la fin de la philosophie est une connaissance effective, que l'on ne peut atteindre qu'à travers la simple pensée. Son objet est naturellement quelque chose de positif, quelque chose de plus que la simple pensée ; l'homme ne peut trouver le chemin qui y conduit que par son entendement. Le grand livre de la nature lui est ouvert, il ne peut le lire et le comprendre qu'à l'aide de son entendement ; le chemin <vers l'objet de la philosophie> ne peut lui être donné, il doit se le frayer lui-même.

14. Cgm 6282, p. 35 : « ... qui ne peut plus être posé sans tomber dans un complet néant. » Cf. *infra* p. [19] et [97].

Jadis, on nommait aussi la philosophie la science de l'entendement pur, mais on n'entendait certainement pas par cette expression ce que l'on appela plus tard *intellectus purus,* on comprenait simplement par là l'entendement vivant, agissant, qui est aussi à l'honneur dans la vie, et qui consiste en ceci : trouver les moyens adaptés à un but déterminé. Si on en conclut que la philosophie est l'affaire de l'entendement, on ne doit pas comprendre par là l'entendement commun, mais cet entendement particulier dont seuls quelques individus peuvent, de façon insigne, être doués.

La philosophie fut aussi nommée la *scientia rerum mere intelligibilium.* Ce concept lui aussi fut mal compris, on ne rapporta la *res mere intel-* [17] *ligibilis* qu'à ce qui dépasse la nature, comme si même dans la nature de purs νοητά ne pouvaient apparaître.

Selon une autre explication de la philosophie, elle serait la science par excellence ou purement et simplement, puisqu'elle seule est absolue, c'est-à-dire ne part d'aucune présupposition, tandis que toutes les autres sciences présupposent déjà quelque chose de certain. Mais je me contenterai pour aujourd'hui d'ajouter quelques remarques sur la signification de la science.

Un savoir véritable n'est fondé que par l'exclusion positive d'un contraire possible en soi et pour soi. Quiconque affirme qu'il sait doit produire quelque chose dont le contraire ne serait pas impossible. Il n'y a donc de savoir que là où il y a certitude, c'est-à-dire un doute surmonté ; mais on ne peut douter *(zweifeln),* comme le terme même l'indique, que là où deux *(zwei)* cas sont possibles, de telle sorte que le savoir est une conviction produite par l'exclusion positive du contraire.

LEÇON VII

Messieurs ! – La détermination de « science » est commune à la philosophie et à plusieurs autres disciplines, en particulier aux sciences mathématiques, pourtant, puisque cette détermination est comprise, en ce qui concerne la philosophie, en un sens particulier, et donc que le savoir contenu en elle doit aussi avoir une signification propre, il sera avant tout nécessaire de déterminer plus précisément ce savoir lui-même.

Le terme « savoir » est employé en général dans un sens large et dans un sens strict. Au sens large il comprend ce savoir en soi, que l'on peut atteindre par la simple réflexion, sans autre aide, ou encore celui dont le contraire est impossible. De ce savoir par la simple pensée ou dans la simple pensée se distingue le savoir au sens strict en ceci qu'il n'est pas décidé par la simple pensée, mais par un acte, un fait et qu'il n'est donc présent que là où quelque chose peut être et n'être pas ; c'est pourquoi on nomme aussi ce savoir emphatique, ou *cum emphasi*. C'est ainsi que « est », dans n'importe quelle proposition, peut être entendu avec ou sans emphase [15]. Par exemple dans la phrase « l'horloge est une machine » – dans laquelle sujet et prédicat sont reliés par la simple pensée, [18] la copule « est » est posée sans la moindre insistance, sans la moindre *emphasis* ; – pour que la phrase devienne emphatique, le sujet doit être tel qu'il puisse aussi bien être que n'être pas. a est b, même s'il pourrait aussi être non b.

Le savoir en ce sens comprend donc toujours en lui la possibilité du contraire, c'est pourquoi il est un savoir discriminant, puisqu'il fn'y a discrimination que là où il y a certitude. Il ne reste plus qu'à expliquer le mot emphatique. C'est un terme physique qui signifie « transparent » ; la phrase « a est b » est donc dite emphatique car elle laisse transparaître la possibilité que a soit aussi non égal à b.

Il ressort de ce que nous venons de dire que le savoir mathématique n'est pas un savoir véritable, parce que son contraire se présente toujours comme impossible. Même ses preuves apagogiques n'aboutissent en définitive qu'à une impossibilité fondée dans la nature, puisqu'on ne les admet que comme des faits subjectifs, forgés à l'appui de la preuve. La certitude de la mathématique est donc tout autre que celle de la philosophie. Quiconque a un tant soit peu réfléchi à la façon dont procède la géométrie, sait que, entre les suppositions et les conséquences ne se trouve qu'un savoir logique, mais en aucun cas actuel, emphatique, de même que Platon dans la généalogie des sciences ne mentionne la géométrie qu'en tant que διάνοια et non en tant que ἐπιστήμη [16]. Mais la διάνοια est une science du simple entendement, il est donc tout à fait juste de dire que la mathématique comprend certes quelque chose, mais qu'elle ne sait rien. Platon dit de même dans l'une de ses comparaisons pénétrantes, que la géométrie se contente de rêver d'un étant véritable, mais ne l'atteint pas [17]. Il dit cela pour la raison suivante : de même que, en rêve, je ne doute pas des objets qui m'apparaissent, mais, pour cette raison même, je ne sais pas non plus

15. Cf. l'explication détaillée de ce concept en XII, 54 ; se reporter *infra* à la n. 116.

16. Platon, *République* VI, 511 e. N.d.T.

17. *République* VII, 533 c, 1-2. N.d.T.

s'ils existent vraiment, de même dans la géométrie l'exclusion du doute est aussi exclusion du savoir explicite, emphatique.

Si donc ces sciences dites apodictiques, c'est-à-dire celles qui posent comme impossible le contraire de ce qu'elles affirment, non seulement ne sont pas des sciences sachantes, mais ne peuvent l'être, il s'ensuit que la philosophie, à la différence de ces sciences, devrait être sachante, c'est-à-dire non pas une science du ne-pas-pouvoir-être, mais de ce qui, à la vérité, pourrait être, en un mot une science positive.

[19] On a aussi nommé philosophie la science qui commence purement et simplement à partir du commencement sans rien présupposer. Dans cette définition on ne doit cependant pas prendre l'expression « science qui ne présuppose rien » tout à fait à la lettre ; car celui qui ne pré-suppose rien ne peut non plus rien poser par la suite ; il faut donc comprendre qu'on ne doit rien présupposer qui vienne de quelque chose d'autre. Une détermination portant sur ce qui n'admet plus aucune présupposition, quelle qu'en soit la nature, ne doit donc absolument pas être exclue.

Ce *prius* de toute chose, qui n'a soi-même plus de *prius* ne doit en effet pas pour autant être vide de tout ce qui est expérientiel. Il doit au contraire, en général et selon sa nature, être expérientiel, si ce n'est immédiatement, au moins médiatement.

Si ce *prius* était une intelligence agissant et voulant librement, il serait encore toujours possible de le connaître à partir de ses faits et gestes. La présupposition selon laquelle ce *prius* serait d'une essence absolue, qui donc ne serait plus expérientielle, conduirait la philosophie au plus près du néant, à ce dont la pensée ne saurait plus se départir ; car dans le *prius* lui-même ne se trouve pas la moindre détermination de la nature ni de l'essence, pas plus que du commencement, ni de ce qui est connu *a priori*.

Mais puisque chaque intelligence est le *prius* de son propre acte, sans pour autant cesser par là d'être expérientiel, on ne peut deviner pourquoi ce premier *prius* cesserait d'être quelque chose d'expérientiel. On ne peut pas dire que ce qui peut être connu *a priori* cesse d'être quelque chose d'expérientiel. C'est ainsi que l'artiste a de son œuvre une connaissance *a priori*, mais c'est pour cela que d'autres peuvent aussi parvenir à une connaissance *a posteriori* de cette même œuvre.

L'expression : la philosophie – est une science qui commence purement et simplement à partir du commencement, signifie donc seulement que la philosophie doit tout déduire, à partir de documents, d'un premier commencement, dans l'ordre de la formation et du développement. Mais même ainsi rien de déterminé n'est encore fixé quant à la nature et à l'essence du commencement lui-même : on ne sait pas encore par là s'il est connaissable par la pure raison ou si quelque chose de plus est encore exigé. Par là, rien n'est non plus encore fixé quant à l'essence de la formation : est-elle historique, donc expérientielle, ou simplement logique, rationnelle ?

[20] De toute façon, quelle que soit la nature du commencement, la philosophie ne pourra jamais être nommée une science purement logique qui commence à partir du commencement. Celui qui commence de façon logique commet en effet par là-même une pétition de principe ; en d'autres termes, que signifie cette exigence de se retirer dans la simple pensée, si ce n'est que l'on ne doit pas supposer que le commencement qui explique tout contient plus que la simple pensée, si ce n'est qu'il n'est qu'un simple concept, une exigence qui contient évidemment en elle la négation d'un commencement personnel ? Si l'on ne peut certes, dans une doctrine de jeunesse, se décider pour un commencement personnel, il n'en résulte cependant pas que l'on ne pourrait plus du tout se décider pour un commencement personnel. Mais si tout se dissolvait en définitive vraiment dans la pensée, si tout commencement se réduisait à ce qui doit être pensé (une triste pensée au lieu d'une joyeuse approbation), cela ne pourrait jamais être que la fin de la philosophie, puisque le contraire devrait d'abord être démontré comme totalement impossible.

Par la philosophie, dit-on également, l'homme doit être élevé au-dessus de la simple représentation. Reinhold et avant lui déjà Eschenmayer [18] l'ont affirmé. Selon sa classification les connaissances se suivent en effet dans l'ordre suivant : les représentations, les concepts que sont les catégories (Kant) et enfin les concepts de la raison, les idées (Fichte).

L'étude de cette doctrine elle-même ne peut être ici envisagée ; il s'agit simplement de savoir ce qui doit être compris par ces représentations au-dessus desquelles la philosophie doit élever l'homme. Si l'on peut admettre que l'on entend par là simplement les représentations empiriques communes, cette proposition ne dit évidemment rien que de très habituel ; mais si elle signifie que la philosophie doit dépasser toutes les représentations, on a de nouveau commis une

18. Dès 1804, c'est le débat avec Eschenmayer qui est l'occasion de la rédaction de *Philosophie et religion* (VI, 13-69). Pour plus de précisions sur les écrits d'Eschenmayer et ses controverses avec Schelling, cf. la présentation de B. Gilson, préface à son recueil de traductions de Schelling : *La liberté humaine et controverses avec Eschenmayer*, Vrin, 1988. N.d.T.

pétition de principe, car dans ce cas même l'objet de la philosophie devrait se situer au-dessus de toute expérience, ce qui doit précisément d'abord être démontré. La plupart des hommes croient certes devoir d'abord examiner les concepts les plus éloignés. Mais même si on peut douter que cela soit possible, ce sera pourtant un triomphe pour la philosophie que de parvenir à montrer que même un simple νοητόν est pourtant à nouveau proche de la représentation.

Le système ultime doit être naturel, il sera simplement caractérisé par quelques traits principaux. L'ignorance peut croître jusqu'à devenir insupportable, [21] mais le martyre infligé par un système non-naturel est plus grand encore. Un ancien disait déjà : « Ῥᾴδιον τὸ ἀληθές »[19].

Les définitions habituelles de la philosophie, pour récapituler encore une fois brièvement l'ensemble, ne servent donc qu'à la différencier des autres sciences, mais en aucun cas à répondre à la question décisive du type de rapports qu'entretiennent philosophie logique et positive. Nous répondrons à ce point important, dont dépend l'entrée dans la philosophie elle-même, au cours de la prochaine heure.

LEÇON VIII

Messieurs ! – Lorsqu'il s'agit de trancher entre deux systèmes en désaccord, il faut avant tout se demander s'ils n'ont pas quelque chose de commun. Le conflit qu'il s'agit de trancher se situe ici entre les systèmes négatifs ou simplement logiques, et les systèmes positifs ou historiques. On a pourtant déjà remarqué plus haut que les systèmes positifs n'excluent pas les négatifs, bien que l'inverse se produise lorsque les systèmes négatifs se donnent comme absolus. Il importera donc avant tout de montrer dans les systèmes positifs un aspect négatif ; car puisque les systèmes positifs n'excluent pas les négatifs, on doit certes admettre que ceux-ci contiennent aussi en eux un aspect négatif ; quant aux systèmes positifs ils le sont principalement par les trois suppositions suivantes :

19. « Le vrai est facile » : Lycurgue, *Oratio in Leocratem*, édit. Henri Estienne, p. 152,16 ; Teubner, éd. Scheibe-Blass 10, 34 ; éd. Conomis, 1970, p. 45, l. 10. Nous remercions le Père Tilliette d'avoir retrouvé cette référence. N.d.T.

1. l'existence du monde n'est pas simplement contingente, ou elle ne peut pas être comprise par une simple nécessité de la pensée [20] ;

2. elle est bien plutôt quelque chose qui s'explique par un acte libre, ou elle est quelque chose de librement posé, librement causé, donc, précisément pour cela :

3. un libre auteur de la [21] cause de l'organisme du monde.

Ce n'est que lorsqu'on est parvenu à cet auteur que la science positive peut commencer. Mais la question préalable est précisément de savoir comment on atteint ce libre auteur. Il est évident que cela ne peut pas se produire par un simple concept général de l'auteur du monde, car un tel concept ne donne précisément rien, [22] le point préalable à cette science positive ne peut bien plutôt être établi que si l'on reconnaît d'abord cet auteur comme possible, ce qui requiert deux exigences :

1. que l'on démontre que ce dernier veut être ;

2. qu'il possède aussi, par sa nature, les moyens d'être.

Ce n'est qu'après l'établissement de ces deux points qu'une science positive peut être produite, alors seulement on peut montrer *a priori* une généalogie de l'être donné par ailleurs. La simple compréhension qu'il y a un libre auteur, qu'il y a un Dieu, ne peut servir à rien ; une connexion réelle, causale du monde avec Dieu doit être démontrée possible, au moins de façon provisoire. On reconnaît déjà par là la faiblesse de l'ancienne métaphysique, qui affirmait pouvoir prouver Dieu, tout en passant sous silence la démonstration de la nature divine, ou en la défigurant jusqu'à la rendre incompréhensible.

Quelle connexion peut-il bien y avoir entre un auteur des choses et un *ens realissimum,* comme on avait coutume de le définir ? Un tel concept ne devrait-il pas plutôt nous conduire à croire que cet être, le plus réel qui soit, n'aurait absolument rien créé en dehors de lui ? Même le simple concept de l'infini donne tout aussi peu le moyen de parvenir au fini ; ce qu'il faut donc tout d'abord se demander, à travers cette question préalable à la philosophie positive, c'est si Dieu n'est pas en quelque façon connaissable *a priori* en tant que possible créateur.

20. Que la nécessité de la pensée aille ici de pair avec la contingence, c'est ce que Beckers n'a à l'évidence pas compris, puisque Cgm 6282 porte : « L'existence du monde est contingente, c'est-à-dire n'est pas conditionnée par des lois nécessaires. » Beckers ne pouvait certainement pas encore, en 1830, être nommé « l'un des auditeurs les plus éclairés » (XI, 476). Il serait pourtant très souhaitable que sa transcription soit elle aussi éditée aussi vite que possible.

21. Corrigé à l'encre et remplacé par *« die »* (N.d.T. : alors que le texte allemand publié porte : *« der Ursache »*, génitif et non nominatif).

Mais connaître quelque chose *a priori* signifie sans aucun doute le connaître à partir de son *prius* ; c'est là précisément, en ce qui concerne Dieu, totalement contradictoire ; comment le *prius* absolu pourrait-il être connu lui-même à nouveau à partir d'un *prius* hors de lui ? Ne cesserait-il pas par là-même d'être un *prius* absolu ? Ainsi, bien qu'il ne puisse être connaissable *a priori* à partir de quelque chose d'extérieur à lui, on cherchait à obtenir cette connaissance *a priori* de telle sorte que l'on faisait précéder son propre concept, et qu'on disait en conséquence qu'il était l'être *(Wesen)* nécessairement existant selon son concept. Ce procédé était celui de l'argument ontologique, dans lequel on croyait posséder une preuve *a priori*. Mais à la vérité cet argument ne donne rien, puisqu'il ne prouve même pas l'existence, mais seulement le mode de l'existence. [23] Si nous le ramenons en effet, chez Descartes, à son contenu véritable, il ne signifie rien d'autre que : il suit du concept d'un être qui possède toutes les perfections, qu'il existe. Mais d'où vient ce concept lui-même, cela demeure indéterminé ; il est pris comme un fait de conscience. Mais puisque Dieu est considéré comme l'être absolument parfait, il doit alors nécessairement exister. Mais cela signifie seulement que Dieu, s'il est, ne peut être que le nécessairement Étant, non un étant contingent [22].

Mais le mode de l'existence ne donne pas le moindre éclaircissement sur la nature de l'existant ; le mode de l'être ne donne pas le concept de la nature de l'être. Entre le concept de l'être *(Wesen)* qui existe nécessairement et celui du créateur il n'y a aucune relation, d'une existence nécessaire ne suit pas la possibilité d'un créateur. De toute façon cette existence est seulement une détermination extérieure. Car même si l'on accorde que cet argument prouve l'existence nécessaire, qu'a-t-on gagné par là ? Chaque chose finie doit elle aussi se plier à la nécessité d'exister, elle est donc un être *(Wesen)* nécessairement existant. Ou bien le sens de cette existence nécessaire devrait-il par hasard être que Dieu n'est déterminé à l'existence par rien d'autre en lui ou en dehors de lui – ce qui signifie simplement qu'il existe sans raison ? Ne disons-nous pas précisément d'une telle existence qu'elle est contingente, et ne devrions-nous pas, en toute conséquence, dire de Dieu selon cette supposition qu'il est un être existant de la façon la plus contingente, puisqu'on ne peut saisir aucune raison de son être ?

C'est précisément cet argument cartésien qui a introduit la grande confusion dans les systèmes philosophiques, qui leur a jeté un sort dont

22. Cf. X, 15. Tr. fr. par J.-F. Marquet in *Contribution à l'histoire de la philosophie moderne*, p. 15. N.d.T.

ils n'ont pas pu se délivrer, ou qui a bien plutôt pesé sur eux comme un cauchemar. Une meilleure philosophie ne sera alors possible que si elle peut conjurer ce concept. – En attendant, il faut souligner ce qui suit : le concept et l'être de Dieu ne se laissent pas séparer ; il n'y a aucun concept de Dieu avant ni en dehors de son être, il n'est pas plutôt pensé, qu'il est. Dieu ne peut être pensé comme possible que par le fait qu'il est effectivement. Cela s'accorde aussi avec le concept de l'être *(Wesen)* nécessaire que l'on a à l'esprit lorsqu'on dit qu'il ne peut être purement déduit de lui-même, ni être *causa sui,* comme le pense Spinoza, bref, qu'il est l'être originel. Nous nommons en effet originel, même dans le domaine de la production artistique, non pas ce qui est produit à partir d'un concept antécédent, mais seulement ce dont [24] nous n'obtenons un concept que par le fait qu'il est, ou ce que nous ne saisissons comme possible que par son efficience.

Si Dieu était précédé par un concept, il ne serait alors pas l'être *(Wesen)* originel mais l'être *(Wesen)* nécessairement étant, comment un athéisme serait-il alors possible, qu'il consiste en une négation positive ou en une non-connaissance négative ? L'athéisme ne peut être, sitôt que Dieu ne peut pas ne pas être.

L'histoire des systèmes depuis Descartes montre clairement à quoi conduit le concept de Dieu en tant que <concept de> celui qui est évident par lui-même. Il n'y a certes plus d'athéisme, mais Dieu est devenu une substance universelle ; c'est là une conséquence nécessaire de la tentative de trouver Dieu par la voie de l'abstraction, car qu'est-ce qui peut en définitive être trouvé ainsi, sinon une substance universelle ? Descartes et Spinoza sont donc étroitement et nécessairement liés. Mais cette substance universelle ne se laisse en aucun cas écarter si l'on part de l'être.

Je vais maintenant récapituler brièvement, une fois encore, ce que nous avons pour l'instant obtenu. Nous avons jusqu'à présent établi les points suivants :

Le concept de Dieu est un concept précisément défini par la tradition ; si nous ne voulons pas, en effet, à la place de Dieu, une substance universelle indéterminée, il ne peut être que celui dont nous savons seulement qu'il est par le fait qu'il est. Dieu, dans la plénitude de son concept, est donc, au plus haut point, celui qui n'est connaissable qu'*a posteriori*. En conséquence :

1. le seul savoir qui commence véritablement à partir du commencement est celui qui, partant de Dieu, s'attache, à partir de documents, à la formation et au développement de l'être dérivé.

2. on ne peut cependant parvenir à ce point de départ que *a posteriori*.

Nous avons donc reconnu deux directions différentes, l'une progressive qui progresse du *prius* reconnu au *posterius*, de Dieu à ce qu'il engendre ou du centre à la périphérie, l'autre régressive, qui remonte du *posterius* à l'absolu *prius*, de ce qui est engendré à ce qui l'engendre, de la périphérie au centre.

Mais l'objet immédiat de la connaissance n'est autre que le monde, si donc Dieu doit être connu *a posteriori*, ce n'est qu'à travers le monde que l'on peut se frayer un chemin jusqu'à lui.

[25] D'après ce que nous venons de dire, la connexion sera, dans la première direction, objective, dans l'autre elle sera à la vérité simplement logique, donc subjective. Nous nous heurtons ici à une différence inévitable dans la direction de la philosophie, ce dont on déduit facilement qu'il ne peut y avoir un concept général de la philosophie, puisque peut être nommée philosophie aussi bien la science progressant dans la première que dans la deuxième direction. Je réserve les explications plus détaillées sur ce sujet pour la prochaine heure.

LEÇON IX

Messieurs ! La science positive ne peut avoir comme point de départ que l'absolument positif. Mais le positif est précisément ce dont on ne peut savoir à l'avance qu'il est, mais dont on sait seulement qu'il est par le fait qu'il est, c'est-à-dire lorsque nous en faisons l'expérience. L'absolument positif est précisément ce qui est le moins connaissable *a priori* ; chaque chose singulière de la nature est plus connaissable *a priori* que le fondement originaire de tout être. Distinguons une fois de plus l'être-*prius* de l'être connaissable *a priori* ; le véritable être-*prius* n'a lui-même rien avant lui, c'est seulement ce que j'ai moi-même produit, dont j'ai certes la meilleure connaissance *a priori*. Tous ceux qui affirment que le fondement originaire de tout être est connaissable *a priori* partent de ce que l'on produit soi-même. La géométrie est une science simplement *a priori* parce qu'elle produit elle-même ses concepts : il n'en va pas de même du *prius* absolu, c'est pourquoi l'expression « la philosophie est une science *a priori* » n'est pas une définition inconditionnée de la philosophie. Cela signifie seulement : en philosophie tout est connu à partir du commencement, c'est-à-dire dans l'ordre dans lequel cela résulte d'un commencement objectif. Mais si ce commencement est lui-même positif, il n'est pas connaissable *a priori*, mais seulement *a posteriori*. C'est ainsi que deux directions seulement sont reconnues dans la philosophie, l'une progressive, du *prius* au *posterius* et l'autre régressive, du *posterius* au *prius*. Il est facile de se rendre compte que seule la première direction peut être la voie de la science objective, mais doit-on pour autant refuser absolument à l'autre direction le prédicat de science ? [26] La connexion dans cette <première> direction est celle de l'être lui-même, du devenir objectif. La connexion dans la deuxième direction, au contraire, est simplement logique, subjective. Les deux directions sont, en philosophie, également nécessaires et inévitables, si elles ne sont pas nettement distinguées, la confusion est inévitable ; elle atteindra son paroxysme si, soudain, le concept d'une science positive surgit et s'impose de façon encore plus claire.

Je reviens maintenant à la décision déjà évoquée, <celle qui doit permettre de savoir> si c'est la direction progressive ou régressive qui mérite le nom de philosophie, et je pense qu'il ne serait pas impossible de considérer cette direction simplement logique comme la philosophie, puisqu'elle consiste bien en une recherche, en un effort vers la sagesse. Mais seule une science qui progresse du début jusqu'à la fin en passant par le milieu peut être nommée sagesse. L'homme se trouve impliqué dans un procès vis-à-vis duquel il ne peut pas demeurer simplement passif, mais auquel il doit participer activement ; mais il va pour cela bien falloir connaître ce procès lui-même. La sagesse est donc en ce sens un besoin absolu, afin de pouvoir suivre avec discernement et liberté le flot qu'il est possible d'endiguer. Si on voulait donc faire passer pour la philosophie uniquement cette science logique, la vie serait garante de la réalité de la science complète ; car si la science que nous voulons était purement et simplement inaccessible, l'effort vers elle serait de la folie. Mais la folie ne peut jamais être nommée sagesse.

Notre intention n'est donc pas tant de décider laquelle de ces deux directions mérite véritablement le nom de philosophie, que, bien plutôt, de nous entendre sur les deux points de vue en désaccord, afin de savoir aussitôt dans chaque cas s'il est question de l'une ou l'autre méthode.

Le résultat de la présente recherche est par ailleurs, pour le dire brièvement, celui-ci : nous avons mis en évidence, dans la philosophie, à côté d'une direction progressive ou positive, une direction régressive ou négative, et montré que l'on pouvait accorder aussi à cette dernière science le nom de philosophie. [27] Mais, par la mise en évidence de ces deux directions, nous avons précisément trouvé que la philosophie historique avait en effet quelque chose de commun avec les systèmes négatifs qui ont eu cours jusqu'à présent, et nous avons ainsi également donné le moyen recherché de la conciliation ; car on ne peut s'accorder que si l'on possède un point commun.

Je disais que nous avions trouvé ce que notre point de vue a de commun avec les sytèmes qui ont eu cours jusqu'alors. Pour montrer cela de façon plus claire, je suis contraint d'entrer davantage dans le détail que je ne l'ai fait jusqu'à présent. Je veux toutefois remarquer ici qu'il ne s'agit pas de mettre en évidence une consécution historique, mais que je ne considérerai les systèmes modernes que d'un point de vue, selon lequel ils ne représentent tous que la direction régressive, ne partent en rien d'un Très-Haut, ou, s'ils le font, posent seulement un Très-Haut qui porte en lui les traits caractéristiques de son origine dans l'expérience.

Quant au système de Descartes, qui constitue le commencement de toutes les philosophies européennes modernes, quiconque est un tant soit peu familier avec lui sait qu'il ne veut être rien de plus qu'un système régressif, comme il le dit lui-même. Descartes part en effet de la conscience qui ne peut être qu'immédiate, qui est pour lui la pensée propre, et en vertu de celle-ci, un être quelconque : *cogito, ergo sum*. La philosophie a donc manifestement selon lui un commencement empirique. Ce n'est qu'en dernier qu'il parvient à l'idée de Dieu, de telle sorte que le Très-Haut ne constitue pas pour lui le début, mais la fin de la philosophie. Sa preuve de l'existence de Dieu a par ailleurs déjà été discutée, et nous avons aussi remarqué que l'on croyait posséder en elle un argument *a priori*. Le fondement dernier de cette preuve est, nous l'avons dit, à nouveau un fait. Ce n'est qu'après avoir présupposé la conscience que Descartes conclut de la nature d'un être *(Wesen)* absolument parfait à son existence *(Sein)*. Car l'être *(Wesen)* absolument parfait ne pourrait être tel s'il existait de façon contingente, c'est-à-dire dépendante. Mais s'il n'est pas nécessaire de prouver qu'un être contingent, donc tout-à-fait relatif, ne peut être le plus parfait, il n'en résulte pourtant pas qu'il existe, mais simplement que, s'il existe, il n'existe pas de façon dépendante.

[28] Il ne s'agit pourtant pas ici de réfuter cette preuve, mais simplement de mettre en évidence la direction régressive. Elle apparaît aussi par ailleurs clairement en ceci que Descartes, après avoir posé le

concept de l'être *(Wesen)* très-haut, s'en tient là ; s'il s'était engagé sur le chemin inverse, la faiblesse et l'inexactitude de son système lui auraient certainement sauté aux yeux.

Spinoza commence là où Descartes s'interrompt. Pourtant, si l'on regarde de plus près son point de départ, on s'aperçoit très facilement qu'il reçoit son *prius* de la philosophie cartésienne, avec cette seule différence que Descartes fait encore du Très-Haut un créateur, alors que pour Spinoza, il n'est qu'une substance universelle, ce qui lui reste après qu'il ait supprimé toutes les différences de l'être. Ce concept d'un être universellement présent dans le monde et qui ne peut plus être produit à partir de l'être particulier des choses, suppose pourtant lui-même le monde de l'être différencié, et n'est donc qu'un concept simplement négatif, abstrait. La dépendance déjà signalée du système spinoziste vis-à-vis de la philosophie cartésienne se révèle par ailleurs aussi de la façon suivante.

Descartes partagea le monde en nature étendue et nature pensante, comme en deux opposés qui s'excluent absolument. Comme il ne pouvait pourtant ignorer les nombreux contacts qu'entretiennent ces deux mondes, par exemple lors des impressions reçues par les sens et des pensées ou lors du passage des pensées dans la nature extérieure, il se vit contraint d'admettre encore un intermédiaire pour ces phénomènes, qu'il posa dans l'assistance constante du Très-Haut tout puissant. Mais ce Très-Haut n'est déjà plus, chez Spinoza, une cause libre, Dieu n'est plus pour lui qu'une substance universelle, c'est pourquoi Dieu n'est également chez lui que la substance qui sert d'intermédiaire, l'identité de la nature pensante et de la nature étendue. Ces deux natures demeurent par ailleurs aussi opposées que chez Descartes, ce qui permet d'affirmer que cette identité n'est qu'un rejeton de la philosophie cartésienne. Mais comme Descartes n'a déduit cette proposition que d'une expérience incomplète, nous devons évidemment porter le même jugement sur Spinoza, de telle sorte qu'il doit lui aussi être réfuté de façon factuelle ou empirique, puisqu'il apparaît que ce qui est pensé et ce qui est étendu ne sont pas séparés comme il le pense, que bien plutôt ils participent beaucoup l'un de l'autre ; et même que selon sa supposition, il serait impossible de construire ne serait-ce qu'un corps organique. [29] L'ensemble du système de Spinoza porte ainsi en lui le caractère du négatif ; puisque, par ailleurs, il ne permet en rien d'avancer dans la direction progressive, puisqu'il ne peut ni montrer comment, dans la substance suprême universelle, la pensée et l'étendue s'accordent, ni comment celles-ci deviennent des modifications (Spinoza n'aurait certainement pas parlé de modifications si des choses singulières ne se présentaient pas dans l'expérience), puisqu'il ne connaît donc cette substance universelle que pour autant que l'on peut la connaître à partir d'une expérience brute, la direction progressive n'est donc chez lui qu'apparente, et tout le réal appartient encore totalement à la direction régressive, puisqu'il n'est que le résultat d'un empirisme très incomplet. Spinoza a donc tout aussi peu besoin que Descartes d'être rectifié de façon spéculative. Tous deux peuvent déjà être réfutés à travers une expérience qui va plus au fond des choses.

Spinoza ne tarda pas à être diffamé comme athée, ce qui explique que son système n'eut pas accès à la philosophie de l'école. La tentative de Spinoza, qui fut à vrai dire un échec, de partir du Très-Haut, ne fit que ramener la philosophie à la direction régressive. Elle apparaît déjà à nouveau chez Leibniz ; il n'a certes pas établi un système qui lui fût propre, ses idées furent pourtant recueillies dans la métaphysique scolaire déjà plusieurs fois évoquée, métaphysique que l'on pourrait en quelque sorte appeler la philosophie allemande typique. Je suis très loin d'en parler de façon aussi méprisante qu'on le fait fréquemment depuis Kant ; car ce qu'elle voulait réaliser, c'est aussi ce que nous tentons aujourd'hui. Qu'elle n'ait certes pas pu le mener à bien, point n'était besoin de la critique de Kant pour s'en apercevoir. Mais de ce qu'elle n'atteignit pas son but ni ne pouvait l'atteindre, il ne suit pas que le chemin régressif n'est, en règle générale, pas le bon, bien qu'il résulte de ce qui a déjà été remarqué que celui-ci n'est pas la voie de la science objective. Même Kant n'a pas démontré plus que cela.

Qu'il y ait pourtant au fondement <de cette direction régressive> ce qui est nécessaire pour apporter à la philosophie repos et consistance, voilà ce qui résulte clairement de ce que la philosophie depuis Kant ne peut plus parvenir au repos. Mais nous en parlerons davantage la prochaine fois.

[30] LEÇON X

Messieurs ! Seule la science qui, à partir d'un commencement déjà connu va jusqu'à la fin <de son parcours> en passant par des points intermédiaires nécessaires, contient la connexion objective c'est-à-dire historique. Car toute histoire est progressive, en revanche la science qui cherche avant tout le commencement n'admet aucune connexion objective, mais seulement logique, connexion que l'on peut donc, pour cette raison, nommer non historique. Mais nous avons déjà montré que la science négative était une direction peut-être nécessaire de la philosophie, la faute de la philosophie négative ne peut donc consister dans la direction négative elle-même, mais seulement en ceci qu'elle ne se fraye pas un chemin jusqu'à la philosophie positive ; mais qu'elle ne trouve pas le point de passage montre qu'elle n'a pas atteint le fait véritable dans lequel s'exprime le positif. Pour mettre en évidence la différence entre les deux, il est donc nécessaire de montrer comment <la philosophie négative> a faussement compris ce fait. Il n'est pas vrai que la nature pensante et la nature étendue seraient aussi opposées qu'on l'affirme. Puisque, en conséquence, le principe de ces systèmes est faux, et que cette erreur repose sur une compréhension incorrecte du factuel, ces systèmes peuvent être simplement réfutés par la présentation du fait convenablement compris. Voici où nous sommes jusqu'alors parvenus dans nos recherches, nous nous trouvons toujours dans le domaine de la direction régressive, qu'aucun des systèmes jusqu'alors n'a dépassée.

Spinoza est encore à tel point dans les concepts régressifs que son Très-Haut n'est que la substance du monde, qu'il ne dépasse en rien le monde. Descartes a au moins tenté de le dépasser. Nous devons maintenant prendre en considération la métaphysique scolaire issue de la philosophie leibnizienne ; qu'elle cherche elle aussi à atteindre le Très-Haut résulte déjà clairement de ce que les prétendues preuves téléologiques de l'existence de Dieu en constituent la dernière partie et, pour dire quelques mots de ces preuves, que cette métaphysique s'efforce d'atteindre le but recherché par la simple consécution de ces preuves, [31] car du premier argument, de l'argument ontologique, suit tout au plus le concept de l'étant par soi-même, premier et sans fondement. Mais cet étant par soi-même peut tout aussi bien être une substance spinoziste qu'une libre personnalité. Dans le concept de l'être par soi-même n'est donnée aucune personnalité libre ni consciente d'elle-même ; ce concept doit être obtenu autrement, on ne sait d'où. Cette métaphysique fait donc suivre l'argument ontologique d'un second, l'argument cosmologique ; là, de l'impossibilité de penser les choses de ce monde comme étant par elles-mêmes, on conclut au concept d'une cause productrice, qui elle-même n'est pas à nouveau produite, et qui est donc nommée nécessaire ; mais même ce concept est très indéterminé, et ne donne absolument aucune connaissance quant au mode de la production ; je possède grâce à lui tout autant qu'auparavant. On pourrait certes mettre en doute une compréhension si totale du mode de cette production elle-même. Je laisse pourtant pour l'instant en suspens la question de savoir si elle est possible ou non. La probité scientifique exige cependant que je ne donne pas cette compréhension universelle pour une compréhension véritable. Qui connaît Dieu en tant que cause ne connaît pas encore le mode de cette cause. Selon Spinoza Dieu est une cause des choses, certes une cause immanente et non transitoire, de même que l'organisme est cause des organes en tant que ceux-ci sont posés en même temps que lui, et qu'il ne se réalise en eux que selon son concept. Une cause transitoire, c'est par exemple l'esprit d'un artiste par rapport à l'extériorité qu'il produit. Mais cette métaphysique, ou toute vraie métaphysique doit montrer que Dieu n'est pas simplement une cause interne, mais aussi une cause transitoire. En elle est donc aussi contenue la façon de montrer comment cela est possible. Spinoza n'en vint au concept de cette cause immanente que parce qu'il ne comprit pas comment < la cause transitoire > était possible ; pour lui non plus les choses ne sont pas par elles-mêmes, mais par quelque chose d'autre, comme dans la métaphysique dont nous parlons. Car il dit lui aussi que les choses finies ne pourraient être comprises sans quelque chose d'autre, tandis qu'il caractérise ainsi la substance universelle : *cujus conceptus non eget conceptu alterius rei*, ou *quod per se concipi potest*[23]. Si nous étions toutefois véritablement scientifiquement amenés à admettre que Dieu produise les choses comme extérieures à lui, [32] non pas comme simples organes, il resterait alors toujours la possibilité que Dieu les produise seulement par une nécessité de procréer, bref, il demeure entre le concept de cause et celui de causalité encore beaucoup de concepts intermédiaires, de telle sorte que l'argument cosmologique n'atteint absolument pas son but. De plus, on ne devrait pas prendre en considération simplement la contingence de l'être, mais aussi le mode contingent de l'être, et ne serait-il pas alors facile d'être conduit à l'idée selon laquelle le monde serait une production de deux principes d'égale puissance ou opposés, bref, à l'idée d'un dualisme au sens que revêtait ce mot dans l'Orient ancien ?

Si, du reste, la métaphysique moderne n'en arriva pas là, c'est uniquement du fait de la discipline exercée par le christianisme, mais la philosophie est de tout temps et pour tous les hommes, elle doit prendre en compte toutes les possibilités. Ces deux principes n'ont du reste pas eu besoin d'être présentés comme si l'un était absolument bon, l'autre absolument mauvais, peut-être le dualisme n'a-t-il même jamais été

23. « ce dont le concept n'a pas besoin du concept d'une autre chose », ou « ce qui peut être conçu par soi ». Ce n'est pas une citation littérale de Spinoza, cf. cependant *Éthique*, I, déf. III. N.d.T.

présenté ainsi, mais bien plutôt de cette façon : l'un précéderait seulement l'autre et ne lui laisserait d'autre possibilité que de gâter, autant qu'il le peut, la production du premier, et d'y participer autant que cela lui est possible. Du point de vue polémique du premier dieu, le second nous apparaîtrait donc certes comme mauvais ; mais ce dernier aurait lui-même, vis-à-vis du premier, autant de droit à le nommer mauvais. En bref, ce concept général de cause du monde est encore trop général pour que l'on puisse fonder sur lui un concept déterminé de Dieu. C'est pourquoi l'ancienne métaphysique avait encore découvert un troisième argument, par lequel elle essayait de cerner mieux encore le concept de cause. Dans cet argument on concluait de la finalité de la nature, particulièrement de la nature organique, à une cause qui devait nécessairement être une intelligence. C'est ce qu'on a nommé l'argument physico-théologique. Mais même ce concept est trop général ; car l'entendement seul ne parvient pas davantage à produire un monde ; Dieu pourrait posséder l'intelligence et pourtant ne pas pouvoir produire le monde. Il apparaît aussitôt que le concept de nature intelligente n'est rien qui différencie Dieu <de l'homme>, puisque ce dernier a aussi une nature intelligente et [33] est même réceptif à la sagesse. Pour produire cette différence, on trouva nécessaire de nommer Dieu non pas sage, mais très sage, non pas puissant, mais tout puissant, d'où il résulte clairement que cet argument n'est toujours pas en lui-même suffisant, que ce n'est pas le concept de l'intelligence, de la bonté, etc., mais celui du créateur, qui contient la différence spécifique entre Dieu et l'homme. Pour s'efforcer de l'atteindre, cette métaphysique aurait à la vérité eu déjà besoin de concepts concrets ; car si Dieu doit être créateur, il doit se trouver dans la nature elle-même des signes qui conduisent à ce concept positif ; mais malheureusement on considérait que Dieu et le monde étaient à tel point séparés, que l'on ne croyait absolument pas trouver dans la nature ces βάθρα et ὑποθέσεις de Platon. (En marge :) échelon, degré, base, principe [24]. Il est maintenant devenu habituel de dire que la nature est un reflet de Dieu ; si ce n'est pas une simple façon de parler, on doit nécessairement trouver dans la nature elle-même des traces de Dieu. C'était donc pour Kant une tâche facile que de découvrir l'insuffisance de cette métaphysique en vue d'une connaissance de l'être *(Wesen)* divin. Mais cette métaphysique ne s'occupait pas, contrairement à ce que Kant lui reproche, de la connaissance de Dieu, mais seulement, à partir de la mise en ordre de certains concepts universels, comme ceux

24. *République* VI, 511 b. N.d.T.

de cause et d'effet, qu'elle possédait déjà et pouvait donc considérer *a priori,* de présenter la relation de Dieu au monde.

Puisque je mentionne Kant, je ne peux pas m'empêcher d'attirer l'attention sur l'influence exercée par sa critique, qui se donnait pour une réfutation de toute métaphysique. Puisque Kant ne savait rien d'une direction de la philosophie autre que régressive, nous pouvons provisoirement, selon notre visée, comprendre sa proposition dans le sens de l'impossibilité d'une science dans la direction régressive, à supposer que l'on mette l'accent sur le terme de *science,* et que l'on entende par là une science objective. Car même la philosophie antérieure, bien que subjective, se donnait cependant pour objective : nous avons déjà nous-même montré que la science véritable ne trouve place que dans la direction progressive, que au contraire (la régressive) ne possède que la connexion de la simple pensée. Si nous accordons cela, nous avons ainsi, semble-t-il, prononcé la sentence quant à notre propre entreprise ; cela [34] sera d'autant plus le cas que, par la pensée de la partie scientifique de la philosophie, ce n'est pas une pensée nécessaire mais une pensée libre, que l'on comprend, puisque, comme nous l'avons dit, une pensée nécessaire, c'est-à-dire conforme à la nature de l'objet, ne peut trouver place que dans la direction progressive. La pensée libre devra donc être une pensée plus ou moins contingente ; il en ira d'elle comme de ces recherches dont le moins qu'on puisse dire est qu'elles échappent au carcan de concepts rigoureusement arrêtés ; la diversité des individus elle-même sera d'une grande influence, si toutefois Gœthe a raison de décrire une telle philosophie comme le chef-d'œuvre d'un tisserand, où un seul coup de pédale suffit à déclencher mille mouvements différents [25].

LEÇON XI

Kant a compris sa réfutation de la métaphysique de son époque comme la réfutation de toute métaphysique, c'est-à-dire d'une connaissance du suprasensible, puisque c'est ce que l'on désigne depuis Aristote par ce terme, à la différence de l'hyperphysique. S'il y avait

25. Le Père Tilliette nous indique que Schelling fait ici référence à *Faust* I, vv. 1922-1927, et que l'on trouve également cette image dans *Bedenken und Ergebung*, (Hamb. Ausg. XIII, 32), ainsi que dans le poème *Antepirrhema* (Hamb. Aus. I, 358). N.d.T.

une connaissance du suprasensible, selon Kant, elle devrait suivre le chemin de la métaphysique alors en vigueur. Il ne connaissait en effet, comme je l'ai déjà remarqué, que la direction régressive de la philosophie, et tenait donc la voie de cette métaphysique comme la seule possible. Notre position à son égard est donc la suivante : nous lui donnons raison contre toute métaphysique scolaire, mais nous ne lui donnons pas raison lorsqu'il croit qu'il n'y a absolument aucun autre moyen que ceux qu'elle utilisait de s'élever au Très-Haut.

Nous reconnaissons également que, dans la partie de la philosophie qui consiste dans la recherche, seule trouve place une connexion subjective, jusqu'au point où est trouvé le véritable *prius*, et que là seulement commence la science objective. Mais, dira-t-on, lorsque nous admettons nous-même que la science préparatoire à la véritable philosophie est subjective, nous mettons en doute le savoir positif lui-même, puisque celui-ci s'appuie sur celle-là. On peut répondre à cette objection que cette pensée, dans la science préparatoire, est certes une pensée contingente par rapport à l'individu, mais en aucun cas contingente en soi et pour soi, parce qu'elle a précisément une norme dans ce qui est [35] donné dans l'expérience, norme grâce à laquelle elle s'élève et peut toujours se justifier. De plus il demeurera toujours une grande différence entre la pensée de celui qui pénètre profondément quelque chose et celle de celui qui ne la saisit que superficiellement. Mais ce défaut demeurera aussi peu caché ici que dans les autres sciences de l'expérience, comme je l'ai déjà montré chez Descartes et Spinoza qui furent tous deux réfutés par une considération plus précise du fait qu'ils présupposaient. Cette contingence n'est donc pas de telle sorte qu'elle puisse être corrigée et ne plus se trouver dans l'objet auquel elle se rapporte ; mais ce n'est pas un défaut, pour quelque science que ce soit, que de dépendre aussi en partie de l'individualité ; ceci a depuis toujours été reconnu en philosophie, et on ne devrait certes pas se flatter d'avoir saisi le concept complet de cette dernière si on n'a pas aussi reconnu, outre son caractère de nécessité, celui de liberté. Mais puisque l'erreur est humaine, celle qui est en quelque sorte la plus humaine de toutes les sciences devrait-elle faire exception ? Pourtant cette possibilité objective de l'erreur ne se trouve que dans la partie préscientifique de la philosophie. Là seulement il y a matière à scepticisme. Dès que la philosophie a atteint le Très-Haut, elle se met positivement au travail.

Qui donc, pour peu qu'il sente encore en lui un esprit libre, pourrait supporter que la philosophie revête cette figure servile que l'on a si souvent tenté de lui donner ? Toute philosophie doit partir de ce qui est donné, parce que, avant d'expliquer, il faut d'abord connaître ce qui est à expliquer ; mais chacune peut le faire d'une façon différente, tout comme d'une périphérie, un nombre infini de lignes allant dans les directions les plus différentes peuvent en définitive pourtant toutes conduire au même point central ; ce qui rassemble en définitive la philosophie, les directions les plus différentes, en un centre, c'est la force de ce qui est arbitraire ou donné.

C'est le propre de la philosophie que d'être, non pas certes établie, mais découverte, de façon seulement successive. Celui qui la considère d'un point de vue historique reconnaîtra qu'elle ne peut atteindre sa perfection dès ses premiers pas. Mais on pourrait objecter que la science elle-même doit alors en définitive partager les hésitations et les doutes, [36] de telle sorte qu'on pourrait se demander si la philosophie atteindra jamais le point où elle commence à être science positive. Afin de mettre cela au clair, la distinction suivante s'impose.

Aussi longtemps que la philosophie véritable n'a pas été trouvée, ou du moins n'a pas été reconnue, elle se trouve dans un double rapport, d'abord vis-à-vis de ceux qui veulent produire la philosophie purement *a priori* et qui nient donc qu'il y ait une direction *a posteriori*, c'est-à-dire qu'une telle direction soit de la philosophie. La philosophie véritable pourrait très bien s'accommoder d'un tel refus de reconnaissance, d'autant plus qu'elle n'affirme pas elle-même être, sous cet aspect, un savoir positif mais seulement le chemin qui y conduit ; mentionnons aussi le cas où elle n'est reconnue que de façon générale, ce qui devrait certes se produire, puisque ceux dont nous venons de parler eux-mêmes doivent concéder que, avant toute chose, ils devraient être convaincus par ce qui est donné dans l'expérience. La différence entre les deux <attitudes> consiste simplement en ceci que les premiers dépassent l'expérience plus vite et sans s'en rendre clairement compte. Si nous supposons notre but atteint, ils ne pourront plus se défendre contre le savoir produit *a posteriori*. Il gagnera une telle clarté et une telle évidence par rapport à ce qui est simplement trouvé *a priori*, que l'on ne pourra plus fermer les yeux ; car tout ce qui est mis en évidence à partir de l'expérience doit être accepté par l'entendement humain, qu'il le veuille ou non. Je me contente donc ici encore de présupposer que le *prius* est véritablement trouvé *a posteriori*.

La science positive se trouve dans une autre situation eu égard à ceux qui ne croient pas qu'elle soit possible, mais qui reconnaissent cette direction qui part du bas. Elle sera toujours en conflit avec eux, jusqu'à ce qu'elle ait vraiment trouvé le *prius* positif. Mais même à supposer que la philosophie ne puisse pas découvrir sur le champ ce *prius* positif, la philosophie au sens littéral, en tant qu'effort, serait toujours présente, et nous ne nous trouverions pas dans une situation pire que celle des Français, des Anglais, etc., qui croient encore que la philosophie doit être trouvée par la simple expérience. Même si personne ne parvenait de sitôt à ce point supérieur, même si cent personnes essayaient en vain, rien ne serait pourtant perdu pourvu que la tentative réussisse un jour. Que cela se produise tôt ou tard n'a aucune importance. Mais cette tentative [37] réussira un jour, aussi certainement que cette philosophie qui désunit tout, qui suppose que le sensible et le suprasensible n'ont absolument rien en commun, alors que le sensible contient tant de suprasensible, qui suppose même que le créateur s'est retiré de son œuvre, n'est elle-même qu'une philosophie reposant sur des préjugés, dérivée de concepts qu'elle a forgés de toutes pièces. Il suffit de s'accorder une fois pour toutes sur l'idée que le *prius* absolu ne peut être produit qu'*a posteriori* afin d'attendre patiemment le moment où celui-ci sera vraiment trouvé ; l'esprit humain complétera de façon rapide et sûre la base établie.

C'est là ce que je pensai devoir dire à l'occasion de l'évocation de la critique de Kant. Ce qu'elle nous a appris, c'est simplement que la philosophie doit d'abord pénétrer plus profondément le factuel. Si c'est là le résultat de la critique kantienne, le passage à la philosophie de la nature, qui recherche le véritable *prius* dans la nature, est à la vérité une conséquence très naturelle et compréhensible. La philosophie de la nature a vraiment donné la première preuve de l'existence de Dieu. J'ajoute seulement que je crois pouvoir passer de Kant directement à la philosophie de la nature, parce que Fichte lui-même a présenté sa philosophie comme l'achèvement de la critique kantienne. Fichte était parfaitement convaincu par les raisons de Kant. Il me paraît pourtant encore nécessaire, avant de passer à la philosophie de la nature, de mettre en place quelques concepts généraux.

D'abord de l'expérience

L'expérience est un concept très vaste. Il est impossible de la comprendre, au sens où nous l'employons toujours, en entendant par là des expériences immédiates et brutes. L'expérience dans le sens où nous l'employons est seulement le résultat de recherches philosophiques. Si le système de Spinoza lui-même repose sur un quelconque fait, on peut bien dire avec raison : tous les systèmes jusqu'alors ont directement ou indirectement servi à découvrir le fait propre à la philosophie, c'est pourquoi on peut aussi comparer tous les systèmes antérieurs aux expérimentations dans la science de la nature. La philosophie doit expliquer le fait du monde ; mais le fait véritable est toujours quelque chose d'intérieur ; le fait véritable d'une bataille par exemple se situe dans l'esprit du général, non dans les attaques ni [38] les tirs de canon [26] ; le fait véritable d'un livre n'est connu que par celui qui le comprend [27]. Le fait doit donc d'abord être recherché ; bien des choses dans la nature nous demeurent énigmatiques parce que nous ne connaissons pas le fait. Le grand fait du monde n'appartient qu'à la philosophie ; elle s'efforcera de le découvrir dans sa pureté, ce qui explique que même les systèmes que je nomme des expérimentations en vue de cette tâche ne sont pas dévalorisés, ils sont peut-être par là seulement justifiés : aucun n'était vain, l'esprit humain ne doit avoir honte d'aucune des étapes par lesquelles il est passé. Chaque système suivant a fait un pas de plus. Le fait présenté dans sa pureté sera le résultat de toutes les recherches philosophiques. Mon intention n'est jusqu'à présent que d'isoler ce qui, dans la philosophie, est expérimentable, afin d'apporter ainsi quelque chose à la science positive à travers l' ὑποκείμενον (soubassement, base) de la philosophie.

Je poursuivrai après-demain.

LEÇON XII

Si, selon l'explication de la fin de la dernière leçon, aucun système ne s'est élevé au-dessus du fait, je dois aussi reconnaître que tel est le cas du système de la philosophie de la nature, bien que j'avoue qu'elle a saisi plus profondément le fait que tous les autres, puisque celle-ci, comme je crois pouvoir le montrer, s'est approchée au plus près du lieu où elle passe au fait absolu : « il y a un Dieu ». Même si elle n'est pas science positive, celle-ci est sa frontière naturelle, puisque depuis Descartes la direction régressive était dominante, et devait donc elle aussi atteindre sa limite.

Qui embrasse du regard ma philosophie dans sa continuité devra témoigner que je n'ai rien établi qui ne se suive dans une connexion

26. Cf. X, 227.

27. Ce passage, depuis la comparaison des systèmes philosophiques antérieurs à des expérimentations *(Experimente)*, se retrouve presque mot pour mot dans le *System der Weltalter*, p. 86-87, ainsi que dans la *Darstellung des philosophischen Empirismus*, X, 227-228. N.d.T.

naturelle. Puisque par ailleurs j'ai expliqué que cette étape était nécessaire, il faudra que je m'en explique plus en détail, et il m'apparaît ici hautement souhaitable de vous apprendre comment je parvins à ce point de vue. J'essaierai donc autant que possible de rendre cela clair pour chacun, de faire pénétrer chacun dans l'atelier intérieur de cette philosophie, [39] si inhabituel que puisse être pour certains mon exposé à ce sujet. Je ne peux pas me permettre en effet de supposer que tous mes auditeurs sont instruits de mon parcours antérieur. Pour ceux qui le sont, je remarquerai donc qu'ils ne doivent voir dans ce que j'expose maintenant aucun désaccord avec ma doctrine antérieure, mais un ajout à celle-ci. La doctrine actuelle n'est que la conséquence de la doctrine antérieure, elle est pour elle ce que le fruit est à la fleur.

Le hasard des circonstances, qui veut que je ne peux parler de la philosophie de la nature sans parler de moi, ne doit pas vous induire en erreur quant à l'impartialité de mon discours. J'ai eu assez de temps pour parvenir à juger sans prévention des résultats. Même des adversaires peu amènes depuis un quart de siècle ont dû reconnaître qu'il n'est plus possible de reconduire la philosophie à son état précédent.

Kant, qui mit en évidence la connexion insuffisante et subjective de tous les systèmes précédents, fut suivi par Fichte, qui, continuant avec conséquence la construction de la critique de Kant, surprit d'abord le monde avec ce résultat que le principe de tout être et de toute connaissance réside dans le Moi. Par rapport aux systèmes prékantiens, les différences suivantes étaient apparues :

1. Par rapport à Descartes. Celui-ci partait certes aussi du Moi, mais reliait les autres connaissances extérieures au Moi au « Je suis » par de simples conclusions, sans affirmer que le « Je suis » est aussi le principe objectif de la philosophie. Nous trouvons < au contraire > tout à fait cette idée chez Fichte, qui affirme, comme une vérité objective, que seul le Moi existe objectivement, qu'il est l'unique substance véritable.

2. Par rapport à Spinoza on avait progressé en ceci que la substance n'est plus morte, mais vivante, elle est ce qui se pose et s'est posé soi-même, un sujet = objet, un Moi. Ce pas en avant, cette détermination de la substance comme ce qui est vivant, ce qui se pose soi-même dans un acte continu et qui persévère dans l'auto-position, est déjà significatif ; il est vrai que Spinoza se servait d'un terme semblable lorsqu'il nommait la substance suprême *causa sui*, mais ce terme est chez lui sans conséquence ; il se limite à la signification étroite de ce qui est par soi-même parce qu'il n'a plus aucune autre cause en dehors de lui. S'il avait

voulu donner par là un [40] concept positif, il aurait dû montrer comment la substance absolue, en tant qu'elle est cause d'elle-même, se pose nécessairement comme étendue et pensante. Mais il ne l'a pas fait.

Ce que le premier concept de Fichte aurait pu avoir de décisif à cet égard, il l'a gâché en ne comprenant sa proposition que subjectivement, donc en ceci que l'égoïté en soi n'est pas la substance universelle. Il ne saisit le Moi que comme Moi humain en disant que le Moi de tout un chacun est l'absolue substance, son système est donc un idéalisme unilatéral, expression par laquelle on désignait déjà auparavant ces systèmes qui nient toute réalité. Selon Fichte le monde empirique commence tout d'un coup pour chaque homme avec l'acte transcendantal de la conscience, qui s'exprime par le « je suis ». L'univers en général n'est là que pour une conscience humaine. Cette auto-position est pour chaque individu le commencement du monde, de telle sorte que le commencement en dehors du temps de son Soi est en même temps celui du monde. Il est vrai que Fichte, dans la mesure où il statue sur un monde moral, ne pouvait éviter d'admettre aussi, outre le Moi de chacun, d'autres Moi ; mais la nécessité de cette supposition n'est selon lui qu'immanente. Le Moi ne sort pas de lui-même, même la représentation d'autres individus n'est posée pour lui que par une affection qui est déjà contenue dans le « je suis ». Tout n'est qu'évolution de ce qui est déjà implicitement posé dans le « je suis ». Fichte aurait naturellement dû mettre en évidence précisément dans le « je suis » cet être implicite, il aurait en quelque sorte dû présenter les choses extérieures à l'homme comme des médiations internes de cet acte d'auto-position. Mais le monde est pour lui si totalement enfermé dans le Non-Moi qu'il ne pense absolument plus à lui si ce n'est là où il le postule selon la relation de finalité, par exemple la lumière et l'air ne servent que de milieux à la vue et à l'ouïe. Sa déduction de la nature est seulement téléologique. Ce serait une grave erreur que de croire que Fichte aurait laissé le Moi se construire lui-même dans un devenir-soi nécessaire. Le Moi est certes selon Fichte l'acte de l'être-soi, mais son activité est aussi limitée à cela. À partir de là il devient simplement pour lui un objet de réflexion. Ce n'est plus le Moi [41] qui se meut lui-même et se pose lui-même, mais Fichte qui le pose par une liaison subjective de toutes les autres choses avec celui-ci. Cette liaison révèle pourtant tant d'arbitraire et de contingence que l'on serait gêné pour rendre ne serait-ce que quelque peu compréhensible le cours de son œuvre principale [28], bien qu'elle n'ait pas manqué, en son temps, d'être admirée, sans doute parce qu'elle était si incompréhensible. Plus tard Fichte tenta de la remanier pour la rendre compréhensible à tous, et écrivit, selon sa propre expression, un rapport clair comme le jour [29] ; mais c'est précisément alors qu'il cherchait à devenir plus compréhensible pour le grand public qu'il devint incompréhensible et insipide pour les philosophes. Il mit même en relation, dans ses écrits plus tardifs, les idées de philosophes ultérieurs et sombra en définitive tout à fait dans la banalité [30]. Il n'y a chez lui rien de significatif pour l'histoire de la science, si ce n'est cette première prise de conscience que la véritable substance est vivante, se pose elle-même, est un sujet-objet. Mais même cet unique pas est si important que l'on oublie volontiers à quel point cette découverte s'est trouvée rapetissée. Cette idée fut en quelque sorte un éclair qui disparut sitôt apparu, mais il a allumé un feu qui brûle encore aujourd'hui. Fichte survola si vite la science qu'il ne lui resta même pas le temps de développer complétement son individualité, ce qui serait pourtant toujours souhaitable. Tout ceci était nécessaire pour comprendre la transition qui va maintenant suivre.

Le prochain point, à partir duquel se développa la philosophie qui suivit, a déjà été caractérisé. Fichte n'avait compris le Moi que comme substance de l'essence humaine, de telle sorte que tout le reste, c'est-à-dire le monde sensible ou extérieur n'aurait existé qu'à travers la représentation de ce même Moi. Il n'aurait pas manqué d'apparaître à tout un chacun que la sujet-objectivité ne peut pas résider seulement dans la conscience humaine, car même si l'homme est le seul, dans toute la nature, à pouvoir se dire : je suis, il n'en résulte pourtant nullement que moi seul suis, c'est-à-dire que moi, homme, suis l'unique étant. Car ce qui en moi est le « je suis » peut aussi être en dehors de moi, même s'il ne peut pas dire de la même façon : je suis. De même que quelque chose en moi est, de même quelque chose peut aussi, en dehors de moi, être un étant, mais pas selon le même mode de l'être, bien que selon la même substance de l'être ; ainsi, tout le reste est simplement de l'être objectif. La pensée que nous venons d'exprimer fut caractérisée comme pensée de [42] l'identité de la subjectivité et de

28. Il s'agit bien sûr de la doctrine de la science, *Wissenschaftslehre*, qui fut exposée pour la première fois par Fichte en 1794 *(Über den Begriff der Wissenschaftslehre oder der sogenannten Philosophie)*. N.d.T.

29. *Sonnenklarer Bericht über das Wesen der neuesten Philosophie*, 1801. N.d.T.

30. Cf. XIII, 54.

l'objectivité. Chacun comprend certes facilement que ce n'est que sur cette indifférence du savoir et de l'être que repose la réalité de toute connaissance objective. Si cela n'est pas, alors aucune réalité n'est possible. Il est vrai que je pars aussi, avec Fichte, de la conscience humaine, parce qu'elle se manifeste comme ce dont la nature est de se poser soi-même, tandis qu'elle se pose certes aussi elle-même dans tout le reste, mais ne se connaît pas en tant que telle. Mais pour produire la science un second acte est encore nécessaire ; le Moi à partir de cette puissance supérieure de la conscience humaine doit en effet être dépouillé de toute puissance, jusqu'à ce qu'il ne soit plus là comme sujet-objet subjectif, mais seulement comme objectif. L'égoïté ne doit pas être comprise comme une substance particulière, mais comme une substance universelle ; mais il est pour cela nécessaire de descendre avec le Moi de la conscience humaine jusqu'au point où il se pose certes de façon substantielle mais pas en acte. Le Moi conscient de soi n'est à l'évidence que le Moi revenu à soi-même, à proprement parler l'expression du venir-à-soi-même. Mais ce Moi n'est lui-même pas possible si on ne suppose pas un hors-de-soi ; car seul peut venir à soi ce qui était extérieur à soi ; il suppose alors un être-venu-à-partir-de-soi. Cet être-venu de l'extérieur à soi et à partir de soi ne peut être représenté que par la nature dépourvue de conscience. Il faut alors se demander quelle est là la tâche de la science. – Le Moi devenu conscient de soi ne se souvient pas de l'être hors de soi, c'est-à-dire du chemin qu'il a derrière lui depuis l'étape de l'être-en-dehors-de-soi jusqu'à la conscience de soi-même. La tâche de la science est donc de faire parcourir une fois encore à ce Moi de la conscience, à partir de l'aliénation originelle, le même chemin, non pas par un acte inconscient, mais avec conscience ; elle doit le reconduire, avec conscience, sur tout le chemin, de l'abîme le plus profond jusqu'au sommet le plus élevé de la conscience. La philosophie est ainsi véritablement une anamnèse, comme le disait Platon selon un concept quelque peu obscur, certainement aussi dans un sens quelque peu différent. Le Moi revenu à lui-même doit retourner jusqu'au bout de ce souvenir, c'est-à-dire jusqu'à la puissance où il demeure certes substance, mais seulement par nature et non plus en acte, et à partir de là s'élever jusqu'au point où il s'unit à sa conscience.

[43] LEÇON XIII

Selon Fichte tout n'est qu'à travers et pour le Moi, mais le Moi non pas considéré purement et simplement comme la substance universelle, tout n'est que pour le Moi de la conscience humaine. Mais, de cette façon, aucune science n'est possible ; car la science consiste dans la progression, et doit donc nécessairement comporter au moins un début, un milieu et une fin.

Le premier point est seulement le Moi. Le Moi de la conscience est déjà davantage que le Moi pur et simple, puisqu'il est déjà venu à soi. Mais ce venir à soi continuel suppose un avoir-été hors de soi et celui-ci un être-venu hors de soi. Mais cet avoir-été hors de soi ne peut se trouver dans le Moi de la conscience, puisque celle-ci est l'être-venu à soi. Le chemin du venir-à-soi peut tout aussi peu se trouver dans le Moi, parce que celui-ci est l'être-auprès-de-soi. Tous deux doivent alors se trouver hors du Moi, donc dans la nature. Elle est la sphère de l'être-hors-de-soi du Moi, elle est l'histoire du Moi qui n'est venu à soi que de façon progressive, de telle sorte que tous les moments de la nature sont à vrai dire des moments de l'histoire de la conscience de soi. Le début de la nature est le point extrême de l'être-hors-de-soi. Le mouvement progressif est le passage de ce point extrême à l'être en soi. La fin est l'être-à-soi achevé ou le Moi humain. Entre ces points doit se trouver la science objective, ou encore par elle est donnée la possibilité d'un mouvement et de la production d'une science. Le Moi de la conscience est seulement celui qui s'est aliéné dans la nature, ou le sujet-objet rendu à soi-même. Pourtant, parvenu à cette hauteur, il est certes conscient de lui-même, mais pas du chemin de la venue-à-soi-même, parce qu'il l'a parcouru dans un état en partie inconscient, en partie oscillant entre l'absence de conscience et la conscience. La tâche de la science est donc, comme nous l'avons dit, de faire parcourir au Moi avec conscience ce même chemin qu'il a parcouru sans conscience. Pour cela, la conscience doit revenir à son commencement.

[44] L'essentiel est ici d'abord le se-poser-soi-même, mais il s'est déjà effectivement posé lui-même par ce même acte ; nous pensons donc cette différenciation afin de séparer plus nettement les moments nécessaires dans le concept ; car l'absolu <se-poser-soi-même>[31] ne

31. Mot manquant ; complété d'après Cgm 6282, p. 70.

peut commencer dans le temps à se poser soi-même. Nous ne séparons, comme nous l'avons dit, ces moments que dans la pensée, parce qu'il y a au moins une transition. Ce dont il est dans la nature de se poser soi-même ne peut certes pas être pensé sans la supposition qu'il ne serait pas posé soi-même. Nous ne pouvons le conserver dans le moment où il est ce qui se pose soi-même, qu'aussitôt il passe dans le deuxième, et se pose effectivement soi-même. Mais par là il revêt un être, et en revêtant un être il est devenu différent de soi, car il n'est plus ce qu'il était en soi et avant soi *(an und vor sich)*[32] ou avant son acte.

Je voudrais cependant expliquer plus précisément cette expression en soi et avant soi. Je nomme étant en soi celui qui ne s'est pas encore éloigné de soi. Chacun, lorsqu'il agit, s'éloigne nécessairement de soi ; l'étant-en-soi est donc à comprendre tout à fait littéralement. L'étant en- et avant-soi a exactement la même signification ; mais il ne faut pas le confondre avec l'étant pour soi. Être en soi et avant soi signifie en effet la même chose que être-en-soi, tout comme il y a dans la langue allemande un grand nombre de ces expressions synonymes.

Cette expression peut devenir encore plus claire grâce à ce qui suit :

Le Moi dans sa pure et simple substantialité, dans sa pure et simple essentialité, est pour ainsi dire le *prius* de soi-même dans son effectivité ; il est donc le Moi avant soi-même dans son effectivité.

En tant qu'effectivement posé par lui-même, comme je le disais, le Moi serait quelque chose d'autre qu'en tant que avant soi et en soi. Là il n'était donc rien, c'est-à-dire qu'il était, mais pas en tant que quelque chose. Je me heurte ici à nouveau à une expression que je crois devoir expliquer ; c'est le petit mot *« als »* <comme, en tant que>, qui, en philosophie, est d'une grande importance. La particule exprime toujours quelque chose d'ajouté, d'accessoire, de contingent, par rapport à l'essence ; elle a donc aussi dans l'emploi ci-dessus un sens d'attraction. On s'aperçoit de cette différence particulièrement en ce qui concerne ces qualités que l'homme possède sans savoir qu'il les possède, qu'il ne possède que pour autant qu'il ne les a pas présentes à

32. L'expression «*an und vor sich*» peut être comprise dans un sens temporel, qui semble dominer dans tout le passage qui suit, elle est alors traduite par «en soi et avant soi». Mais Schelling joue également sur le sens ancien de *« vor »*, équivalent à *« für »*, il est donc aussi possible, selon le cas, de comprendre et de traduire par «en soi et pour soi». Schelling s'explique sur le sens de cette expression dans le *System der Weltalter*, p. 30, mais le texte le plus explicite, que nous signale le Père Tilliette, est sans aucun doute la p. 140 de la *Grundlegung der positiven Philosophie*. (*Nachschrift* de 1832-33, éd. H. Fuhrmans, Bottega d'Erasmo, Turin, 1972). N.d.T.

l'esprit. C'est ainsi par exemple que la grâce, ce charme suprême de la nature féminine, disparaît aussitôt, dès que quelqu'un y aspire. La grâce consiste uniquement dans l'indifférence à son égard ; ou pour prendre un autre exemple : qu'un roi voyage [45] incognito, il ne cesse pas pour autant d'être roi, mais il ne voyage pas en tant que roi [33].

Le Moi dans sa pure essentialité était une absence absolue de qualités ; il ne s'était pas encore attiré ni contracté ; il était seulement lui-même, mais en se posant effectivement, il se fait quelque chose ; à partir de maintenant il est prisonnier de l'être ; il ressent cet être comme < une maladie > contractée donc comme contingent. Je dois ici de nouveau attirer votre attention sur le concept du contingent. Le premier commencement du pur Moi par rapport à lui-même est expressément pensé comme contingent ; le premier étant, *primum existens,* est le premier contingent, la contingence originelle [34], qui est déjà représentée par la sagesse antique comme la nourrice, la mère du monde. Il s'agit pourtant ici simplement du fondement.

Nous avons donc trois moments du Moi. Le Moi dans sa pure essentialité, en et avant lui-même ; puis dans sa sortie hors de lui, et enfin en tant que résultat de cet acte, dans lequel il est prisonnier d'un être contingent. Mais cette dissonance donne précisément le commencement, nous ne pouvons en rester là. La science de la science consiste en cela qu'elle va plus loin. Il se produit donc la nouvelle détermination suivante. Le Moi absolu est non seulement ce qui se pose soi-même, mais aussi ce qui se pose éternellement soi-même. Le Moi est infini non pas au sens négatif qu'il ne pourrait devenir fini, car il devrait alors en rester là, mais au sens positif selon lequel il peut à la vérité se finitiser, mais ressort victorieux de cette finitude, quitte à se présenter dans une infinité nouvelle et d'un dégré supérieur. Car le Moi est infini aussi dans son être-avant-soi, puisqu'il n'est en aucune façon limité, et qu'il a tout devant lui. Mais la finitude qu'il contracte ne lui sera précisément, en vertu de l'infinité perpétuelle de son essence, que le moyen d'une nouvelle progression : il va en effet se poser en tant qu'infini, mais précisément dans une nouvelle puissance, puisqu'il n'est plus simplement l'infini, mais un infini qui s'oppose au fini. Il faut se représenter cela de la façon suivante.

Le Moi en et avant soi est un infini, mais il n'est pas en tant qu'infini. C'est là à nouveau le premier moment. Il veut alors être en tant que tel, par là il devient quelque chose, ou fini ; ce n'est que dans la deuxième puissance qu'il peut s'atteindre en tant qu'infini. C'est préci-

33. Cf. X, 100-101, *Contribution...*, p. 117-118. N.d.T.
34. Cf. X, 101, *Contribution...*, p. 118-119. N.d.T.

sément ce se-poser-fini qui est le moyen de se poser en tant qu'infini. Il est d'abord infini de façon infinie ; mais [46] de la seconde manière, il est infini en tant qu'infini. Je tente d'éclaircir cela en l'exprimant encore autrement.

Le Moi, par supposition, est là avec contingence ; celle-ci est le contraire de l'essentialité. Mais qu'il soit atteint de contingence, cela ne le supprime pas en tant qu'essence ; car il est essence d'une façon infinie. Il était auparavant essence, mais pas en tant qu'essence ; il était essence qui pouvait aussi bien ne pas être essence, car une simple essence est très proche d'être une non-essence. S'il se meut, il devient dissemblable à soi, prisonnier de l'être. L'essence dans sa nudité veut aussi se montrer en tant que telle ; dans ce vouloir déjà elle se dénature ; car auparavant elle ne voulait pas. Ce n'est que dans la deuxième puissance qu'elle peut se poser en tant qu'essence. C'est cette essence posée dans la deuxième puissance que nous nommons essence dépourvue de commencement, mais il faut remarquer qu'elle est également posée et fixée en tant qu'essence. Je pourrais encore présenter cette proposition sous un troisième aspect, mais je n'en finirais pas, je veux donc conclure par la lecture d'un fragment poétique qui parut dans les premiers temps du début de la philosophie de la nature, et restituer avec toute la clarté souhaitable l'idée fondamentale de l'identité.

Fragment de Schelling.

Je ne saurai non plus comment m'effrayer du monde,
Puisque je le connais de l'intérieur et de l'extérieur,
C'est un animal indolent et domestique,
Qui ne menace ni toi, ni moi,
Il doit se plier à des lois,
Se coucher tranquillement à mes pieds.
Un esprit géant réside certes en lui,
Mais pétrifié avec tous ses sens,
Il ne peut sortir de sa cuirasse étroite,
Ni faire sauter sa geôle de fer,
Bien qu'il remue souvent ses ailes,
S'étire et bouge puissamment,
Dans les choses inertes et vivantes,
Il lutte avec force pour la conscience,
[47] D'où la qualité des choses,
Parce qu'il sourd et pousse dedans.
La force par laquelle croissent les métaux,
S'élancent les arbres au printemps,

Aspire de tous côtés
À se tourner vers la lumière,
Elle n'épargne pas sa peine,
Se précipitant ici en hauteur
Afin d'étirer ses membres et ses organes,
Puis les rétrécissant et les contractant à nouveau,
Et espère, à travers ses torsions et contorsions,
Trouver la forme et la figure convenable,
Et c'est en combattant des pieds et des mains
Contre l'élément rebelle,
Qu'il apprend à triompher dans le petit espace,
Dans lequel pour la première fois il vient à la conscience :
Emprisonné dans un nain
De belle figure et de droite tige,
(Que le langage appelle enfant d'homme)
L'Esprit géant se trouve lui-même.
Du sommeil de fer, du long rêve
Éveillé, à peine s'il se reconnaît ;
Il s'émerveille de lui-même,
Avec de grands yeux se salue et se mesure,
Il voudrait bientôt à nouveau, avec tous ses sens,
S'écouler dans la grande nature ;
Mais une fois arraché à elle,
Il ne peut plus couler à rebours,
Et se tient pour la vie, mince et petit,
Seul dans l'univers grand et étroit.
Mais un cauchemar l'épouvante :
Le géant pourrait se redresser et se cabrer,
Et comme le vieux Saturne,
Dévorer ses enfants dans sa rage ;
Il ne sait pas que c'est lui-même,
Il oublie son origine,
[48] Se torture de fantômes,
Alors qu'il pourrait se dire :
Je suis le dieu qui les a nourris en son sein,
L'esprit qui se meut en tout,
Du premier combat des forces obscures
Jusqu'à l'épanchement des premières sèves de la vie,
Là où la force s'enfle de la force, la matière de la matière.

La première fleur ; la première rose[35] se gonfle
Au premier rayon d'une lumière naissante
Qui perce la nuit comme la seconde création,
Et, des mille yeux du monde,
Illumine le ciel de jour comme de nuit ;
C'est une force, un jeu alterné et une trame,
Un élan et une poussée vers une vie toujours plus haute[36].

LEÇON XIV

Messieurs ! Ce qu'il faut le plus examiner dans la science, c'est la façon dont elle progresse. Nous voici maintenant au point de transition, il importe donc avant tout de connaître clairement comment se fait la progression.

Ce que l'on appelle purement et simplement le Moi, le Moi absolu, celui qui est vraiment la substance universelle présente dans tout être fini, le moindre soit-il, est ce qui, par nature, se pose soi-même de façon infinie. Il ne peut donc pas éviter de commencer à se poser soi-même de façon effective, il se posera alors immédiatement en acte, tel qu'il est ; mais par là il devient autre ; il n'est en effet plus ce qui peut être ou ne pas être, il en résulte ici un grand bouleversement par une simple différence de temps. En tant que ce-qui-se-pose-soi-même, il est libre de toute contingence ; en tant que ce-qui-s'est-posé-soi-même en revanche, il a un être adopté, qui est donc pour cette raison contingent. Cet être adopté est certes insupportable pour le Moi qui se pose soi-même ; mais ce qui est fait ne peut plus être modifié. Le Moi ne peut pas supprimer la figure dans laquelle il s'est enfermé, mais il peut bien se poser comme celui qui s'élève à nouveau victorieusement au-dessus de toute infinité, [49] qui est semblable à lui dans une deuxième figure,

35. Le texte paru en septembre 1800 dans la *Zeitschrift für spekulative Physik*, volume 1,2 p. 152-155, porte ici : « *Knospe* » (bourgeon). Puisqu'il y a, outre celle-ci, 9 différences de termes et des différences de ponctuation, on ne peut supposer que les vers transcrits ici aient été extraits du texte publié. Dans Cgm 6282, ils sont totalement absents. Ils furent récités, comme en témoigne le journal de Meyr (cf. *Spiegel*, II, p. 313).

36. La traduction s'inspire de celle de X. Tilliette, *Schelling*, I, p. 182-184, sans la reproduire intégralement, puisque, en effet, le texte prononcé en 1830 n'est pas exactement celui de 1800. On se reportera à X. Tilliette, *op. cit.*, p, 182, pour plus de précisions sur la composition et le contenu du texte original, intitulé *Confession épicurienne de Heinz Widerporst*. N.d.T.

ce qu'il ne pouvait faire auparavant, mais ne peut faire que pour autant qu'il est devenu inégal à lui-même. Il ne peut se poser immédiatement comme ce qui est égal à soi, il doit auparavant être devenu inégal. Je souligne ici à nouveau la particule *« als »*. Dans son pur être-en-soi, le Moi est absolument égal à soi-même, mais pas de façon telle qu'il ne pourrait devenir inégal à soi ; derrière son égalité à soi-même est cachée le pouvoir-devenir-inégal. Cette possibilité est cachée dans l'unité ; car le pouvoir-devenir-inégal-à-soi-même n'est autre que ce qui est égal à soi même ; il contient donc déjà en lui la possibilité de sortir de soi. Dans sa complète simplicité le Moi est certes soi-même, mais il n'est pas posé en tant que *(als)* ce qui est égal à soi. Car ce pouvoir-être inégal à soi-même qui se trouve dans le Moi en et avant soi n'est pas encore devenu effectif. Ce n'est qu'après que cette possibilité ait été exclue par l'effectivité, donc après que le Moi soit devenu inégal à soi-même, qu'il peut, en opposition à cette figure, se poser dans son essentialité comme ce qui est égal à soi-même. Peut-être réussirai-je dans ce qui suit à clarifier tout cela.

Le Moi avant tout mouvement n'est que lui-même, il est pur a, mais n'est pas en tant qu'a, c'est-à-dire n'est pas de façon telle qu'il ne puisse également être b. Ce « ne pas être en tant qu'a », nous l'exprimons comme a à la puissance 0. Le Moi est donc posé en tant que a^0 ou n'est pas posé en tant que a, parce qu'il contient encore en lui la possibilité de pouvoir ne pas être a, donc d'être b. Par le Moi dans sa libre simplicité, ou a^0, nous n'avons ni un a décisif, ni b, parce qu'il peut encore devenir b, mais ne l'est pas encore devenu. Il est le Moi dans son indifférence, a et b sont également posés, sans qu'il soit a ou b, bien qu'il enferme en lui la possibilité d'être ce qui est non seulement en tant qu'a, mais aussi en tant que b, deux possibilités parfaitement égales. Mais s'il se décide, et revêt effectivement l'être, qui, en conséquence, en tant que contracté est différent de sa pure essence, il n'est alors plus en tant que a^0 mais, parce qu'il est devenu b, en tant qu'a. Des deux possibilités qui se trouvaient en lui, l'une est maintenant accomplie. Auparavant les deux possibilités étaient en lui équivalentes, mais maintenant le a posé en tant qu'a se duplique. Si cette expression ne se trouve pas dans la logique moderne, elle est cependant usuelle dans celle de Wolff, [50] dans laquelle l'expression « position redoublée » signifie que le a sort du pouvoir être b implicite, et, en conséquence, est, en tant qu'a, a multiplié par soi-même. a ne peut donc pas être b, sans en même temps être en tant qu'a. Nous aurions donc d'un côté a = b, de l'autre a posé dans une opposition et une tension qui transforment a en a^2. Cet a^2 est donc à considérer comme élevé en lui-même, et cela précisément parce qu'il n'est posé dans son essence que par l'opposition effective. Tout être immédiat est indéterminé aussi longtemps qu'il n'a surmonté aucune opposition, ce n'est que par l'opposition qu'il peut être élevé dans son essence propre ; car l'opposition est alors en lui comme simplement possible, mais par là il ne l'exclut pas ; il est a, mais de façon telle qu'il est aussi non-a. Voici ce que je pensais devoir dire pour expliquer la formation des deux premières étapes dans ce système. Je m'y suis d'autant plus attardé, que ce processus a une validité générale et fondamentale pour ce système. Nous sommes ainsi parvenus de l'unité à la dualité, et nous avons ainsi posé le fondement du progrès futur. Ces explications de l'opposition étant maintenant suffisantes, j'en viens à sa signification.

J'ai déjà expliqué que, dans a^2 le Moi a atteint un degré supérieur de lui-même, pour autant qu'il est maintenant égal à b. Le supérieur se comporte vis-à-vis de l'inférieur comme l'idéal vis-à-vis du réal. Ces concepts doivent donc eux aussi être expliqués. Ce premier être-quelque-chose est la matière, qui, dans son caractère originel est précisément le premier être qui n'est plus libre, le premier être-lié de l'être auparavant libre. Cette matière originelle n'est en aucun cas ce que nous voyons devant nous, elle est bien plutôt la matière de notre matière. Mais il est facile de prévoir que la première matière, ce premier être-quelque-chose, devient elle-même à nouveau l'objet d'un procès immédiat, par lequel elle perd son autonomie en tant que matière. Ce premier réal, ce premier être-quelque-chose s'oppose maintenant au réal, qui donc, pour autant qu'il n'est pas quelque chose, est le néant. Mais précisément parce qu'il est la pure essence opposée au quelque chose, il est pourtant quelque chose, et donc n'est pas un néant négatif, mais positif.

Pour mettre en évidence ce rapport dans la nature, la philosophie de la nature est nécessaire, qui tient précisément son nom de ce qu'elle commence avec la nature pour s'élever jusqu'à l'esprit. Elle a donc déterminé ce premier réal en tant que lumière. La lumière est, par opposition à la matière, en tant que néant. Si nous ne voulions donc [51] attribuer la réalité qu'à ce qui est matière, nous devrions refuser à la lumière la réalité, parce que nous ne reconnaissons aucune matière en elle qui traverse, selon une ligne droite et dans toutes les directions, les corps transparents. Quant à admettre que ces corps eux-mêmes sont poreux en tout point de leur surface, voilà qui serait certes une supposition intenable. La lumière n'est pas de la matière, mais elle est, dans l'idéal, précisément ce qu'est la matière dans le réal, puisque, d'une façon idéale, elle emplit l'espace exactement de même que le fait la matière de façon réale. La lumière est le concept de la matière, compris comme puissance supérieure de celle-ci. Elle est le concept lui-même objectif et extérieur de la matière. C'est là une détermination à laquelle je souhaite quelque peu m'attarder, parce qu'elle me donne l'occasion de mettre en lumière un progrès essentiel de la philosophie de la nature par rapport à Fichte, Spinoza et Descartes. Spinoza n'avait pas moins que Descartes opposé l'être pensant et l'être étendu. Mais la lumière est par exemple dans le monde étendu un analogon de l'esprit, elle n'est même pas autre chose que l'esprit pensant, seulement à son degré le plus bas.

Fichte sépara le Moi et le Non-Moi et comprit par la platitude de ce dernier terme l'ensemble du monde objectif, dans lequel il ne voyait qu'un aspect négatif. Il est vrai que, selon sa propre doctrine, Fichte aurait dû affirmer que le Moi est l'unique substance de la nature, puisque celle-ci, selon lui, n'existe, ou ne peut exister, que pour autant qu'elle est, par essence, Moi. Mais il niait précisément par là l'être objectif de la nature, et ne lui accordait qu'un être subjectif dans notre représentation. Pour la même raison, le spirituel ne pouvait être pour lui que subjectif. L'un des premiers contre-arguments que j'employai contre lui fut donc la lumière, par laquelle je montrai que le spirituel n'est pas nécessairement subjectif ; car la lumière est par rapport à nous objective, et elle est cependant spirituelle, elle n'est que du spirituel posé objectivement. L'opposition entre les deux n'est que relative, pas absolue. Fichte ne vit pas que quelque chose pouvait être idéal et réal à la fois ; et pourtant la lumière appartient au monde objectif, et, dans celui-ci, est idéale. La lumière n'appartient au monde réal que par rapport à une idéalité encore plus élevée, l'esprit humain. En revanche, par comparaison à la matière, elle est aussi idéale que l'est la pensée dans sa puissance. [52] Il s'agissait pour moi de montrer, contre lui, aussi bien l'objectivité de l'esprit que la subjectivité de la matière. J'ai donc présenté ce premier pas de la philosophie de la nature de façon plutôt détaillée pour savoir comment notre philosophie parvient à ses résultats. À partir de maintenant je dois me contenter d'une simple esquisse, puisque, de toute façon, ce système n'est mentionné qu'en tant que transition.

La philosophie de la nature comprend la matière comme substance, comme un être-extérieur, donc comme un être par lui-même et en lui-même dépourvu de limite. L'idéal, ou la lumière, s'oppose à elle et tente de ramener en soi-même cet étant extérieur à soi ; mais cela n'est possible qu'en imposant des limites, donc des formes, et ne peut se produire que dans un procès que l'on nomme dynamique. Ce procès est donné avec l'opposition de la matière et de la lumière. Il a lui-même à nouveau différents moments. Nous les nommons procès magnétique, électrique et chimique. Puisque ceux-ci apparaissent encore aujourd'hui, ils devaient déjà être présents dans la matière corporelle originaire, puisqu'ils ne pourraient sinon se manifester. On nomme aussi ces procès les trois catégories de la physique.

Au cours de ce procès dynamique la lumière et la matière doivent être pensées en une tension que la lumière s'efforce sans cesse de surmonter. Mais ceci ne peut se produire que lorsqu'elle ramène la matière à l'être-en-soi. Dans la proportion où cela réussit, la matière devient une simple forme de l'existence de l'idéal. À partir du moment où la matière perd son contraire autonome, commence un monde supérieur, celui de la nature organique. Ce n'est en effet pas par la substance, qui est bien plutôt totalement impassible, que l'organisme est organisme, il agit seulement sur la conservation de la substance [37] dans une forme déterminée. L'organisme doit donc son nom à ceci que la matière, qui, dans le procès dynamique affirmait encore son autonomie, devient ici le simple organe d'une puissance supérieure. Mais la puissance supérieure ne peut supprimer la substance du réal, sans supprimer son opposition au réal elle-même ; ni la matière, ni la lumière ne sont donc désormais pour soi, < elles ne sont donc pas > ce que je nomme précisément un être substantiel. Mais ce qui est commun à l'une et l'autre est l'organique. Mais ici aussi, ce n'est que par un procès que tout cela avance. Cette identité ne peut être produite que par degrés, à travers un surmontement successif du réal et une apparition également successive de l'idéal, [53] ce qui se manifeste à travers les différents organismes hiérarchisés. En proportion de l'unité réalisée apparaît une puissance supérieure, jusqu'à ce que le concept de sa complète ésemplasie [38] se présente en tant qu'a ^{3}. Dans cette puissance supérieure la lumière et la matière ne sont plus présentes qu'en tant qu'accidents, la puissance supérieure est le concept vivant des deux. Ce moment du ramener-à-soi le b qui s'était rendu étranger à lui-même est le signal de la troisième puissance, et nous retrouvons donc les mêmes puissances dans le Moi absolu, à cette différence près qu'elles sont maintenant posées en tant que moments différenciables, tandis qu'elles étaient, dans le a indéterminé, chaotiques et indifférenciées. Le Moi absolu, en se posant en tant que b, s'est déployé en un cercle, tandis que,

37. Corrigé à l'encre et remplacé par « *Subsistanz* » (subsistance).

38. Le terme *esemplastic* fut forgé par Coleridge pour traduire l'*Ineinsbildung* (cf. X. Tilliette, *Schelling*, I, p. 551, n. 26), dont l'origine se trouve dans la philosophie de l'identité (cf. *Philosophie de l'art*, V, 382). N.d.T.

en et pour lui-même il n'était qu'un point qui renfermait en lui périphérie, diamètre et centre. Dans la puissance d'être b se trouve la possibilité médiate d'être a, et la possibilité, plus encore médiatisée, de se voir comme identité des deux. Le Moi absolu devait précisément sortir de la possibilité posée en lui (être Non-Moi), afin de la ré-unir à lui en tant que posée, et de se réaliser ainsi lui-même totalement ; car tout être *(Wesen)* ne se réalise qu'en posant l'être implicite en tant qu'explicite. Mais l'identité du b auparavant aliéné et qui se reconnaît maintenant totalement est désormais le Moi de la conscience humaine.

LEÇON XV

Le Moi de la conscience, qui est la véritable conclusion de la nature, contient en lui les mêmes moments que ceux que nous devons admettre comme indifférenciés dans le Moi absolu. Le a^0 absolu contient premièrement a, qui peut être égal à b, donc b, mais pas encore en tant que b ; deuxièmement il contient a, qui, lorsqu'il s'est décidé, ne peut plus devenir le contraire. Si le Moi absolu contenait simplement a qui ne peut être que b, il serait alors seulement a aussi longtemps qu'il n'est pas effectivement b ; mais dans l'être-effectivement-b, il cesserait d'être a, ce qu'il est impossible d'admettre. Le a absolu est donc, dans l'être-effectivement-b, l'étant qui est en même temps nécessairement a. Ce n'est que dans cet enchaînement du b, donc du pouvoir-être le contraire de lui-même, que se trouve précisément [54] la possibilité de la vie. Si elle pouvait, où que ce soit, ne pas être b, elle serait une immobilité absolument immobile, elle serait attachée à son propre être. Mais si elle était simplement le pouvoir-être b, elle ne pourrait pas non plus se mouvoir, parce qu'elle ne pourrait se maintenir elle-même dans l'être-effectivement-b. Qu'elle puisse nécessairement être ce qui est a, et aussi le contraire b, ou l'être devant-être a, cela lui donne la liberté d'être b, car sans cela elle se nierait dans le b lui-même.

Mais à la vérité, ni l'un ni l'autre n'est seul ; ce qui est est bien plutôt le pouvant-être-b dans le nécessairement-être-a, et le pouvant-être-a dans le nécessairement-être-b. Ceci nous donne alors un troisième moment, le pouvoir-être-nécessairement-a en b et le pouvoir-être-nécessairement-b en a, puisque nous avions comme deux premiers moments le pouvoir-être a = b et le devoir-être a = a.

Ces trois moments ne doivent [39] maintenant pas être séparés dans le Moi absolu, mais ce qui est le premier est aussi le deuxième et ce qui est le premier et le deuxième est aussi le troisième, de même que dans un point géométrique la périphérie est égale au rayon, et la périphérie et le rayon sont égaux au centre. Ces moments sont des moments posés simplement dans la pensée, car sitôt que le Moi absolu est, il s'adonne au mouvement, par cela qu'il peut prendre un autre être = b, le mouvement est déjà posé. Mais par l'être-b effectif, il exclut de lui le nécessairement étant de son essence, ou pose l'être nécessaire de son essence en tant que tel. Par cette exclusion il s'est pour la première fois purement posé. Nous avons donc maintenant ce qui n'est plus maître de soi-même, l'étant objet et non sujet de soi-même donc le b non libre, de l'autre côté le a qui demeure nécessairement immobile en tant que pur a, qui n'a plus en lui la possibilité de l'autre être, puisque par l'être-b cette possibilité est déjà accomplie. Ce pur a est donc en ce sens aussi le lié, le pur sujet qui n'est plus objet de lui-même. Mais en tant que tel il cherche désormais à se rétablir dans sa liberté originelle, il cherche à recevoir en lui à nouveau ce b en tant que possibilité, en tant qu'effectivité il ne peut l'avoir en lui. Cet effort apparaît comme simple tendance dans le procès dynamique ; à l'instant où il lui devient possible d'atteindre ce but, apparaît la vie. Le vivant est donc ce qui est toujours un autre, et, dans cet être-autre, demeure pourtant constamment le même. Ce n'est que cela qui est le vrai objet libre, le vrai sujet-objet, car le simple être-b n'est pas libre parce qu'il n'est pas sujet, même le devant-être-a [55] n'est pas libre, parce qu'il n'est pas son propre objet. Ce n'est que ce qui peut demeurer un objet et son sujet, un sujet et son objet, qui est le vrai objet libre, le sujet-objet.

Mais ce troisième moment n'apparaît lui aussi dans la nature que de façon successive, et n'atteint la troisième puissance que lorsque la matière et la lumière apparaissent en tant qu'attributs communs et subordonnés. Ce procès est le procès organique, que nous devons admettre comme agissant dans les différents organismes hiérarchisés. Lorsque la troisième puissance est devenue une et identique comme le Moi originel, le procès de la nature a alors atteint son degré le plus élevé, et l'essence de l'homme apparaît alors, qui se possède elle-même dans la totalité de tous les moments.

Nous avons ainsi parcouru le chemin du Moi absolu jusqu'au Moi de la conscience humaine ; c'est jusque là que j'ai cru aussi devoir présenter le système de la philosophie de la nature. Je considérai cela

39. Cgm 6282, p. 81 : *« sind »* (« sont », au lieu de *« sollen »*). Cf. n. 83.

comme d'autant plus nécessaire que, depuis son apparition, en dépit de tous les efforts, il n'était plus possible de reconduire la philosophie à son état antérieur, et qu'il fallait reconnaître cette philosophie comme base. Il est certes extrêmement difficile de vouloir présenter ou comprendre, dans un exposé si général, cette philosophie de la nature qui est si riche de moment singuliers et de transitions. J'ai par ailleurs déjà remarqué que la philosophie de la nature n'était que le fondement de l'ensemble du système. La nature n'est qu'*un* côté du monde, le réal en est l'autre [40]. La philosophie devait désormais descendre dans les profondeurs de la nature, afin de s'élever jusqu'à l'esprit dans le monde idéal. On pouvait donc nommer cet autre aspect de la philosophie, par opposition à cette philosophie de la nature, la philosophie idéale ou philosophie de l'esprit. Lorsque je nomme donc la philosophie dans son ensemble philosophie de la nature, ce nom n'est pris qu'*a priori* ou par simple commodité. Lui donner un nom est déjà difficile parce qu'elle a supprimé en elle les oppositions de tous les systèmes précédents. L'expression « système absolu de l'identité », dont je ne me suis servi qu'une fois dans ma préface, n'est qu'une dénomination extérieure [41]. C'est très étrange, ce que nombre de ceux qui n'ont jamais pénétré au cœur de ce système, cherchèrent à déduire de ce nom : ils entreprirent en effet de montrer que, en lui, toutes les différences entre Dieu et [56] le monde, le bien et le mal, la vérité et l'erreur étaient supprimées [42]. D'autres ont trouvé pour ce système d'autres noms encore, mais je m'en expliquerai plus précisément en une autre occasion.

La philosophie de la nature n'a conduit la genèse de l'être idéal et réal que jusqu'au point où le Moi originel se réalise dans la totalité de ses moments, où il s'est élevé jusqu'au Moi de la conscience humaine. Mais cette conscience n'est pas demeurée conscience générale, pure, elle devint individuelle, et ainsi se développe une nouvelle opposition, et avec elle un nouveau mouvement, dans lequel les différents moments de l'idéal apparaissent exactement de la même façon que les moments de la nature sous l'autre aspect. Je ne peux pourtant pas m'engager dans la réalisation des moments de l'idéal. L'essentiel est, brièvement, ce qui suit.

40. Cf. à ce sujet *infra* n. 77.

41. Cf. XI, 371 et IV, 113.

42. Cf. par ex. VII, 341-342, tr. J.-F. Courtine et E. Martineau, *Recherches philosophiques sur l'essence de la liberté humaine*, in Schelling, *Œuvres métaphysiques*, Gallimard, 1980, p. 129. N.d.T.

Pour le premier degré, on mit en évidence le déploiement du savoir en conscience selon tous ses moments. Le deuxième degré apparut à travers l'opposition, introduite par le premier degré, entre la liberté et la nécessité. On examina alors la vie éthique, l'État, qui prend place dans la construction du tout comme le fait l'organisme dans la nature. Le troisième degré contenait enfin la solution de la contradiction entre liberté et nécessité ; elle introduisait l'art, dans lequel la conscience universelle et individuelle s'unissent [43]. On pourrait alors s'interroger sur la place laissée à Dieu et à la religion, mais je traiterai de cela plus tard, lorque je m'expliquerai particulièrement sur la religion et la philosophie [44].

Vous remarquez que cette philosophie a parcouru tous les moments du réal et de l'idéal dans un développement toujours progressif. Mais, quant à son premier aspect, elle ne progressait que dans le monde réal lui-même ; tout trouvait sa confirmation dans le monde effectif. Puisque la philosophie fut elle-même limitée par cette limitation, mais ne fut absolument pas une fausse philosophie, elle doit donc aussi être reconnue par la philosophie supérieure, et accueillie à la place qui lui revient. Il suffit de réfléchir à la puissance qui émanait de ce rattachement à l'effectivité, à la violence que Fichte avait jusque là infligée à toutes les représentations, pour comprendre que mon [57] système, en tant que conciliation de cette contradiction, ne pouvait, en général, manquer d'être suivi et admiré. La doctrine de Fichte, qui n'était rien d'autre qu'un idéalisme unilatéral, obtint dans ce système une toute autre signification ; c'est dans un tout autre sens que le Moi était maintenant la substance de l'ensemble de la nature. Au lieu de cet idéalisme unilatéral naquit un réal-idéalisme. Une chose était maintenant tranchée : c'est le même qui connaît et qui est connu. Les faibles tentatives de contradiction de Jacobi devaient naturellement échouer. Certes, la matière et l'esprit ne sont pas un ; selon le mode de l'être. Si cela était, ces deux noms n'auraient même pas été nécessaires. Cette remarque s'adresse notamment à ceux qui accusèrent ce système de matérialisme, devait-on encore revenir, après Kant, Leibniz, Spinoza, à une doctrine si indigente ? – N'aurait-on pas aussi pu admettre, ce qui se serait situé dans le droit fil de ce qui précède, que la matière en tant que telle était supprimée, tout comme Leibniz la présente, dissoute dans l'esprit ? Voici ce que nous affirmions : l'être

43. Cf. les *Leçons de Würzbourg* (VI, 137-576), qui constituent le seul exposé de l'ensemble du système – même si la partie idéale n'est qu'ébauchée par rapport à la philosophie de la nature proprement dite – durant la période de l'identité. N.d.T.

44. Cf. *infra* p. [67].

n'est pas un et identique de façon formelle, mais seulement en tant qu'essence ultime qui constitue le fondement des deux < matière et esprit >, et qui apparaît ici en tant que matière, là en tant qu'esprit. Les effets indirects de ce système, quand il ne s'agissait pas des effets directs, étaient d'autant plus réjouissants ; il produisit un changement général dans la façon de considérer les choses. C'était un trait de l'époque, une nouvelle espèce devait apparaître, pourvue de nouveaux organes de la pensée ; la nature, jusque là aussi étrangère à l'esprit qu'à l'âme, dans les ressorts intimes de laquelle on ne pressentait aucun secret plus profond que dans les tours d'un prestidigitateur, dut être l'objet d'une approche plus précise. Ces théories antérieures expliquaient les phénomènes de la nature de façon indigente, et seulement après qu'on leur ait accordé toutes leurs suppositions. Mais, pouvait-on à bon droit demander, à quoi bon ces atomes, tout cet appareil, si la nature ne peut avoir d'autre but que de manifester autour de nous les phénomènes extérieurs de la nature ? Mais de même que l'on considérait la nature comme un jeu sans plus d'intérêt, on traitait aussi l'histoire comme le simple jeu d'un arbitraire sans loi, et d'une impulsion sans but ; on considéra même à un certain moment comme plein d'esprit celui qui était capable de découvrir son absurdité. Johann von Müller[45] constitue une exception célèbre, alors que la majorité des érudits de l'époque dans les matières positives faisaient de leurs propres sciences des objets de mépris. Découvrir dans la nature le souffle de l'esprit, et dans [58] l'histoire des lois, tout comme dans la nature, tel est l'esprit de notre temps. Si l'on embrasse un jour du regard l'évolution de la nature allemande, force sera de reconnaître que depuis la dernière philosophie de Kant s'est formé, dans la littérature, un courant tout à fait nouveau et prometteur. C'est précisément en se rattachant au monde effectif que la philosophie a atteint son état le plus élevé. On sait désormais ce qu'il faut savoir dans le savoir. Des directions déterminées sont données, qui permettent même aux sciences les plus isolées de rejoindre la conscience universelle en une connexion organique. La science particulière doit s'efforcer, au lieu d'être la propriété d'une conscience partielle, de se transfigurer en cette conscience universelle. Le vaste domaine du savoir n'est plus une lande desséchée, il est bien plutôt un champ resplendissant d'une fraiche rosée matinale, dont s'exhale le divin. Heureux celui qui est né à une époque où dans toute science est réalisable la tâche suprême : la fondre dans un organisme qui contient

45. Cf. X, 122, tr. fr. par J.-F. Marquet, *Contribution à l'histoire de la philosophie moderne*, p. 140, n. 24. N.d.T.

tout, même s'il y faut beaucoup d'intermédiaires. Aucun espoir n'est défendu à l'esprit dans ses efforts, pourvu qu'il se dirige vers un développement qui progresse par degrés. Pourtant même la philosophie récente a ses limites, qu'elle n'a jusqu'alors pas encore pu surmonter. Mais nous en parlerons une autre fois.

LEÇON XVI

La limite du développement de la philosophie présentée jusqu'alors consiste, pour le dire en un mot, en ceci que, au fond, elle ne s'est pas elle non plus élevée au-delà du simplement factuel [46]. Tout ce qu'elle posséde de plus ne lui appartient pas. Son avantage par rapport aux autres systèmes ne peut donc être que celui-ci : qu'elle découvre ce fait lui-même de façon plus pure. Mais ce fait saisi de façon plus pure consiste en ceci, d'après de qui vient d'être expliqué, qu'elle conduit la genèse de l'ensemble de la nature (je remarque que ce *prius* = la position de la nature est déjà justifié par la nécessaire supposition, par le sujet connaissant, de cet objet connaissable) de la [59] prépondérance de l'objectif jusqu'au point où l'objet est devenu le sujet complet, dans la conscience humaine. Tout ce qui est en dehors de la conscience est, selon cette philosophie, semblable, quant à la substance, à ce qui est sujet, à cette différence près qu'il est posé en dehors de la conscience. Toute la nature est une ligne continue qui présente d'un côté l'objectif, de l'autre le subjectif, mais pas de façon telle que le subjectif serait totalement nié dans l'objectif, et l'objectif dans le subjectif ; au fondement de l'objectif se tient bien plutôt toujours le subjectif, de même que dans la conscience humaine l'objectif est seulement devenu latent. Dans un corps transparent, la matière sombre s'est seulement transformée en lumière, mais n'est en aucun cas niée [47]. Aucun point sur cette ligne n'est simplement l'un ou l'autre, même le point le plus extrême de l'objectif. En tant que réalité l'objectif apparaît déjà saisi par le subjectif, déterminé par lui. Il en est de même du côté opposé ; là non plus l'objectif de la substance n'est pas supprimé ; il est le b seulement posé en tant qu'a, de telle sorte que le b

46. Cf. X, 231.

47. La comparaison avec la ligne se retrouve dans la *Darstellung des philosophischen Empirismus*, X, 229. N.d.T.

soit toujours au fondement du a, ou que le a soit certes a, mais seulement en tant que le b transformé en a.

Dans la première joie, encore juvénile [48], qui accompagna la découverte de ce rapport, il fut présenté comme un rapport de polarisation. Comme, en effet, si on considère les deux forces de l'aimant, chacune fuit le côté semblable mais recherche et attire le côté opposé, comme cette tendance est pour ainsi dire le premier signe de la vie dans la nature, on admit que le réal lui aussi se comportait à la façon de ce qui est seulement objectif, en attirant le subjectif, et inversement.

L'objectif et le subjectif trouvent enfin leur point d'indifférence dans la conscience humaine. Mais de même que, sur une ligne magnétique, ne se trouvent à vrai dire que trois points, les deux pôles et le point d'indifférence, mais que chaque point de la ligne contient à nouveau ces mêmes points, puisque chaque point peut être lui-même à nouveau, relativement aux autres, pôle nord, pôle sud ou point d'indifférence, ainsi en est-il dans l'ensemble de l'univers.

Tout ce qui est connaissable n'est qu'un objectif [49] donné à travers du subjectif, de telle façon, certes, que dans la nature inorganique domine l'objectif, dans la nature organique ou animale au contraire le subjectif. [60] Mais déjà dans la nature inorganique l'objectif est au service du subjectif, jusqu'à l'homme dans lequel, certes, il n'est pas anéanti, mais a touché le fond *(zu Grunde gegangen ist)*, ce qui est l'expression la plus juste de la langue allemande [50]. Le point d'indifférence est dans la nature le règne végétal, dans lequel la vie et la mort sont également proches, mais déjà chez les infusoires surgit ce qui est prépondérant, le subjectif et le mouvement plus libre. Qui connaît l'opposition figée de Fichte entre le subjectif et l'objectif comprendra comment cette comparaison a contribué à élever notre époque au-delà de cette opposition. Je n'ai par ailleurs introduit cette analogie que parce que l'ensemble repose sur une heureuse perception, elle-même issue d'une compréhension en profondeur du procès du monde. Ce procès n'a lieu en effet que par une progression constante de l'objectif vers le subjectif ; ce mouvement général est le mot de l'énigme. Mais l'essentiel dans un tel développement est précisément d'avoir découvert ce progrès. Car dans la direction opposée, aucun mouvement, donc aucune science, n'est possible. Cette philosophie a la première introduit cette progression dans la science, de telle sorte que désormais chaque

48. Cf. X, 230.

49. Cgm 6282, p. 87 : « un objet affecté par le sujet ».

50. Cf. *infra* p. [81]. [Schelling joue sur le sens de *Grund*. L'expression signifie périr, être anéanti, mais aussi au sens littéral, aller au fondement. N.d.T.]

degré suivant comprend le précédent dans une succession constante, et que tous s'unissent en définitive dans une conscience universelle et supérieure. C'est avec une totale précision qu'était saisi ce qui constituait désormais le contenu de la science, un procès qui s'établissait à travers des puissances successives. La science elle-même devint un procès, alors que chez Spinoza, au contraire, on ne trouve qu'une complète immobilité. Avec le concept de procès était aussi donné ceux de puissances et de moments. Dans ces puissances se trouvaient les moyens d'une progression scientifique, puisqu'on ne passait jamais à un moment suivant sans avoir trouvé son fondement dans celui qui précède. La philosophie n'a donc jusqu'à présent pas dépassé le concept de procès ; on pouvait certes modifier la signification de ce procès, faire d'un procès réel un procès dialectique[51] ; mais on ne gagnait rien, pour l'essentiel, à cette modification, puisque par elle la philosophie ne fut en aucun cas élevée au-dessus de la sphère de la simple nécessité. Bien que je sois convaincu qu'une autre représentation du procès n'apporte rien à la philosophie, je me dois pourtant de dire un mot des tentatives visant à renchérir sur la philosophie jusqu'alors exposée.

[61] À cette philosophie ont certes été apportées plusieurs améliorations. La plus importante d'entre elles, qui, à elle seule, méritait attention, consistait pourtant dans la tentative de la transcrire en une dialectique ; j'appelle cela une simple transcription car l'auteur de cette découverte lui-même ne contesterait pas que le mouvement de sa philosophie est seulement transposé à partir de celle-là. La différence est simplement formelle, l'amélioration n'est donc elle aussi que formelle.

Je renoncerai ici à tout égard, quel que soit le mérite que l'on puisse reconnaître à celui qui transpose un concerto pour violon en un concerto pour piano[52]. L'auteur de cette transformation, qui étudia en même temps que moi à l'Université, fut conduit à transposer le procès réal en un procès dialectique, sur le conseil de certains de ses amis d'enseigner une matière peu étendue de la philosophie, comme c'était alors le cas de la logique. C'était une idée naturelle et qui n'est pas indigne de la philosophie, que de mettre aussi en évidence dans la pensée le rapport qui existait dans le réal, de telle sorte que l'on progresse du vide à la plénitude en une élévation constante. Par cette progression de concepts telle que l'un avait toujours l'autre comme assise, il était certes désormais possible de fonder une logique consciente d'elle-même en tant que palingénésie dans la pensée de notre pensée. C'est bien ce qui est arrivé à Hegel dans sa science de la

51. Allusion à Hegel, développée dans la suite immédiate du texte. N.d.T.
52. Cf. *Spiegel* I, p. 334.

logique ; quant à savoir si cela s'est produit sans aucune violence, et si cette logique aurait été établie si le procès objectif n'avait pas précédé, puisque même dans cette logique est partout adopté le principe de la progression de l'objectif vers le subjectif, c'est ce que je vais expliquer plus précisément à présent. Le point de départ de la logique de Hegel est un concept objectif, c'est-à-dire tel que s'y mêle le moins possible de subjectif, et c'est comme tel qu'est admis l'être pur. Mais ce concept est précisément cela même qu'est le pur b, avec la seule différence que ce concept est quelque chose de purement fabriqué, alors que ce b est mentionné en tant que commencement véritablement objectif. Ce concept passe de la simple pensée dans le concept du devenir, dont résulte le concept de la quantité. Comme nous l'avons dit, en tant que simple système de concepts, cette logique doit être reconnue comme une œuvre véritablement réussie, même si son caractère artificiel la rend aussi fragile. L'auteur de ce système [62] ne fut donc pas satisfait d'une telle limitation, ce système devait peut-être par la suite lui servir de système de la philosophie, mais cette supposition arbitraire – la pensée dans la philosophie n'aurait qu'elle-même comme objet dans son passage progressif de l'abstrait au concret – n'est pas la tâche de la philosophie. On a depuis toujours admis que la philosophie avait pour fonction l'explication du monde objectif, même Hegel ne peut se défendre de cette exigence, mais il ne se donne jamais les moyens de comprendre comment il est possible, à partir du simple concept, de trouver une transition vers la nature. Il est facile de parvenir à la pure pensée, cela dépend de chacun, mais il n'est pas si facile de sortir de la pure pensée ; car le monde non seulement ne consiste pas en ces concepts abstraits, mais pas davantage en des concepts concrets, parce qu'il ne consiste tout simplement pas en concepts. Même le concept le plus concret est encore un concept, même s'il n'est pas un concept abstrait. Le monde consiste en concepts et en choses contingentes ; c'est précisément le réal qui constitue la différence par rapport à la pensée. À quoi ressemble le monde dans la pensée, on l'établit sans peine, car rien n'est plus concevable que le concept ; mais ce que nous trouvons, au-delà du concept, dans le monde, voilà qui exige une explication. *Hic Rhodus, hic salta*[53].

Hegel pense pouvoir effectuer ce passage par une simple définition, puisque sa philosophie n'est absolument rien d'autre qu'une suite de concepts, qui sont certes reliés les uns aux autres par un mouvement interne, et ne sont pas figés dans une simple juxtaposition comme c'est

53. Allusion transparente à la fin de la préface aux *Principes de la philosophie de droit*. (tr. fr. R. Derathé, Vrin, 1975, p. 57). N.d.T.

à peu près le cas dans la philosophie de Wolff. Mais, puisqu'elle ne se meut pourtant qu'à travers des définitions, elle ne peut être davantage qu'un wolffianisme qui revient sous une puissance supérieure. Hegel effectue donc la transition par la définition suivante : « La nature est l'Idée dans la forme de l'être-autre »[54]. S'il ne s'agissait que d'une simple définition, on pourrait à la rigueur y souscrire.

Mais qui apprend par là davantage qui ce qu'il savait déjà ? La véritable question n'est pas de savoir si la nature est l'Idée dans la forme de l'être-autre, mais comment l'Idée en vient à devenir inégale à elle-même. Nous savons certes tous que, lorsque nous considérons la nature, quelque chose s'intercale entre la nature et le concept ; mais la définition de Hegel n'en dit pas plus. Qui serait assez ignorant pour ne pas mettre quelque chose sous le θάτερον des pythagoriciens[55], qui ne devrait pas être et qui pourtant est, qui [63] est opposé au concept, ne le supporte que malgré lui, mais pourtant l'accepte ? Qui serait assez borné pour ne pas se dire que la nature, +, est quelque chose d'autre que le concept, et accueille pourtant en elle le concept ? Il s'agit de savoir comment s'y prend le concept, pour parvenir à cet autre. Aucune simple définition ne peut expliquer cette transition. Dans la première édition de son *Encyclopédie des sciences philosophiques,* Hegel présentait légitimement la nature comme la chute de l'Idée < déchue > d'elle-même. Dans la deuxième édition, il laisse pourtant tomber « légitimement » et présente l'ensemble de façon seulement historique. On doit donc admettre qu'il ne trouvait plus légitime de présenter la nature comme il l'avait fait auparavant, on peut du moins soupçonner une hésitation. Comment l'Idée peut-elle se décider à déchoir d'elle-même ? Si cette chute est effective, il faut alors poser un événement réel, et le concept n'est dans ce cas plus en tant que concept ; mais si on ne veut pas parler d'une chute effective, ce mot est alors vide de sens. Pour donner une solution à la tâche véritable de la philosophie, il ne faudrait pas hésiter à parcourir le monde d'un bout à l'autre si la solution pouvait d'aventure s'y trouver. Un simple concept ne pourra jamais donner la solution. Il est certes facile de construire un système d'après un tel concept. Comme vous vous en doutez j'aurais pu facilement passer par-dessus cette philosophie et l'amélioration qu'elle prétend apporter, puisqu'elle fit bien plutôt dévier la philosophie de sa voie antérieure, s'il n'était communément admis que :

Qui tacet consentire videtur[56].

54. *Encyclopédie des sciences philosophiques*, § 247. N.d.T.
55. τὸ ἕτερον, l'autre. N.d.T.
56. « Qui ne dit mot consent ». N.d.T.

LEÇON XVII

Rien n'est plus concevable, comme je le disais dans la dernière leçon, que le concept. L'inconcevable commence seulement avec ce qui est opposé au concept. Mais c'est précisément pour cette raison que la philosophie ne trouve ce qui lui permet de s'élever qu'au contact de ce qui est opposé au concept. La philosophie de la nature s'était formée au contact de cet être opposé à la pensée, de ce principe qui repoussait l'entendement et qui était donc soumis à nouveau à l'entendement lui-même dans cette relation, en tant que ce principe revêtait une détermination subjective. Dans ce procès se déroule un progrès effectif, un mouvement véritable ; [64] car il n'y a de mouvement que là où une résistance est surmontée. Dans la philosophie de Hegel, qui se nomme dialectique, la pensée progresse uniformément en elle-même ; elle n'a aucune opposition à surmonter ; comment peut-on alors parler en elle aussi d'un procès ? Le point de départ de l'ensemble du système est le concept le plus vide et le plus abstrait, qui n'est donc ni quelque chose de réel, ni quelque chose d'opposé à la pensée véritable. Il ne manifeste, à travers cette vacuité, rien de plus que la possibilité d'être rempli ; c'est simplement en ce sens qu'a lieu un mouvement. Mais puisque cette vacuité est forgée de toutes pièces, le mouvement de remplissement n'est que fabriqué et artificiel, il n'existe que dans le sujet philosophant, de même que ce pur être, qui est explicitement caractérisé comme le plus proche du néant, n'est à l'évidence ni quelque chose de réel, ni même quelque chose qui serait présent en dehors de l'abstraction. La philosophie de la nature commence avec le simple devenir-objet, le se perdre soi-même de ce qui était avant sujet-objet ; ainsi est donnée une dissonance, une contrainte interne à se mouvoir, à restaurer l'harmonie. Un concept vide n'a aucune contrainte interne à être empli, c'est moi seul, celui qui philosophe, qui peux ressentir cette contrainte. La contrainte immanente, que Hegel assigne au concept vide, n'est donc qu'une simple façon de parler, et signifie seulement que je dois conduire le concept abstrait jusqu'à des déterminations concrètes. Le concept d'un mouvement objectif disparaît alors totalement, puisque seule la pensée se meut. Nous ne sommes donc en présence d'aucun devenir effectif ; le prétendu mouvement n'est rien de plus qu'une imitation, et, que l'on ne me tienne pas rigueur de le souligner, qui plus est une mauvaise imitation du mouvement objectif. La différence de cette philosophie avec la philosophie de la nature consiste donc simplement en ce qu'elle s'abstient d'entrer dans tout ce qui est réal et difficile, ce qui permet certes facilement de continuer son chemin. Le concept ultime rassemble par ailleurs en lui tous les moments antérieurs de façon simplement idéale, non pas effectivement en tant qu'ils existent en dehors de lui, ce qui n'est absolument pas le cas de la philosophie de la nature. Mais puisque cette connexion dans la pure pensée ne passe pas dans le monde effectif, c'est donc seulement parce qu'il y a une nature dans l'expérience que cette pensée doit projeter à l'extérieur d'elle-même ses moments, les renvoyer [65] ou les disperser. Car l'idée est déjà toute prête, lorsqu'elle arrive à ce devenir dissemblable à soi-même. Cette nécessité ne se trouve pas dans le concept lui-même, mais seulement chez le philosophe, qui doit l'admettre, puisque, malheureusement, il y a encore une nature. Mais le concept ne gagne rien à cette dispersion, et il n'est d'aucun intérêt aussi longtemps qu'une providence bienveillante ne montre pas elle-même à l'homme ces moments de dislocation. Le fil conducteur est ici totalement rompu, et le grand hiatus n'est caché que par une définition. Il vaut encore la peine de faire quelques remarques sur la situation qui est alors celle de la philosophie de la nature. Le concept, comme nous l'avons déjà remarqué, ne gagne rien par ce devenir-autre, il n'obtient par là aucun nouveau moment. La nouveauté est simplement constituée par les différentes figures du concept lui-même. La nature, du point de vue de l'Idée, consiste simplement dans une dislocation et une juxtaposition des degrés qui se compénétraient dans l'Idée. La genèse de la nature consiste simplement en ce qu'il plaît à l'idée de disloquer et de faire subsister les uns à côté des autres les moments contenus en elle. La nature n'est, selon cette doctrine, rien d'autre que l'Idée disloquée ; mais cela ne peut avoir qu'un sens, si la nécessité de cette dislocation doit être comprise. La philosophie de la nature qui vient par la suite n'a plus comme objet le produit originel, mais n'est que la simple conséquence d'une définition. Les fraîches et verdoyantes plantes d'une philosophie de la nature jadis florissante ne sont plus ici qu'un herbier ; on passe vite et facilement sur tout grâce à des définitions, ce qui ne rappelle que trop la pensée de Gœthe :

Même la science ne perd
rien de son cours rapide ;
car ce qui végète chez nous
sera vite desséché[57].

Peut-être certains d'entre nous se souviennent-ils encore de la vive agitation qui régna en Allemagne du sud, lorsque les phénomènes du magnétisme animal, dans les années 80, occupèrent plus d'un esprit[58]. C'était aussi le temps où la *Berliner Monatsschrift* ne cessait pas de dénoncer ces découvertes comme des impostures fabriquées de toutes pièces par les jésuites.

[66] En 1814 cette doctrine s'implanta dans cet État lui-même, et ce journal ne pouvait alors plus se retenir d'élever ces découvertes au rang de complètes nouveautés. Depuis Berlin, cet évangile devait s'étendre à travers toute l'Allemagne. Les écrits insipides du Dr. Mesmer, dont personne, en Allemagne du sud, n'avait apprécié la lecture, furent là-bas vénérés comme les guenilles d'un mendiant mort en odeur de sainteté. Il en alla tout à fait de même de la philosophie de la nature. Elle fut elle aussi ignorée pendant un certain temps, puis persécutée, et on chercha même à la réprimer par des mesures gouvernementales. J'ajouterai que ce que je viens de dire ne peut pas me rapprocher d'un peuple qui, précisément à cause d'un haut niveau de développement littéraire, connut ce destin inévitable de faire l'éducation d'une foule d'esprits vides, qui sont fort capables de s'enthousiasmer pour une futilité. Puisse, de l'autre côté, l'Allemand du sud demeurer conscient avec modestie même de ses avantages, et puisse être ici limité le renouveau récent du wolffianisme, d'autant plus qu'il semble s'imposer avec plus de force. Si ce wolffianisme n'a même pas fait avancer la science, il l'a en revanche détournée de sa voie antérieure ; il a agi comme un coup d'arrêt dont toutes les parties de la science se ressentent encore. Il fit dévier inopinément la direction objective en direction subjective. Il semble que l'on doive se demander comment ce rationalisme wolffien a si vite pu s'introduire en Allemagne ; mais, à y regarder de plus près, cela est très simple. Ce

57. Extrait de *Musen und Grazien in der Mark* (1796), vers 29-32 (avec une inexactiude, de la part de Schelling, quant au dernier vers). Cotta-Ausgabe, Bd 1, S. 118; Weimarer-Ausgabe, I. Abt. Bd 1, S. 147; Münchener Gœthe- Ausgabe, 1988, Bd 4, S. 856. Nous remercions le Père Tilliette d'avoir retrouvé cette référence. N. d. T.

58. Quant à la fascination en effet exercée, y compris sur Schelling lui-même, par le magnétisme animal ou mesmérisme, cf. X. Tilliette, *Schelling,* I, 561, n.27. N.d.T.

rationalisme, qui ne consiste au fond qu'en tautologies et ne donne aucune réponse à la question principale, qui laisse en général chacun là où il se trouve, dont le premier principe est ce qui ne peut plus ne pas être posé, qui même par la suite n'affirme rien, ce rationalisme semble on ne peut mieux adapté à la moyenne du public allemand. Car l'Allemand s'effarouche de tout ce qui est objectif ou de tout ce qui y conduit en le nommant mysticisme, la ferme espérance mise dans le concept subjectif est considérée comme la seule planche de salut. Il faut avouer que la direction objective, dans ses débuts, n'a surgi que de façon indistincte et faible. Lorsque, à partir de là, Hegel se servit de ce moyen pour mettre en place, à une puissance supérieure, une philosophie subjective, l'insurmontable penchant de l'Allemand pour le subjectif saisit avec complaisance ce retour en arrière. De plus, une autre circonstance encore était favorable : une telle philosophie [67] pouvait être totalement maîtrisée ; car cela n'était pas bien difficile, de trouver son point de départ, puisqu'on devait en définitive en venir à ce concept, et cela de façon nécessaire. De même, il est difficile de se tromper dans la progression, puisqu'elle se fait toute seule. Une telle présomption[59] de la pensée ne pénétrera certainement pas chez une nature saine, mais elle emplira fort bien des esprits médiocres des brumes d'une science profonde. Il est certain que ce qui est propre à cette philosophie n'apporta pas grand'chose, mais tel ne fut pas le cas des idées vivantes qui furent transcrites de la philosophie antérieure par celle-ci. Cependant, c'est précisément ainsi que la philosophie antérieure a pu connaître à temps ses limites internes, et put considérer tout cet épisode[60] philosophique – car la philosophie logique n'est rien de plus – avec d'autant plus de calme qu'il préservait précisément la dignité de la philosophie en un temps où un Krug[61], ou, pour descendre plus bas encore, un Fries[62], jouaient toujours un rôle en philosophie. Me voici donc revenu à ma philosophie.

59. *Eigendünkel.* Cf. Hegel, *Phénoménologie,* tr. fr. J. Hyppolite, I, 308. N.d.T.

60. Cf. X, 128 et 213. Tr. fr. de X, 128, par J.-F. Marquet, in *Contribution ...*, p. 147, n. 6. N.d.T.

61. Cf. Hegel, *Encyclopédie*, § 250, n. 1, et la recension de Hegel : *Wie der gemeine Menschenverstand die Philosophie nehme – dargestellt an den Werken des Herrns Krug's*, in *Kritisches Journal der Philosophie*, première partie du tome I, Tübingen, 1802, p. 99-115. Tr. fr. J.-M. Lardic, *Comment le sens commun comprend la philosophie*, Actes Sud, 1989. N.d.T.

62. Sur ce vieil adversaire de Schelling, que Hegel appréciait tout aussi peu, cf. X. Tilliette, *Schelling*, I, 314-316, n. 22 ; II, 305, n. 27. N.d.T.

LEÇON XVIII

Vous me rappelez que, dans l'exposé précédent de philosophie de la nature, un aspect n'a pas été pris en compte, mais fut réservé pour un examen ultérieur, à savoir l'aspect religieux de ce système[63]. Il est incontestable que c'est là que se trouve la limite dont je disais qu'elle n'avait pas encore été surmontée par la philosophie. Il est en effet au moins certain que le principal point d'achoppement de cette philosophie, qui fut souvent exploité par ses adversaires, se trouve dans le concept de Dieu et son rapport au monde. Mais quant à la façon dont ces attaques furent menées, il y eut de graves malentendus. On se croit en effet autorisé à faire passer ce système pour du spinozisme, comme si l'esprit philosophique avait depuis Spinoza tourné en rond, sans atteindre un degré supérieur. Cela est déjà en soi fort peu crédible. Mais il faut encore y ajouter que la majorité des érudits eux-mêmes n'avait sur le spinozisme que des représentations très incertaines et en partie confuses. Spinoza est depuis son apparition un spectre qui hante la philosophie et que presque personne [68] n'eut le courage de regarder en face. La principale accusation portée contre ce système était donc celle de panthéisme. Puisque je dois employer ici pour la première fois ce mot funeste, ce mot qui désigne de nos jours encore tout ce qu'il y a de déplaisant[64], que tant emploient, sans réfléchir, pour donner libre cours à une colère impuissante, il ne sera pas superflu de remarquer quels sont les concepts qui lui sont associés.

La représentation la plus courante du spinozisme ou du panthéisme nous fait croire que, selon le panthéisme, chaque chose particulière n'est qu'un dieu modifié[65], ou qu'il y a autant de dieux que de choses particulières. Certains ont même présenté le panthéisme comme apparenté au fétichisme. Mais personne, s'il connaît, ne serait-ce que de façon historique, la différence des façons de penser parmi les hommes, n'en viendra à dire que le fétichisme des nègres est un tant soit peu apparenté à l'esprit rêveur *(schwärmerisch)* d'un panthéisme

63. Cf. *supra* p. [56].

64. Allusion à la célèbre querelle du panthéisme, autour de Jacobi et de ses *Lettres à Moses Mendelssohn sur la doctrine de Spinoza*. Tr. fr. J.J. Anstett. N.d.T.

65. Cf. VII, 341, tr. fr. J.-F. Courtine et E. Martineau, *Recherches*..., in Schelling, *Œuvres métaphysiques*, n. 1. N.d.T.

hindou. L'interprétation qui précède permet aussi de comprendre ce qui est de toute façon une absurdité : de l'affirmation de Spinoza selon laquelle Dieu est ce qui est tout, et ne peut donc, en tant que tel, être rien de singulier, mais transcende toute chose particulière, on veut conclure que, selon lui, toute chose particulière serait Dieu. La divinité consiste pour Spinoza dans l'élévation au-delà de la chose particulière, mais toute chose particulière est la limitation, la modification de la divinité. On pourrait tout aussi bien dire : chaque figure géométrique particulière est égale à l'espace infini, puisque le rapport des choses à Dieu n'est pas différent de celui des figures géométriques à l'espace infini. Cette représentation du système de Spinoza doit donc être à bon droit laissée au vulgaire qui se pique de littérature. Une autre interprétation, qui a un peu plus de tenue, est exposée dans ce qui suit.

Bien que, dit-on, rien de particulier ne soit Dieu, le monde est pourtant selon Spinoza égal à Dieu, ou est Dieu lui-même ; ou encore il n'est pas différent de Dieu. Mais on ne comprend en fait par ce dernier terme que l'ensemble des choses particulières, il n'est donc pas juste de dire que Spinoza ne différencie pas cette totalité < de Dieu > ; c'est en effet sa doctrine constante que d'affirmer que Dieu est ce qui ne présuppose aucun autre concept, comme l'espace pour la géométrie. Le monde, en revanche, ne peut être compris que comme sa conséquence. Cette doctrine pose donc véritablement une différence entre Dieu et [69] le monde. Le monde ne peut plus, selon Spinoza, être nommé Dieu, puisque selon lui Dieu est *substantia in se considerata* ; *substantia, quae prior est suis affectionibus*, « affections » par lesquelles il faut comprendre les choses finies. Le monde demeure donc toujours indépendant de Dieu, et présuppose la pure substance ; le panthéisme est en ce sens une dénomination qui ne convient pas au système de Spinoza. Il faudrait plutôt dire de ce système que, selon lui, ce n'est pas le Tout qui est Dieu, mais Dieu qui est nécessairement le Tout, ou qui est le monde, puisqu'il faut bien avouer que *nécessairement* signifie pour Spinoza la même chose que l'être, et l'être que l'essence, donc *nécessairement* signifie aussi la même chose que l'essence, de telle sorte que selon lui Dieu ne peut absolument pas être pensé sans le monde, et qu'il n'est pas *actu* le *prius* du monde. Il est selon Spinoza dans la nature de Dieu de poser le monde, par le simple fait que lui-même est ; il est vrai qu'on a récemment tenté d'élever, par une discussion polémique, le monde au-delà du système spinoziste. Hegel, dans la deuxième édition de son *Encyclopédie*, écrit :

Il convient de nommer le système de Spinoza acosmisme plutôt que panthéisme[66]. Je vous prie de ne pas dériver ce terme acosmisme de l'adjectif grec ἄκοσμος, sans ornement, en désordre, sinon il s'appliquerait à bien des systèmes ; il est bien plutôt formé à partir d'athéisme, mais comment peut-on dire cela de Spinoza ? Certes, le monde n'est selon lui que le produit de pures modifications de Dieu ; il ne peut lui accorder le *« a se existere »* ; mais nie-t-il pour autant l'être du monde en général ? – Spinoza nie certes l'être du monde en dehors de Dieu, mais pas son être en général. C'est une pure et simple illusion, qui revient à dire que Spinoza aurait nié la réalité du monde ; s'il ne veut pas laisser advenir aux choses particulières empiriques la même existence qu'à Dieu, il est alors précisément contraint à poser la substance de ces choses en Dieu, en tant que simples affections de Dieu. Au lieu de ce terme harmonieux de cosmisme, on en trouve encore un autre chez Jacobi, qui batailla toute sa vie avec le spectre du panthéisme, et qui le voyait partout, même là où il n'était pas. Il pensait que nommer ce système cosmothéisme le rendrait plus séduisant[67]. Mais je ne vois pas de différence entre πᾶν et κόσμος. Le système de Spinoza peut donc tout aussi peu [70] être κόσμοthéisme que panthéisme ; on pourrait plutôt dire, à l'inverse, que ce système est un théopanisme, puisque selon Spinoza Dieu est nécessairement posé avec le Tout, ou théocosmisme, puisque selon lui Dieu, par le simple fait qu'il existe, est κόσμος ou πᾶν ; il est la *causa rerum,* comme il est la *causa sui.* Les formes de son existence sont contemporaines de son existence, de même que celle-ci est une suite nécessaire de son essence. Dieu est, par son essence, cause de son existence, et donc également cause de l'existence du monde. Dans le même texte dont j'ai extrait le terme élégant d'acosmisme, Hegel dit aussi qu'il faudrait parler de monothéisme au lieu de panthéisme, de telle sorte que Dieu soit le seul existant, ce qui est au moins contenu dans la doctrine de Spinoza ; mais Hegel ne semble pas là non plus avoir remarqué que le monothéisme ne signifie pas que Dieu est le seul existant, mais que, seul, il est. C'est également du fait d'une mécompréhension du concept du monothéisme que l'on nomme la doctrine unitaire de Parménide un monothéisme, et que l'on parle en général de monothéisme. Mais ce n'est qu'une remarque en passant. Je veux bien accorder que l'on désigne le système de Spinoza comme un théopanisme. Mais s'il s'agit de lui en faire

66. *Encyclopédie,* § 50, tr. fr. B. Bourgeois, Vrin, 1970, p. 313. N.d.T.

67. Cf. *Lettres à Moses Mendelssohn...,* W.W. IV, 1, p. 216-220, tr. fr. p. 190-191. La discussion autour de l'acosmisme et du cosmothéisme se trouve déjà dans le *System der Weltalter,* p. 57. N.d.T.

reproche, il faut remarquer que ce reproche n'a pas de signification aussi longtemps que tous les systèmes jusqu'à nos jours ont encore du mal à dire en quel sens Dieu n'est pas tout. D'après ce qui précède, le reproche selon lequel Spinoza ne distinguerait pas Dieu du monde peut seulement vouloir dire qu'il ne les distingue pas comme il le faudrait, puisque nous avons déjà montré qu'il les distingue de façon générale. Mais je doute qu'aucun système jusqu'alors ait atteint ce dont on reproche l'absence à Spinoza, ce reproche perd donc nécessairement toute précision et toute force, du fait de cette incertitude quant à la différenciation de Dieu et du monde ou quant à la façon dont ils sont un. Ceci s'applique aussi à l'objection habituelle, selon laquelle Spinoza nierait la personnalité de Dieu. Il est bien certain que la plus haute tâche de la philosophie est de rendre la personnalité de Dieu compréhensible ; mais aussi longtemps que ces philosophies qui se font un métier de se quereller à ce sujet, expliquent que la personnalité de Dieu est incompréhensible, ou, comme le dit Jacobi, qu'elle est impossible selon tout concept philosophique, ce reproche n'a lui non plus aucune véritable signification. Il ne reste donc plus qu'une possibilité : le système de Spinoza considère le monde comme [71] le produit d'une pure et simple nécessité, et non pas d'une volonté divine, ou encore comme le simple corrélat de la nature divine. Mais aussi longtemps que ces philosophes bien-pensants avouent que toute philosophie aboutit finalement à un fatalisme, comme le dit également Jacobi [68], et que tous les systèmes jusqu'alors n'ont pu briser ce cercle de la nécessité, qu'on considère même que ce qui fait la fierté de la philosophie est de tout comprendre en tant que simple nécessité, ce reproche n'a aucune signification particulière. Spinoza a bien plutôt, par rapport à ceux-ci, l'avantage d'avoir sincèrement concédé ce qu'ils ont en définitive dû accorder à contre-cœur. J'ai fait ces remarques à propos de Spinoza parce que je voulais tout particulièrement vous engager à connaître de plus près ce philosophe, et surtout à lire le plus tôt possible son *Éthique*.

Mais puisque l'on a fait de la philosophie de la nature un spinozisme, je vais devoir m'expliquer sur ce point, bien que je ne considère pas qu'il y ait entre les deux de différence significative, puisque la philosophie de la nature n'a pas non plus brisé le cercle de la nécessité. Mais cela ne signifie pas qu'il n'y ait eu aucun progrès entre les philosophies qui l'ont précédée et celles qui l'ont suivie. J'examinerai

68. *Ibid.*, tr. fr. p. 193. N.d.T.

d'autant plus ce point que le système de Spinoza constitue toujours le fondement de tout système.

Les développements d'une époque ultérieure sont certes étrangers à Spinoza, mais ils sont tous déjà préparés en lui, ce qui rend sa lecture si intéressante. Le bourgeon qu'il renfermait devait finalement se déployer en une fleur. J'ai déjà comparé sa philosophie à une idole dans laquelle il n'aurait pas encore osé se départir du respect qui l'empêchait de représenter les traits divins [68]. Le Dieu de Spinoza est encore englouti dans la substance, les choses émanent de lui non par un mouvement de sa volonté, mais sans le moindre mouvement, de même que, entre le concept d'un triangle rectangle et celui de l'hypothénuse ne se trouve aucun véritable mouvement. Tout est incompréhensible ; la connexion est purement logique. Mais le système de la philosophie de la nature se distingue à l'évidence du système de Spinoza, qui n'est presque pas développé, par sa plénitude, par la substance vivante, qui se pose elle-même, le Moi ou l'infini sujet-objet. Une deuxième différence consiste en ceci : les formes de l'existence finie, qui, selon Spinoza, sont simplement des affections inhérentes à la substance sans que la volonté intervienne, revêtent, dans le système ultérieur, la signification de [72] moments de la vie, par lesquels l'idée suprême progresse vers l'autoeffectuation. Ainsi s'explique aussi la grande différence entre la physique de Spinoza et la philosophie de la nature. La physique de Spinoza est encore entièrement mécanique et atomiste, et n'a rien à envier à celle de Descartes, qui voyait encore dans les animaux des machines dépourvues d'âmes. C'est en ce qui concerne le rapport entre Dieu et la nature que la phrase de Spinoza : *omnia sunt in Deo, et nulla sine eo, nec sine eo concipi possunt* [69], a pu être véritablement comprise. La façon dont les choses émanaient de Dieu fut montrée et mise en évidence, nous pourrons donc la prochaine fois expliquer ce qu'est Dieu pour la philosophie de la nature.

68. Le Père Tilliette nous signale que l'on trouve également la comparaison de Spinoza à une idole dans la *Grundlegung der positiven Philosophie, Nachschrift* de 1832-33 éditée par H. Fuhrmans, Bottega d'Erasmo, Turin, 1972, p. 143. N.d.T.

69. « Toutes choses sont en Dieu, et aucune, sans lui, ne peut être ni être conçue ». La citation n'est là non plus pas littérale, cf. cependant : *Éthique*, première partie, proposition XV. N.d.T.

LEÇON XIX

Comme nous l'avons dit, le système de la première philosophie de la nature se distingue de celui de Spinoza par son premier principe ou son premier concept. L'absolue substance, Spinoza la nomme certes aussi *causa sui*, mais avec une signification simplement négative, pour autant en effet qu'elle n'est pas elle-même causée par quelque chose d'autre, comme toute chose finie est selon lui causée par elle. Le principe de la philosophie de la nature est certes lui aussi *causa sui*, mais ce qu'il faut bien remarquer, il est la substance qui se pose elle-même, qui se produit elle-même dans la totalité. Ainsi, tandis que la substance de Spinoza est morte, elle est constamment, dans la philosophie de la nature, ce qui se pose soi-même, donc spirituelle. Pour Spinoza les choses finies sont de simples modifications de la substance, par rapport auxquelles la substance infinie se comporte de façon aussi passive que le fait l'espace infini vis-à-vis des figures qui sont décrites en lui, à cette exception près que ces modifications sont présentes en même temps que la substance. Pour la philosophie de la nature, en revanche, ces déterminations sont des déterminations autoposées de la substance infinie, qui est infinie au sens réal où elle peut aussi être finie et contient effectivement en elle des formes finies, mais s'élève au-dessus de cette limitation avec une intériorité accrue. Seul ce principe, qui demeure infini dans la totalité des déterminations finies mais qu'il a surmontées, est, pour la philosophie de la nature, Dieu. Ainsi, l'objection selon laquelle, de cette façon, Dieu serait tout, comme dans les poèmes orphiques Zeus, ou dans les [73] poèmes hindous Brahma est tout, n'est pas immédiatement contestable sous prétexte qu'elle serait infondée, mais il ne faut pas oublier que Dieu n'est tout que dans la mesure où il parcourt tout, et non pour autant qu'il est quelque chose. Car c'est précisément parce qu'il parcourt tout, qu'il est tout ; il est tout dans la mesure où il n'est rien de particulier. Mais il est ainsi posé comme néant, et c'est précisément en tant que ce néant vis-à-vis de la totalité de toutes les déterminations finies que Dieu est. Il n'y a donc aucun point auquel on pourrait fixer Dieu. Si nous nommons Dieu a, il est certes aussi égal à la détermination finie b, c, d, etc., mais pas de façon telle qu'il serait b *se junctim a reliquis*, mais il est b + c + d ... dans un mouvement continuel, et il n'est b que *tanquam in transitu*. Où que je me situe dans la série interminable des choses finies, je ne trouve jamais Dieu lui-même, mais seulement les traces de son passage. Selon un dicton ancien, il n'y a rien que serait Dieu, et rien qu'il ne serait pas. Je ne peux pas dire qu'il est b, mais pas non plus qu'il ne l'est pas, parce qu'il est bien a + b + c + d... En ce sens, on ne pourrait pas simplement dire, au moins du point de vue de la philosophie que nous avons jusqu'à présent atteinte : Dieu ~~n~~'est ~~pas~~ [71] la matière, pour ainsi dire comme <l'est> un feu dévorant, c'est-à-dire pour la supprimer à nouveau. Lorsque nous disons donc que Dieu est tout, il n'y a là rien à nous reprocher, du moins selon les concepts employés jusqu'alors. Ce n'est que par la suite, à l'occasion de plus amples développements, que nous indiquerons une très légère différence. La limite du système de la philosophie de la nature résidait donc en ceci qu'il était au fond un simple système de la nécessité, même élevé au degré le plus haut, qu'il était un simple spinozisme à une puissance plus haute, puisque la substance infinie qui se pose elle-même posait toujours ces déterminations de l'être, dont la totalité constitue le monde, non pas avec volonté et libre décision, mais seulement selon sa nature. Cette caractéristique ne peut pourtant pas, du point de vue de la philosophie qui a régné jusqu'alors, être un motif de réfutation, car si quelqu'un dit qu'il se contente d'un système dans lequel tout se présente comme l'émanation nécessaire d'une raison, on ne peut lui faire aucune objection d'importance. Mais s'il n'est pas besoin de renoncer à la liberté, et si le vouloir originel est celui d'un système de la liberté, il s'agira avant tout de rechercher si ce fait originel, qui fut jusqu'à présent au fondement de tous les systèmes, nous contraint vraiment à demeurer à un tel point de vue, présumé négatif. Cela est par avance peu crédible, puisque [74] rien n'est contenu dans le fait pur, si ce n'est que l'on trouve dans le procès une prédominance du subjectif, mais quant à savoir si cette prédominance est une conséquence de la nature de l'essence qui se produit elle-même, ou d'une libre causalité, cela n'est pas décidé par le fait pur. Mais toute conclusion définitive est abusive, d'autant plus qu'il est possible qu'une conception plus ou moins bornée ou imprécise du fait ait été à son fondement. Nous

71. Ce « ne... pas » fut volontairement imprimé barré. Voici ce qu'il en est : dans l'original, le « ne... pas » est d'évidence nettement barré, ce qui pourrait laisser supposer que la suppression vient du rédacteur. Dans la lettre citée dans l'introduction (cf. *Introd.*, n. 3), Schelling écrit pourtant qu'il a lui-même corrigé, p. 263, l'une des fautes les plus graves. Si on lit cette indication comme le feuillet 26, p. 3, on est alors directement conduit à cette suppression du « ne... pas ». Mais cela aurait comme conséquence que Cgm 6282 n'est pas une copie, comme l'indiquait Beckers, mais l'original de Maximilien II que Schelling eut entre les mains. La correction remarquée p. [4] pourrait aussi venir de la main de Schelling.

devons de toute façon retourner au fait, ne serait-ce que parce que l'expression de ce fait est encore très indéterminée, et que le concept de sujet-objet ne fut pour ainsi dire que transmis et supposé connu. Nous ne connaissons jusqu'à présent le fait lui-même que par son développement historique à travers les différents systèmes. Son contenu réel, sa détermination décisive et définitive exige un autre développement, nous devons partir du point de vue qui est celui de chacun lorsqu'il commence à peine à philosopher ; alors seulement sera posée avec certitude la détermination décisive et ultime. Si mon exposé était jusqu'à présent introductif, il sera désormais définitif, c'est-à-dire que nous commençons là où toute philosophie qui se fonde elle-même devrait commencer. Je passe donc du développement historique au développement purement scientifique.

Le système de Schelling.

Il est avant tout naturel qu'une philosophie qui s'efforce de se fonder elle-même réfléchisse sur elle-même, afin d'être consciente qu'elle a affaire à une connaisance. Elle doit donc d'abord déterminer le mode ou la nature de son connaître. Kant aurait donc vu juste en disant que la philosophie devait commencer par la critique de la faculté de connaissance. Certes pas la philosophie en tant que véritable science, mais bien en tant que simple recherche de ce point à partir duquel elle pourrait avancer dans la direction progressive. Mais ce projet ne peut être exécuté dans la simple abstraction, c'est-à-dire d'une façon telle que l'être demeurerait complétement exclu du connaître, mais que la connaissance trouverait pourtant après un chemin vers l'être, puisque, aussitôt que l'on [75] ne veut pas s'engager dans cette critique de façon simplement empirique, mais scientifique, cette critique doit être elle-même méthodique. Mais on a ici à faire à un connaître du connaître, de telle sorte que le connaître lui-même devient un objet, et se trouve donc compris comme étant. Je ne peux donc pas contourner l'être comme je voulais le faire, puisque je dois comprendre le connaître soit comme un étant soit comme un non-étant. Si je ne le fais pas, je ne suis pas pour autant sorti d'affaire ; il est si peu possible de considérer le connaître comme un non-étant, qu'il fut même reconnu par Kant et Fichte comme l'étant par excellence, et que le simplement connaissable fut compris comme moindre que le connaître, et même comme n'étant pas véritablement. C'est ainsi que Descartes reconnut l'être seulement en tant qu'immédiatement posé avec la pensée : *cogito, ergo sum* ; il doutait de tout le reste. Mais la pensée n'est pourtant pas pour lui simplement ce que nous nommons de façon privilégiée pensée, mais toute fonction du sujet pensant [71], de telle sorte que les sensations elles-mêmes en font partie : ce fut d'ailleurs lui qui donna le premier à la philosophie cette direction. Mais, en accordant au connaître le premier être, il se vit contraint de mettre en doute l'être du simplement connaissable ; et même s'il mit en avant par la suite la certitude de l'être du monde, il ne peut pourtant lui accorder qu'un être *secundo loco*. Le connaître est donc à tel point l'étant, que la tentation de refuser l'être au simplement connaissable renaît sans cesse, comme cela se produisit dans les systèmes de l'idéalisme de Malebranche et Berkeley, selon lesquels rien n'existe à part Dieu et le monde des esprits avec les représentations que celui-ci introduit dans celui-là. Cette négation de l'existence du monde des corps est cependant tout à fait contraire au contrat <conclu> entre celui qui philosophe et celui qu'il instruit. Car l'accord était le suivant : celui-ci devait expliquer le monde à celui-là, et non l'exclure de toute explication en tant que non-étant ; que penserait-on d'un chirugien que l'on fait appeler pour soigner un membre malade, et qui, pour se faciliter le tâche, ampute aussitôt tout le membre [72] ? Ce n'est pas une mince preuve de l'expérience spirituelle de notre temps, que des explications de cette sorte ne trouvent guère d'audience. Avec un tel idéalisme, on ne peut absolument plus rien entreprendre ; il faut d'abord reconnaître un être à la partie connaissable du monde, [76] du moins pour autant qu'il n'est pas un non-étant. Descartes fonde la certitude immédiate de lui-même en disant : même si je doute de tout, il me reste en définitive encore moi-même, en tant que celui qui doute ou qui pense. Il ne pense donc pas pouvoir douter de lui-même, parce que, que je sois éveillé ou que je rêve, selon moi, je pense pourtant toujours ; de telle sorte que, plus je doute, plus je prouve mon existence, puisque je dois en définitive toujours en finir par ces mots : je pense, je doute, donc je suis. Mais de cette façon il pouvait tout aussi bien douter de son existence, puisque dans le *cogito ergo sum,* le conclusum *« sum »* ne peut contenir plus que la prémisse *« cogito »* ; cette proposition ne signifie donc pas plus que *sum quodammodo,* ou que *quatenus cogito,* je suis seulement en tant qu'être pensant : ce *sum* n'a donc pas la signification d'un être inconditionné, mais seulement d'un être relatif. Mais un tel être <relatif>, Descartes doit l'accorder aussi au simplement connaissable ; il ne peut, quant à ce dernier, mettre en doute que l'être inconditionné des choses ; sinon, ce doute n'a pas le moindre sens. Encore faut-il qu'il y ait des choses, pour que je puisse douter de leur

71. Descartes, *Méditations métaphysiques*, 2e méditation, AT IX, 22. N.d.T.
72. Cf. X, 234.

relativité. L'opposition du monde <au moi> repose donc simplement sur un certain mode de l'être, sur un être *quodammodo,* ce qui n'est pas conscient ne peut certes pas être dans le même sens que ce qui est conscient. On pourrait dire que celui-ci est l'étant de façon privilégiée, mais cela ne signifie pas que l'autre n'est absolument rien ; il est seulement relativement un néant, par rapport, en effet, au conscient. C'est uniquement en ce sens que les philosophes grecs, eux aussi, ont parlé d'un μὴ ὄν.

LEÇON XX

C'est apporter un faux secours à la philosophie, et qui ne peut suffire à la longue, que de renoncer à la réalité du monde sensible et de n'admettre d'existence, pour le monde extérieur, que dans la représentation du monde intelligible, vu que l'on n'a pas plus de raison, comme je l'ai déjà mentionné, de douter de l'existence des choses en dehors de nous que de notre propre existence. Quiconque prend au sérieux la philosophie tiendra coûte que coûte à commencer par faire sien [77] le dessein d'accorder un être même à la partie non-connaissante du monde, non pas certes au sens où le connaissant *est*, mais néanmoins de telle sorte que le pur et simple connaissable ne soit pas réduit au non-être. Je peux dire assurément, de ce qui n'*est* pas à la façon dont est le connaissant, que, eu égard à celui-ci, il est le non-étant. Mais cela ne revient nullement à dire qu'il serait néant eu égard à lui-même, car il peut fort bien être étant à sa façon. C'est en ce sens que les philosophes grecs parlent eux aussi d'un μὴ ὄν, ce qui n'a pas manqué de frapper plus d'un moderne. De ce non-étant, ils ne disent pas en effet qu'il n'est absolument pas, mais seulement qu'il n'est relativement pas. Plutarque ne dit pas autre chose, lorsqu'il déclare, relativement à ce μὴ ὄν, qu'il suffit de distinguer entre μὴ εἶναι et μὴ ὂν εἶναι : si le premier supprime tout être, le second ne supprime l'être que d'une certaine façon. Le μὴ ὄν est simplement le non-étant relativement à ce que nous appelons électivement l'étant, mais nullement le non-étant n'étant point du tout[74]. Telle est la raison pour laquelle Platon lui aussi a entrepris de réfuter, dans un dialogue spécifique intitulé le *Sophiste,* la proposition bien connue des anciens Sophistes selon laquelle le non-étant ne peut être en aucune façon, en

74. Cf. *infra*, p. [87].

conséquence de quoi, notamment, aucune erreur n'existerait, ni, partant, aucune vérité, en montrant que le non-étant en un certain sens est bien malgré tout, et que faute de cet être qui est le sien, l'erreur et la vérité ne seraient aucunement possibles. Je mentionne ce dialogue afin de le recommander, à tous égards, à mes auditeurs. S'ils peuvent se décerner, après l'avoir lu à fond, l'attestation qu'ils l'ont compris, il leur est dès lors permis d'être convaincus qu'ils ont reçu la première consécration de la science. De ce même dialogue il résulte en outre qu'il appartient aux particules préliminaires d'une véritable philosophie de reconnaître cet étant d'un genre moindre comme étant pourtant, en son genre. De cette équité, il faut se faire une loi dès le début, parce que le contraire conduit immédiatement à des concepts dénaturés. Une fois présupposée, donc, la reconnaissance de cet étant d'un genre moindre comme étant, la question qui se pose dès lors est de savoir comment celui-ci peut bien être étant. On voit d'emblée que ce non-étant n'est en aucune façon étant si l'on pousse à l'extrême la détermination selon laquelle il n'est pas le connaissant, de telle sorte que l'étant de façon moindre n'ait en lui strictement rien [78] du principe connaissant. Seulement, celui-ci n'est assurément pas le connaissant, et pourtant il n'est pas entièrement dissocié de ce principe. Cela n'est pas possible pour les raisons suivantes :

Nous avons déterminé le non-étant comme également étant, mais ce par quoi c'est un étant est précisément la mesure, la détermination en lui, la limite. Or la limite ne peut provenir de ce qui est limité et a soi-même besoin de limite, car c'est là par nature l'illimité. Tout ce par quoi, par conséquent, ce non-étant devient étant, et par là connaissable, ne peut provenir que [du] principe opposé à l'être. Mais ce qui constitue au moins la forme du connaissable doit bien être apparenté à ce qui constitue la cause du connaître, ou pour m'exprimer autrement : la cause de l'être-connu et du connaître doit constituer un seul et même principe. Tout ce qui est du connaissable doit lui-même porter d'emblée la marque de l'intelligence de l'entendement ; ce à quoi l'entendement ne prend tout bonnement aucune part est strictement de l'inconnaissable. En revanche, ce qui n'est pas seulement le connaissable mais le connaissant ne peut se distinguer de [celui-ci] que par le fait de ne pas se contenter de porter en[74] lui la marque de l'entendement, mais d'être lui-même le connaissant. Pour récapituler encore une fois brièvement, nous sommes partis de la question de savoir comment doit être pensé le genre de l'être moindre : je remarque qu'en

74. Corrigé à l'encre en : à même.

lui le principe connaissant ne fait pas totalement défaut, car celui-ci n'est jamais présupposé comme connaissable, partant comme limité, et participant donc de l'entendement au moins quant à la forme. Ou pour nous exprimer d'une autre façon : ce qui imprime dans le connaissable la marque de l'entendement, cela ne peut être que le principe de l'entendement lui-même. Si ce principe ne produit qu'une forme qui n'est pas étrangère à lui-même, ce qui en résulte est un connaissable, non un connaissant, mais si en revanche il métamorphose entièrement l'être en lui-même, c'est le connaissant lui-même qui en résulte, et non simplement le connaissable. Descartes déjà a incité à déterminer comme entendement le principe opposé à l'être. Avec son concept de substance étendue infinie, à laquelle il opposait la pensée infinie, Spinoza en revanche [...] tenait [79] déjà le concept d'un être illimité infini, n'étant susceptible d'être connaissable que par la forme de l'entendement. Voilà pourquoi Spinoza disposait d'un moyen de rendre concevables les modifications de la substance étendue, comme je l'ai déjà montré ; mais il n'en a pas fait usage. La pensée ne participe en rien, chez Spinoza, aux déterminations de la nature étendue, alors même que des modifications ne sont pensables que là où il y a détermination, et une détermination, que là où il y a conscience réfléchie ; or il n'y a pas de conscience réfléchie dans la substance infiniment étendue elle-même. L'extension infinie est précisément au contraire la forme de ce qui perd connaissance de soi, de l'Être qui ne se possède pas lui-même, et ne peut pour cette raison même s'assigner de bornes ; c'est un infini [au sens] où il n'est plus prééminence, mais manque. C'est de façon générale une grave erreur au sein de la philosophie allemande, de prendre ce qui est infini pour quelque chose de positif, comme une prééminence, alors qu'il ne peut être que quelque chose de négatif. Les Français désignent de façon beaucoup plus heureuse ce qui est parfait comme quelque chose d'achevé, de fini.

La pensée infinie aurait donc pu être pensée d'après Spinoza comme la puissance réinstallant en lui-même ce qui a été posé hors de soi. Réinstallation qui ne peut toutefois avoir lieu sans des modifications de l'Être étendu, ni celles-ci à leur tour sans une intériorité croissante de ce qui était tout d'abord extérieur, jusqu'à ce que cela devienne lui-même le connaissant, la conscience. Mais Spinoza n'en fait aucun usage, s'il pose des modifications dans l'étendue, c'est simplement, comme j'en ai fait une fois la remarque, parce qu'il y a des choses ; s'il n'y avait pas de choses, elles ne découleraient pas de son principe.

Chez Leibniz, qu'il faut nommer immédiatement après Spinoza comme inventeur en philosophie, se trouve déjà la reconnaissance de la subjectivité des modifications. Toutes les modifications sont d'après lui des effets de la subjectivité ou des monades. L'étendue est selon Leibniz un simple phénomène, reposant sur une représentation confuse des monades spirituelles. Leibniz fait certes également consister la matière en dehors de moi aussi, mais aussi comme du spirituel. Chaque monade est un Être strictement incorporel. Si nous pouvions voir les choses comme Dieu les voit, nous verrions les substances représentant le monde dans toute leur unité et leur intériorité ; seulement, nous ne nous situons pas en ce centre de perspective, d'où le décalage des monades, leur représentation confuse, la matière. Tout ce qui est matériel n'est selon lui [80] que monade assoupie, ce qui est organique est un monde qui se rêve en ses monades, l'homme étant la monade revenue à elle-même. À cet égard, Leibniz peut être considéré comme le précurseur de la philosophie de la nature, mais il n'en reste pas moins un intellectualiste, pour ne pas dire un idéaliste, en réservant cette appellation à une famille ultérieure de philosophes. Leibniz a en effet plus ou moins tout résorbé dans l'entendement ; par son système, il a entièrement supprimé le principe originellement opposé à l'entendement. Du fait précisément que tout selon lui est spirituel à l'origine, l'explication du connaissable fait difficulté, ce qui le contraint à recourir à une harmonie préétablie. Vu que sa monade est purement spirituelle, elle ne peut avoir d'incidence sur une autre, et comme néanmoins dans le monde les monades ne cessent d'agir les unes sur les autres, Leibniz en est réduit à expliquer cette interaction par une harmonie préétablie, en vertu de laquelle chaque modification qui a lieu dans une monade ne se présente pas directement dans une autre, mais conformément à ce qui était prédestiné. C'était là introduire dans son système quelque mysticisme. Mais vous voyez par là que la différence entre le connaissant et le connaissable ne s'est pas moins perpétuée dans la philosophie allemande. En transformant tout en monade, Leibniz a du moins montré qu'aucune chose n'est entièrement exempte du principe connaissant.

C'est à Kant qu'est finalement revenu l'immortel mérite d'avoir exprimé, en en ayant clairement conscience, que tout ce qui est porte en soi la marque de l'entendement. Kant pose comme fondement, c'est-à-dire comme base de tout ce qui est connaissable, un inconnaissable, qu'il désigne à vrai dire de façon peu heureuse du nom de chose en soi, car en tant que telle il lui faut soit être étant, et partant connaissable, auquel cas ce n'est plus là ce que Kant entend par chose en soi, en dehors de toutes les déterminations d'entendement, soit être effectivement en soi [inconnaissable], mais alors elle cesse d'être une chose. Tout aussi peu heureuse que l'expression de chose en soi est, du reste, celle de νοούμενον ; car d'après son concept ce devrait être bien plutôt un ἀνοούμενον, puisque tout ce qui est dans son intégralité doit soi-même avoir en soi de l'entendement. La seconde remarque qui s'impose à propos de Kant consiste en ceci qu'il ne pose les déterminations d'entendement que dans le sujet de nos représentations ; la chose objective en dehors de nous [81] n'est qu'une chose en soi, et ce n'est qu'en nous qu'elle admet des déterminations du connaissable. Il y a bien de l'inconnaissable, mais les choses en soi de Kant, ou l'objectif, ce n'est jamais que quelque chose de déjà posé soi-même subjectivement, et par là rapproché du connaître. La chose en soi de Kant ne se métamorphose [,] selon Kant [,] en une chose que du fait de la synthèse transcendantale de l'aperception, comme chose en soi elle est selon lui exempte de toutes déterminations d'entendement, c'est le x des mathématiciens. Nous disons quant à nous : il n'y a pas d'absolument objectif, mais chaque chose en soi est déjà une chose objectivement subjective, car sans détermination subjective il n'y a plus de véritable chose.

Fichte, enfin, ne parle de l'objectif qu'en général, au lieu de parler de l'objectif propre à la représentation effective, et c'est la raison pour laquelle il ne voit pas combien il entre de subjectif dans l'objectif lui-même. Se passant entièrement de l'inconnaissable, qui constitue la base de tout connaissable, il a tout transformé de cette façon en pure subjectivité. On ne saurait assurément en rester, à la longue, à une telle extrémité. L'objectif ne peut être dénié, c'est le nécessaire *prius* du connaissable comme tel, en un sens qui n'est certes pas celui d'une supériorité.

LEÇON XXI

Le pur connaissable ne se distingue de ce qui est soi-même connaissant, comme on l'a vu, que par le fait qu'il ne porte en lui que la marque de l'entendement, tandis que ce qui est nommé de préférence le connaissant s'est entièrement mué en entendement. Mais ce qui est opposé au subjectif, à savoir le b, n'en reste pas moins ici encore la base. Au cours de toute cette progression étagée, le substrat demeure donc toujours le même ; l'objet initialement aveugle b devient de plus en plus subjectif, égal au a, à ceci près qu'au plus haut niveau du a il est toujours b, mais comme posé en tant que a. Une perpétuelle oscillation règne donc entre être et non-être, car l'être a est pour b le non-être, ou comme le dit excellemment la langue [allemande] : dans l'être a, le b va à sa perte en retournant à son fondement *(geht zu Grunde)* [75], le a est la mort pour le b en soi ou par soi-même, pour le b qui n'est que b.

[82] C'est pourquoi il nous faut distinguer plus précisément entre le subjectif qui n'est que posé en b et le principe du subjectif. Celui-ci [,] à savoir le b qui ne s'est pas mué en a, ne peut être à son tour que la cause de cette mutation, en sorte que le b qui devient de plus en plus égal au a en est l'être aveugle, illimité, l' ἄπειρον de Platon, tandis que celui-là est a, dans la mesure où il n'est pas produit au contact du b, mais constitue le pur antagoniste du b, auquel on ne peut rien attribuer d'autre que la volonté de poser le b comme égal au a. Le second principe est donc a dans la mesure où il est la cause du b. Il me faut remarquer que nous ne nous situons ici que sur le terrain du factuel. Cette mutation n'est connue que par l'expérience ; nous ne savons pas encore ce qu'est ce principe opposé au b. Il suffit qu'il nous ait déjà mené à un dualisme, le terme étant pris en son acception la plus commune, ce qui ne revient donc nullement à dire que ces deux principes ne seraient pas susceptibles de se réunir en un principe supérieur. Provisoirement, nous avons simplement trouvé le principe réal qu'est l'être aveugle, illimité, et le principe réal qu'est le principe opposé, la cause du devenir subjectif [76].

Plus vous concevrez cet antagonisme de façon limpide, et plus vous apparaîtra clairement ce que je serai amené à dire par la suite. Nous nous en tenons ici dans l'ensemble au point de vue de Pythagore, lequel enseignait que toute chose résulte de l'illimité et du limitant. Ce qu'il enseignait dans un sens tout à fait analogue au nôtre en disant que ce qui est absolument sans limites est inconnaissable, mais que la conjonction du limitant et de l'illimité permet d'acquérir un concept de l'un et de l'autre. L'identité de nos vues avec celles de Pythagore apparaît encore en ceci qu'il établissait une distinction entre μόνας et δύας, appelant la μόνας le Père et la δύας la Mère de toutes choses. [en marge :] cf. à ce

75. Cf. *supra,* p. [60].

76. On serait tenté de corriger ici, avec Beckers, en : « principe idéal », ce que confirmerait en outre X, 243. Mais comme les désignations dans le procès ont une valeur toute relative (cf. supra p. [50] sq.), il se pourrait qu'ait été mal restituée ici une formulation de Schelling lui-même n'omettant pas de mentionner le réal visé dans son contraste avec le principe.

sujet et sur ce qui suit Philolaos, éd. Boeckh, pp. 45-57[78]. Des concepts de ce genre ne se laissent pas aisément emprunter ou interpréter chez les auteurs anciens, comme l'atteste amplement la mécompréhension dont ils sont victimes de la part de nombreux philologues. Seules des recherches effectuées de façon autonome dans le domaine de la philosophie sont susceptibles d'y mener.

Cette δύας des Pythagoriciens, souvent qualifiée par l'épithète ἡ ἀόριστος, n'a assurément pas la signification que lui attribue un philologue moderne, qui y voit une diversité empirique ; car si c'était le cas, les Pythagoriciens [83] en seraient nécessairement venus aux choses, alors qu'ils les font résulter de la δύας [en marge :] Boeckh dit, *loc. cit.,* fol.55 : « Par l' ἀόριστος δύας n'est donc figuré que le concept du divers différencié, qui ne reçoit le nombre déterminé que par la limitation donnée par l'unité. »

Là où il y a diversité, il faut qu'il y ait limitation, et là où il y a limitation, il faut que des choses soient présentes ; – cela reviendrait donc à poser d'emblée ce qu'il s'agit tout d'abord d'expliquer. Cette δύας ne peut être rien d'autre que notre b, qui sans préjudice de son antagonisme avec a, est réceptif à ce dernier. Notre b est en soi simplement b, mais relativement à l'autre principe, c'est un b réceptif au subjectif destiné à n'être produit en lui que par le a opposé. Pour cette raison, la δύας est [...] pensée nécessairement comme féminine, et elle est également exprimée par les Pythagoriciens comme féminité. Pour soi, b est donc réceptif au subjectif, mais dans la réalité effective c'est toujours un être double, qui est toujours b, l'incertain, l'indéterminé fluctuant entre les deux, qui toujours aussi n'est pas ce qu'il est.

De même, l'homme n'est-il pas à ce point spirituel qu'il ne soit également non-spirituel, ni à ce point conscient qu'il ne soit également inconscient. Tel est le lot de toute finitude, que ce qu'elle est, elle ne le soit que de telle façon qu'elle puisse aussi ne pas l'être, ou, comme le dit un Ancien : εἶναι καὶ μὴ εἶναι.[79]

Si nous considérons également à présent le second principe pythagoricien, à savoir la μόνας, il s'avère que celle-ci coïncide parfaitement avec notre a ; car ce dernier vise toujours lui aussi à

78. Cette citation et la suivante surtout ont éveillé le soupçon que la copie dont nous disposons pourrait bien avoir une autre source que la salle de cours, car il n'était manifestement pas dans les habitudes de Schelling de fournir, dans ses cours, des références précises. Le texte cité diffère légèrement, du reste, de l'édition procurée par August Boeckh de *Philolaos des Pythagoreers Lehren*, Berlin, 1819 *(Opinions de Philolaos le Pythagoricien).*

79. Cf. *infra* Leçon XXX, p. [118]. N.d.T.

limiter le b, ce qui ne peut toutefois se produire sans transformer celui-ci en subjectivité. Notre principe a inclut donc toujours en lui de l'identité, notre principe b toujours de la duplicité. De cette façon s'explique également ce que Pythagore dit de la δύας : elle ne devient δύας que par participation à la μόνας, tout comme notre b est en soi identité, et ne devient δύας que dans le fait, dans la mesure où il participe du principe opposé. En voilà assez quant à l'élucidation du principe illimité et du principe assignant des limites. Tout être connaissable résulte de deux principes opposés, dont l'un est la base, l' ὑποκείμενον, qui devient compréhensible en étant posé progressivement [,] tandis que l'autre surgit comme cause, comme ce qui donne la mesure. Qu'il y ait toujours concaténation entre les deux, cela est encore de l'ordre du fait. Mais quant à savoir comment cette [84] concaténation se produit, cela doit encore pour le moment demeurer sans réponse ; car ce n'est pas seulement celui qui apprend qui doit se garder de questions prématurées, mais encore celui qui mène sa propre recherche, et qui doit suivre la direction dans laquelle il s'est engagé jusqu'à ce qu'il ait acquis la certitude d'être parvenu à son but. Nous ne pouvons donc poursuivre plus avant, que nous n'ayons acquis la certitude d'avoir reconnu tous les principes du devenir. Tout cela apparaîtra plus clairement en réfléchissant à ceci :

Dans le procès du devenir, un principe est objet d'un surmontement progressif, et par ce procès il se présente comme ce qui ne doit pas être, comme le ne-devant-pas être, non pas certes absolument, mais comme ne devant pas être ce qu'il est dans le procès. C'est le procès qui exige en effet que a soit, allant jusqu'à poser b comme a. Faute de ce ne-devant-pas-être qu'est b, ou du moins ne devant pas être à la façon dont il est, il ne pourrait y avoir aucun procès. Mais comme ce premier principe est à titre de b le ne-devant-pas-être, il s'ensuit nécessairement qu'il est à ce titre l'étant contingent, qui n'est pas en vue de lui-même ; tandis que le second principe, qui se révèle comme la puissance négatrice du premier en son être-b, apparaît posé nécessairement et inévitablement, tout comme est b ; mais comme il n'apparaît nécessaire qu'avec b, il n'est pas nécessaire en soi, mais seulement de façon hypothétique, c'est-à-dire il n'est pas pour lui-même être, mais afin de nier le premier principe ; il n'est donc que le moyen-terme. Le premier <principe> est nié dans le procès, mais il ne pourrait être nié si un autre que lui ne devait être à sa place. Ce devant-être ne peut être toutefois le second <principe>, car celui-ci n'est là qu'afin de nier le premier. D'où : ce devant-être est nécessairement une troisième puissance, laquelle est tout autant partie prenante du procès. Ou pour dire les choses encore plus brièvement : l'amorce du procès du devenir est fournie par le premier principe, qui ne se situe par conséquent que comme commencement du procès. Quant au second principe, il a été montré qu'il ne serait que le moyen-terme ; or là où il y a un commencement et un milieu, il faut bien qu'il y ait aussi une fin. Aussi sûrement qu'il y a une fin, il faut qu'il y ait un troisième principe. Pour déterminer ce troisième <principe>, nous pouvons procéder de diverses façons, dont l'une, plutôt formelle, est la suivante : nous avons vu que le premier principe est le commencement, le principe proprement dit, et par là la substance proprement dite, *id quod substat*. Quant au second principe, nous avons remarqué qu'il se situe dans le procès comme cause, qu'il est ce qui n'est pas pour soi-même être, mais seulement pour nier le ne-devant-pas-être, il est donc entièrement sans soi-même ou ipséité, [85] sans prétention à la substance. Le premier principe se rapporterait donc au second comme la substance à la cause. Le [troisième] <principe> ne peut être par conséquent que cela qui est tout autant substance dans l'être-cause et cause dans l'être-substance. Nous adoptons dès lors une démarche tout autre que celle de Kant, chez qui les trois principes se faisaient suite respectivement comme catégorie [substance], cause et effet réciproque, celui-ci n'étant rien en tant que substance. La véritable consécution est bien plutôt : substance, cause, cause et substance en ce qui est un et le même. Cette détermination n'en reste pas moins purement formelle, toujours se pose la question de savoir ce que peut bien être ce qui ne cesse pas, en tant que substance, d'être cause, et inversement, et le moment est venu à présent de faire la remarque suivante : si toutes les déterminations données jusqu'à présent étaient purement formelles, plus extérieures qu'intérieures, c'est dorénavant davantage sur la nature interne des principes que sur leur rapport que va porter notre recherche.

LEÇON XXII

Notre tâche consiste à présent à établir les principes reconnus dans le procès comme autant de principes en soi, c'est-à-dire étant antérieurement au procès. Dans le procès ils n'interviennent que devenus, c'est là ce que nous avons déjà expliqué en exprimant comme purement contingent le premier principe. Mais au cours de notre recherche d'à présent, qui vise à dégager ce que sont les principes avant et en dehors du procès, ou encore ce qu'ils sont comme simples puissances, il est nécessaire de nous transposer devant l'être.

On le voit pour ainsi dire immédiatement [:] le plus proche de l'être qui, pour cette raison même, lorsqu'il est, devance tout autre être, est précisément le pouvoir-être immédiat, à savoir ce dont l'être n'a besoin de rien d'autre que de lui-même, et qui peut donc passer de lui-même à l'être en vertu d'un simple vouloir *a potentia ad actum*. Cet « au plus proche de l'être » est donc un être par simple vouloir. Cette dernière expression s'explique par le fait que ce qui est le plus proche de l'être n'est plus à la façon dont est un simple pouvoir ; mais tout pouvoir-être peut, par son vouloir, passer à l'être, comme toute volonté *extra actum* n'a plus besoin, pour devenir volonté effective, que de vouloir. Mais comme tout *actum* apparaît comme volonté, [86] cet archi-principe de l'être dans l'être n'est encore lui-même que comme vouloir, et même comme un vouloir aveugle, sans objet, en ce qu'un tel principe n'a rien qu'il puisse vouloir, et par conséquent ne veut que pour vouloir, sans qu'il veuille quoi que ce soit. Dans la réalité effective, ce vouloir devient pour cette raison un vouloir sans mesure, infini, et ce vouloir sans but est précisément le commencement de toute nature. Il y a bien des années, j'avais désigné ce même vouloir par le terme de « rage » *(Sucht)* [79], afin d'exprimer par là-même un être aveugle dépourvu d'entendement. L'originellement réal en toutes choses est par conséquent le vouloir, et il se montre, et se montre en tant que tel également dans l'univers corporel, par exemple dans le contrecoup. Mais ce vouloir est aussi en même temps ce qui a été posé hors de sa puissance, et c'est pourquoi on peut dire également que cet être originaire est ce vouloir qui s'est dévoulu *(verwollt)*. Manifestement, le procès de l'être n'est possible jusqu'à présent que par le passage, la transition *a potentia ad actum*. Ce pouvoir-être est par conséquent la première puissance. Que celui-ci s'élève à l'être effectif, ce qui en résulte n'est pas ce qu'il voulait, mais bien plutôt le ne-pouvant-pas-être, si toutefois procès il doit y avoir. Ce premier être procédant du pouvoir- être est la gauche des Pythagoriciens, cela qui ne devrait pas être et qui pourtant est, ce qui n'est posé que pour être nié. Naturellement, il n'est rendu possible que par un second <être> ; ce qu'est ce qui est second dans le procès, nous le savons déjà, mais non ce qu'il est avant ce procès. C'est là ce que nous allons découvrir de la façon suivante.

79. Allusion, probablement, aux *Recherches*... de 1809 (SW VII 363) ; Schelling rappellera ultérieurement (en SW XIV 283) que *Sucht* se rattache étymologiquement à *Seuche* ("contagion", "épidémie"). N.d.T.

Une fois qu'on est parvenu au pouvoir-être immédiat, celui-ci ne pourra pas s'empêcher de pouvoir en être le contraire, ou ce qui est par soi impuissant à passer de la puissance à l'acte, ce qui ne peut donc passer que *ab actu ad potentiam.* En tant que contraire du pouvoir-être, il est ce qui n'a aucun pouvoir en soi, mais n'a en soi que de la réalité effective, en sorte que nous avons trouvé jusqu'à présent deux puissances, le pur pouvoir-être infini et le pur être infini, auquel un pouvoir-être n'est donné que par le fait qu'il le nie, ce qui se produit lorsque celui-là s'élève à l'être. Que l'on se représente les choses ainsi : la seconde puissance est, par nature, un être consistant purement à s'épancher, mais qu'elle se trouve entravée dans sa sortie hors d'elle-même par le fait que la pure puissance sort du pouvoir pour entrer dans l'être, le pur être sera nécessairement expulsé et rétrogradé dans le pouvoir-être. La seule analogie que je sois en mesure de vous proposer est celle d'une inflammation dans l'organisme. Qu'une partie de celui-ci, en effet, vienne à s'enflammer, [87] que de paisible qu'elle était elle devienne active, et les autres parties <du même organisme> ne manqueront pas d'être dérangées. Par le fait, donc, que l'archi-puissance s'élève elle-même à l'être, elle exclut le pur être du lieu de l'être, et le pose comme relativement non-étant, et vu que le non-être relatif équivaut à la puissance, elle le pose comme pouvoir-être. Le pur être se trouve dès lors de nouveau posé dans le *status potentiae,* donc refoulé en lui-même, et peut dès lors se reprendre, lui qui était auparavant posé hors de soi. Peut-être les choses sont-elles plus claires de cette façon. Avant tout être effectif, représentons-nous l'être originel, l'archi-être *(das Ursein),* dans lequel tous les principes sont contenus comme autant de puissances, qui sera tout d'abord le pouvoir-être, et celui-ci à son tour l'être : une seconde forme de l'être leur est immédiatement consécutive, à savoir le pur être objectif, qui n'est toutefois posé comme être objectif qu'aussi longtemps que le subjectif demeure en sa subjectivité [80]. Dès que celui-ci s'en détache, il contraint celui-là à retourner en lui-même. Il ne cesse pas pourtant par là d'être le pur être, il est donc posé, par la potentialisation, dans la nécessité de nier cet étant qui n'est que devenu tel, de surmonter ce premier ne-devant-pas-être, afin de se restaurer comme le pur être. Ce qui est en soi pure réalité effective ne peut passer *a potentia ad actum* que lorsqu'une puissance est posée en lui. C'est donc en quelque sorte en étant hors de soi qu'il est passé *a potentia ad actum.* Nous obtiendrions donc comme première puissance, par-delà le procès, le pur pouvoir-

80. Cf. *supra*, p. [77] sqq.

être, et comme seconde puissance le pur être. Mais ne serait-ce qu'en raison du fait que celui-ci n'intervient que pour nier celui-là, qui, dans cette négation, se nie comme *actus,* nous ne pouvons pas en rester à celui-ci. Si quelque chose de durable doit être atteint dans l'être, il faut qu'un troisième être soit posé, qui vienne se substituer à celui qui a été supprimé. Le deuxième n'est là que comme médiation en vue du troisième, en ce qu'il cherche à amener le premier à expiration du devoir-être proprement dit, ou de ce qui est en vue de soi-même. Or ce troisième intervenant ne peut plus être ni un pur pouvoir-être, comme le premier, ni un pur être, comme le second. Il ne lui reste donc d'autre possibilité que d'être l'étant pouvant-être. Le premier n'est pas étant comme pouvant-être, il n'est pouvant-être que dans le non-être ; dès qu'il passe à l'être, il cesse du même coup de pouvoir être un être. Mais que ce qui cesse, dans l'être, d'être le pouvant-être puisse être comme le pouvant-être, cela ne se peut. C'est pourquoi l'on pourrait dire à bon droit que le premier est et n'est pas du pouvant-être. C'est un simple pouvoir-être au sens intransitif, c'est un pouvoir-être en soi, mais non hors de soi, [88] et pour cette raison c'est un pouvant-ne-pas-être, cette fois au sens transitif. C'est pourquoi il n'est pas libre de passer ou non dans l'être. Si nous appliquons cela au troisième intervenant, nous nous apercevons qu'il est le pouvant-être de telle sorte qu'il lui est loisible d'être ou de n'être pas. C'est lui qui est par conséquent le pouvant-être en pleine possession de lui-même, il est le premier à pouvoir entreprendre ce qu'il veut avec son pouvoir-être, il est donc un esprit. Nous réservons en effet le nom d'esprit à ce qui n'a pas seulement la puissance d'être, mais encore et surtout la liberté de s'extérioriser ou de ne pas s'extérioriser, qui ne se perd pas en s'extériorisant, mais demeure éternellement auprès de soi, l'indissociable sujet = objet[81]. La première puissance est simplement sujet, la seconde simplement objet, la troisième enfin est le sujet = objet parvenu à la certitude de soi.

Le pur b s'est acheminé vers le retournement sujet = objet, en ce que celui-ci devient sujet, et celui-là objet. Mais tout cela n'a lieu que dans le procès, antérieurement auquel ne règne que l'unilatéralité du sujet d'un côté, de l'objet de l'autre côté. Qu'il me suffise de remarquer, pour finir, que le devant-être ne se distingue du premier pouvoir-être que par le fait qu'il est le pouvoir-être durable, c'est-à-

81. Ce passage illustre bien, stylistiquement, le raccourci de formulations destinées à la prise de notes. À titre de comparaison, un remaniement du manuscrit du cours offre la formulation suivante : « Car l'esprit n'est, absolument parlant, rien

dire qu'il n'a pas besoin de renoncer au pouvoir-être dans l'être ni à l'être dans le pouvoir-être, il ne peut aller à sa propre perte dans la progression *a potentia ad actum.*

LEÇON XXIII

Les trois puissances répertoriées jusqu'à présent se retrouvent toutes dans le pouvoir-être, et ne se distinguent que par leur rapport plus ou moins éloigné à l'être. Ce qui apparaît tout d'abord de l'être est le pouvoir-être immédiat, *a potentia ad actum* ; c'est pourquoi nous pouvons dès lors appeler celui-ci pouvoir-être du premier ordre, et si nous posons le pouvoir-être comme a, nous pouvons l'appeler a'. La seconde puissance n'est plus le pouvoir-être immédiat, mais médiat : le concept de la simple puissance inclut en effet en lui-même un pouvoir = non-être, et dans cette mesure le second principe est donc le pouvoir-ne-pas-être, ou le pouvoir n'être pas puissance, donc le pur-étant. Il semble y avoir flagrante contradiction *in terminis* dans le fait que ce principe est d'une part le purement étant, et d'autre [89] part pure puissance. Mais s'il est dit possible, c'est seulement eu égard à lui-même. Peut-être pouvez-vous vous représenter les choses ainsi : le second principe n'est pas dans le procès le purement étant, mais bien plutôt ce qui n'est pas posé sans négation ; or ce qui doit surmonter une négation posée en soi ne peut être originellement ou en soi que ce qui ne tolère strictement aucune négation, cela ne peut être que le purement pur-étant. Le purement étant serait ainsi la puissance qui apparaît comme devant-nécessairement-être dans le procès effectif, c'est-à-dire comme cela qui n'est pas libre d'agir ou de ne pas agir, mais qui doit nécessairement agir. C'est donc là l'étant en soi, l'étant par conséquent qui n'est nullement immédiatement mais seulement médiatement étant, seulement du fait qu'il est élevé à la puissance par un autre que lui. Cette médiation consiste en ceci qu'il lui faut nier ce qui l'a précédé, nécessité qui repose du reste à son tour sur le fait que

d'autre que cela qui n'est pas simplement *puissance*, mais liberté de s'extérioriser ou de ne point s'extérioriser, parce qu'en s'extériorisant il ne s'aliène pas vis-à-vis de lui-même, et qu'inversement, il n'est pas moins étant en ne s'extériorisant pas qu'en s'extériorisant. L'esprit est précisément ce qui ne peut pas se perdre, ce qui demeure éternellement auprès de soi – de lui nous pouvons dire également qu'il est enfin le véritable, l'indissociable sujet-objet. » (NL Schelling 108, XXII, ms. p. 91 a).

lui-même se trouve nié. Ce deuxième pouvant-être immédiat, *hac negatione metianti,* nous pouvons dès lors l'appeler a ^{2}, ou le pouvant-être du deuxième ordre. Quant au troisième, plus éloigné encore de l'être, il ne peut être le pouvant-être immédiat ni à titre de troisième intervenant dans l'être, ni non plus s'il doit être, selon l'expression que nous avons adoptée antérieurement, le devant-être. Il présuppose tout autant a comme a ^{2}, par lequel seulement le ne-devant-pas-être doit nécessairement être nié dans l'être afin de faire de la place pour le second devant-être, ou de poser le deuxième comme étant proprement dit par expiration du premier. Pour advenir dans l'être, le troisième ne peut être que posé, non pas certes par le premier, qui y répugne bien plutôt, et exclut le troisième, mais non toutefois sans le premier, du fait que c'est finalement malgré tout par le premier, pour autant que le second a été surmonté, qu'il est posé ; ce n'est donc que *tertio loco* qu'il peut advenir dans l'être, et s'appeler a ^{3} = le pouvant-être du troisième ordre. Les trois puissances se retrouvent donc toutes trois dans le pouvoir-être, où elles ne se distinguent que hiérarchiquement. Mais ce même rapport montre également qu'en tant que simples puissances elles ne s'excluent pas, ce que je me réserve d'expliciter davantage.

Le premier est le pouvant-être immédiatement, le second en revanche le ne-pouvant-être immédiatement. Aussi longtemps donc que le pouvant-être est simplement tel, il n'est rien, comme le ne-pouvant-être. Tous deux ne s'excluent donc pas, vu qu'ils sont l'un et l'autre encore subjectifs, aussi longtemps du moins qu'ils ne sont pas étant, [90] ou encore [,] si le second est bien ce qui nie le premier, il n'a rien à nier tant que celui-ci n'a pas fait son apparition, et de la même manière le ne-devant-pas-être est comme le devant-être, aussi longtemps qu'il n'est pas effectif : on peut dire que celui-là réside en celui-ci à la façon dont, chez l'enfant, le bien réside dans le mal ; l'inégalité ne se fait jour qu'à partir du moment où surgit le ne-devant-pas-être. C'est seulement à partir du moment où le premier est devenu principe que le deuxième et le troisième apparaissent comme exclus. Avant que de la tension ne s'installe entre elles, toutes les puissances sont retirées dans un non-être commun, dans l'essence – essence à comprendre comme antagoniste de l'être, ou comme le pur et limpide pouvoir-être, qui est non-être et pourtant n'est pas néant. Avant que ne s'installe entre elles la tension, donc, toutes doivent [82] demeurer en

82. D'après le texte donné en Cgm 6282, il serait tentant de lire *fallen* (« retombent ») plutôt que *sollen* (« doivent »). De même, le texte de NL Schelling 108, XXIII, p. 3, propose l'alternative : *sinken* (« sombrent »). Mais comme le

réserve dans une potentialité commune, tout comme la circonférence, le rayon et le centre en réserve dans le point géométrique : et de même qu'en celui-ci aucun des trois n'est en tant que tel, tous trois étant au contraire *uno eodemque loco,* de même ces trois puissances sont-elles réunies en un commun néant. Mais une telle unité, telle que nous avons pu nous familiariser avec elle comme préexistant au procès, ne serait pas seulement négative, mais encore simplement matérielle ou substantielle ; il n'y a en elle aucun fondement positif, ni de la différence ni de la non-différence. On ne voit pas pourquoi surgit ce premier principe de tension. Si l'on dit qu'il surgit de lui-même, c'est là une simple façon de parler, jetant un voile pudique sur la contingence de son essence. Cette unité contingente est tout aussi peu à même de s'affirmer au sein d'une disjonction postérieure ; on ne voit pas comment, [dans] le procès, est possible la coexistence nécessaire à la tension réciproque, car les principes se contredisent dès lors qu'ils se disjoignent. Pour qu'ils puissent coexister en cette unité, à vrai dire aucun principe positif n'était nécessaire, mais ce n'est plus le cas dans le procès, car pour que b soit nié par a^2, encore faut-il qu'une liaison soit encore là, ou l'exigence d'une réunion. Que cette exigence fasse défaut, ou que cette liaison s'interrompe, et chaque principe entrerait alors dans son monde propre, si bien que nous obtiendrions alors trois pouvoir-être, dont chacun serait pouvoir-être immédiat. Dès lors apparaît clairement la nécessité de cette unité, et non moins la nécessité que cette unité matérielle ne puisse s'affirmer dans la disjonction, vu qu'elle ne repose que sur le non-être de son antagoniste. Or de même que le non-être de l'antagoniste est purement contingent, [91] tout aussi aveugle est son surgissement, et l'antagoniste est dans le meilleur cas de figure entièrement dépourvu de contenu, et dans cette mesure, de limite et de détermination, car par [quoi] pourrait bien dès lors être déterminé que le déterminant a une prépondérance sur le limité ? Tous deux cherchent l'affrontement, d'où ne naît aucun combat réglé par l'entendement. [Nullité][84] qui tient au fait qu'un tel combat conduit nécessairement au système d'une mauvaise philosophie de la nature, dans laquelle c'est seulement par jeu que s'opposent le + (niant) et le

verbe *sollen* est déjà employé plus haut p. [54] en cette acception inusitée, il se peut qu'ait été maintenu ici un accent originalement déontique de la formulation.

84. À cet endroit se trouve dans le manuscrit une abréviation qui ressemble à un M majuscule, peut-être formée à partir de 00 avec adjonction d'un t. En lisant « nullité », je renvoie au *Journal de Physique spéculative* (*Zeitschrift für Spekulative Physik,* t. I, p. 156), où Schelling appelle les publications de Reinhold dans la gazette littéraire une « nullité résultant de l'équilibre de nullités ». Cf. aussi à ce sujet X, 257.

- (nié). La prépondérance d'un principe sur l'autre requiert une cause au sens élargi, une cause qui soit plus que procès. D'une simple prépondérance, rien ne sortirait, par une prépondérance alternée ne serait posée qu'une alternance entre génération et corruption. Cette prépondérance n'est en pas moins jusqu'à présent encore partie prenante de notre fait *(Tatsache)*, c'est une supériorité factuelle *(faktisch)*, et elle n'est pas pensable abstraction faite du but final du procès, mais dans le principe en soi et pour soi il n'y a rien strictement rien. Je viens de comparer l'unité contingente, tout aussi impuissante à s'exposer ou s'expliciter qu'à s'affirmer, à un point géométrique constituant, à l'état d'enveloppement, un cercle entier. Allons plus loin : un cercle développé à partir de cet enveloppement peut être envisagé à son tour comme un point, pour peu que je le veuille tel. De la même façon, l'unité ainsi conçue permettrait d'envisager le monde, pour peu que j'aie pensé et voulu penser cette unité comme indissoluble. Mais pareille démarche n'en est pas moins purement arbitraire. Une unité véritablement indissoluble ne peut être qu'une unité spirituelle, surnaturelle ; seule une telle unité est à proprement parler une cause, telle qu'elle ne produit pas seulement, comme le fait le principe, du nécessaire, mais du factuel.

Le concept de cause nous conduit donc à un quatrième principe, qui se tient au-dessus des trois autres. En quoi nous nous accordons encore avec les Pythagoriciens, pour autant que leur doctrine nous est connue par des fragments et par Platon, notamment par le *Philèbe* – dialogue dont je ne saurais trop recommander la lecture, avec celle du *Sophiste*. Platon s'y montre manifestement tout à fait Pythagoricien, lorsqu'il y parle de l' ἄπειρον, du πέρας, du περιφὲς et du πεπεράσμενον commun aux deux. Il n'y aurait guère de difficulté à revendiquer ce πεπεράσμενον, le fini, comme étant notre troisième principe ; car nous avons déterminé le premier principe comme pur pouvoir-être, que l'être a donc encore devant [92] soi, et qui pour cette raison est illimité, ἄπειρον. Mais comme il est illimité, il peut encore devenir inégal à lui-même, τὸ περιφὲς en sorte que le troisième, afin de demeurer le pouvant-être, est tout autant que le premier, à savoir illimité, non sans être de nouveau limité une fois posé en tant que pouvant-être. Platon pose comme quatrième concept la cause qu'est le νοῦς, autant dire l'entendement, ou plus précisément, un entendement mû par une volonté, mais non la raison, contrairement à la version qu'en donne le traducteur par ailleurs excellent de Platon [84], en sorte

84. Cf. la traduction du *Philèbe* par Schleiermacher, 30 d.

qu'il traduit par « raison royale » le νοῦς de Zeus dont il est question dans un passage fameux, alors que la raison est le lot commun de l'humanité, mais l'entendement la faculté insigne qui sort du lot.

LEÇON XXIV

En posant dans la dernière leçon, comme quatrième concept, celui de cause, nous n'entendons naturellement par là que la cause au sens propre ; or cette cause ne peut être qu'une cause libre, car une cause nécessaire n'est à son tour que l'effet d'une nécessité ou d'une causalité. En ce dernier sens, le nom de causes convient également aux trois premiers principes, selon une appellation dont nous nous [sommes servis] servirons par la suite, pour désigner le second principe comme cause entendue en ce sens. Nous voilà donc arrivés à la cause proprement dite, et la question se pose à cet égard de savoir, d'une part, en quoi consiste cette cause elle-même, et d'autre part, de quelle façon elle est telle. Diverses possibilités s'offrent à ce sujet. La première consisterait à faire de cette cause la cause des trois principes, non pas toutefois quant à la substance, mais quant à l'*actus* ; même à ce titre elle serait encore cause.

Mais voilà contre quoi on n'a pas manqué de s'élever de tout temps ; toutes les philosophies se sont efforcées de parvenir jusqu'à l'être actuel et de surmonter l'être substantiel de cette cause. C'est ce qu'on a tenté de faire en empruntant une voie abstraite ; mais sur cette voie on ne peut parvenir à rien d'autre qu'à un être au sens substantiel, car si l'on procède de façon purement logique, en toute proposition il n'y a que du prédicat que l'on puisse faire abstraction. Or tous les prédicats se réunissent en fin de compte en un ultime prédicat, qui n'est autre que l'être que j'appelle l'être de propriété, l'être objectif, comme dans la proposition : « Caïus est en bonne santé », le prédicat [93] « en bonne santé » est une espèce de l'être organique, qui à son tour constitue une espèce de l'être en général. Nombre d'objets se résolvent ainsi en prédicats qui reposent simplement sur une apparence. Or si nous faisons abstraction de tout ce qui est propriété, il ne reste finalement, comme étant cela dont on ne peut plus faire abstraction, que l'être au sens substantiel. Ce que nous pouvons appeler étant en ce sens est le ἕν de Parménide, la substance de Spinoza, et, comme on le conçoit aisément, de tous ceux également qui les ont suivis sur cette voie en oubliant que ce *prius* absolu n'est qu'apparent, et lui-même ne peut être posé que comme incertain, et par conséquent comme n'étant pas originaire, comme cela a lieu chez tous ceux qui admettent une création et posent par conséquent le monde comme quelque chose d'originellement non-étant, de purement factice *(etwas Gemachtes)*. On conçoit que la raison, après s'être scindée d'après la philosophie de la nature ionienne, ait cru accomplir un grand pas lorsqu'elle a cru découvrir la véritable essence comme étant le νοητόν ; mais plus jamais cela ne sera concevable, lorsqu'en des siècles ultérieurs, où la raison a pu l'emporter sur la substance, cet *abstractum* vide a exercé une telle emprise que même Jacobi, et avant lui Schlegel, ont pu affirmer que toute philosophie menait à cette doctrine de l'unité, dont le dernier mot est la pure substance. Si l'on en reste à ce *non plus ultra*, le résultat est le suivant :

1. Cet étant n'est que comme un état premier *(Urständliches)*, non comme de l'objectif *(Gegenständliches)* [86], c'est un simple pouvoir-être sans être = la simple substance.

2. Il ne s'intègre pas dans la première progression, mais bien *secundo loco* comme l'étant qui est objectivement. Du purement étant sans aucun pouvoir, et capable seulement médiatement d'un pur pouvoir.

3. Dans la totalité de la forme, il lui faut enfin être objectif comme état premier objectif, et inversement.

De cette façon, nous aurions donc trouvé nos trois puissances comme autant de visages de l'étant un. On voit aisément que ces trois figures forment une unité aussi longtemps que le premier < visage > n'est pas effectif. Mais comme la potentialité du premier n'est que contingente, cette unité ne peut être contingente.

Même si la totalité de ces formes appartient essentiellement à l'intégralité du premier être, il faut toutefois remarquer que celui-ci [94] ne se partage pas en ces formes ; car chacun n'est ce qu'il est que par la place qu'il occupe ; substantiellement, chacun est ce que l'autre est aussi. Il n'en va pas autrement ici que dans le rapport qui s'établit entre les membres d'un organisme qui se trouvent dédoublés. L'œil droit est cela même qu'est le gauche, et pourtant il n'est pas le gauche. Cette comparaison ne vise qu'à fournir un éclaircissement à la proposition : telle chose est cela même qu'est une autre, et pourtant elle

86. « état premier » traduit, faute de mieux : *Urständliches*. Sur ce terme, cf. la *Philosophie de la Révélation*, Leçon XIV (SW 6 E 206, et 296 ; tr. fr. t. II, p. 149) : « Ce dernier terme, moins usité à notre époque, désigne précisément ce dont part quelque chose... » N.d.T.

n'est pas en tant que la même chose. Ces concepts doivent être distingués très précisément. En chacune des figures que nous venons de voir, chacune est donc ce qu'est l'autre, c'est-à-dire que chacune est = a. C'est précisément pourquoi c'est en chacune l'étant tout entier qui est posé, mais seulement en une figure particulière. Le premier <terme> est par conséquent posé comme = - a (le manque de l'être objectif = -), le second comme = + a (l'être objectif = +), le troisième comme = ± a.

Nous n'avons donc pas simplement trois pouvant-être en commun, mais chacun est le a tout entier, à ceci près qu'il est en une figure particulière. L'être + a repose toutefois, comme l'être ± a, sur le fait que le premier <pouvant-être> = - a ; que celui-ci devienne = + a, le second ne peut plus demeurer = + a, car ce n'est que dans son rapport à - a qu'il était + a. Il lui faut donc se retirer en sa pure substance, autant dire qu'il est simplement a' ; il ne serait contraint à demeurer + a que s'il était lié de quelque façon à l'actuel + a. Mais rien ne permet encore de présupposer une telle alliance, en sorte que la nécessité, dans le procès, que le + a nié cherche à se restaurer en tant que tel, et à supprimer le faux + a, cette nécessité, donc, apparaît comme entièrement [précaire][86], du fait que le second <terme> s'est totalement émancipé.

Sans doute la première triade, comme nous l'avons vu jusqu'à présent, est-elle encore susceptible de recevoir une explication ; on pourrait dire en effet que l'étant ne peut être tout d'abord que - a, ce qui laisse place à l'être objectif immédiat, comme à l'étant circonstanciellement objectif et objectivement circonstanciel. De cette façon, les trois formes reçoivent assurément un contenu, mais on ne comprend plus dès lors comment le + a, une fois nié, demeure encore + a après qu'ait été abolie la relation, ce qu'il doit pourtant nécessairement demeurer, au moins intérieurement, s'il doit nier ce qui ne doit pas être + a, ou encore on ne conçoit pas comment le second + a subsiste, vu qu'il s'est affranchi de l'être de rigueur, et que rien ne l'empêche de se repositionner dans l'absolu a'. Mais nous n'avons pas besoin d'en arriver là pour envisager comment les choses se présentent dans le procès ; c'est qu'on ne voit pas, tout bonnement, comment peut advenir quelque chose de tel qu'un procès, car pour ce faire encore faudrait-il nécessairement que ce premier <terme> sorte de la potentialité pour passer à l'être, en sorte qu'il [95] ne pourrait

86. Le mot manquant a été restitué d'après NL Schelling 109, t. 1, p.6.

nullement être maintenu comme - a, mais passerait bien plutôt sous la mainmise d'un autre.

Si nous nous représentons le premier <terme> comme nécessairement transitoire, aucun temps ne vient dès lors s'interposer entre - a et + a, et pas davantage, pour la même raison, pour ± a ; un tel devenir + a du premier <terme> serait lui-même inconcevable. Si l'on voulait écarter ce totalisme *(Totalismus)*, il faudrait affirmer que ce premier <terme> n'est pas le terme nécessairement transitoire. Mais il faut admettre soit que ce premier <terme> se sait comme pouvant-être, auquel cas il serait libre pouvoir-être – mais c'est là précisément pécher contre l'hypothèse ; soit qu'il ne se sait pas comme pouvant-être, ce qui revient bien à le confirmer à sa place – mais alors comment un passage à l'être est-il pensable, vu qu'il n'y a rien en dehors de l'étant qui puisse représenter son pouvoir de transgression, vu qu'il n'y a rien qui pourrait l'y induire ? Il s'ensuit ou bien que cette unité n'est en rien posée, ou bien que la même unité doit subsister, car on ne voit pas comment cette unité se supprimerait, ni comment elle pourrait se trouver supprimée, étant donné que ses deuxième et troisième termes sont entièrement tributaires du premier. Il faudrait par conséquent qu'un quatrième <terme> intervienne.

J'en viens à présent à la première possibilité de se représenter la cause du procès – si je ne la contourne pas, c'est parce que je tiens vivement à ce qu'aucune possibilité ne demeure inenvisagée. J'avoue bien volontiers qu'un exposé dogmatique de la philosophie aurait bien des chances d'être plus compréhensible ; seulement, celui qui veut enseigner la philosophie ne peut jamais avoir pour dessein d'en exposer les résultats. Celui qui possède les résultats ne possède pas la philosophie, car ceux-ci ne sont que les fruits détachés de l'arbre, et qui ne tardent pas à se gâter dans la main qui les a cueillis. Celui qui n'enseigne que les résultats de la philosophie est à l'égard de celui qui enseigne la philosophie elle-même dans la même situation que celui qui décompose l'or en substance eu égard à celui qui enseigne comment faire de l'or[87]. La philosophie est la suprême alchimie spirituelle, qui découvre l'or pur à partir des scories, de la même façon que ce qui est saisi par l'esprit du véritable artiste est également passé, pour ainsi dire, par l'épreuve du feu. La philosophie scientifique ne peut être que spéculative, or le spéculatif consiste à soupeser le possible.

87. À Erlangen déjà, Schelling affectionnait cette comparaison particulièrement séduisante aussi longtemps qu'on ne savait pas faire de l'or. Cf. *op. cit.* à la note 22 de l'introd., p. 6.

Si nous admettons donc la possibilité que cette unité soit supprimée, il nous faut penser en dehors d'elle un quatrième < terme >. Dès lors se pose la question de savoir comment le penser. Cela serait [96] possible de la façon suivante : l'étant lui-même est libre de tout genre particulier d'être ; mais seul peut se présenter d'abord, *prima progressione,* le pouvant-être, ou le purement subjectif, en second lieu le purement objectif, qui ne se rejoignent qu'en troisième lieu comme étant indissociablement sujet = objet. En chacune de ces formes l'être étant a posé une *relatio,* mais en lui-même il n'est asservi à aucune forme, il est au-dessus de toute forme. C'est seulement après avoir donné un contenu à ces formes de l'être obligé qu'il peut être comme l'être pur et limpide, comme pur et simple a. Si nous supprim[i]ons ces formes, nous obtiendrions bien un pur a, mais qui ne pourrait s'empêcher de se couler en ces formes. Ce quatrième a, ou ce pur a est donc libre à l'égard de toutes ces formes, qui se rapportent à lui de façon telle qu'elles seules lui permettent d'être en tant que le pur a. Mais par là-même, le libre a se trouve aussi justifié de traiter ces formes comme subordonnées, dans la mesure où elles sont en fait la base *(Basis)* du pur être a.

Libre à l'égard de ces trois formes, il est également libre de les installer dans une nouvelle tension, et d'être la cause du procès. En procédant de façon déductive, nous avons donc été conduit à une cause qui est libre, mais qui est simplement cause de l'*actus,* non de la substance. Cette cause libre qu'est l'étant échappant aux trois formes susdites, on pourrait à présent l'appeler Dieu, ce qui s'accorderait manifestement avec la déclaration antérieure selon laquelle Dieu est τὸ ὄν, et ne serait en aucun cas aussi funeste que de poser l'étant qui n'est qu'abstraitement comme équivalent à Dieu.

LEÇON XXV

La dernière leçon a tout d'abord montré que dans l'unité simplement potentielle des principes il n'y a rien qui fasse que ces principes seraient maintenus solidairement en leur disjonction, ni qui soit susceptible de donner au procès une direction déterminée, nécessaire pour que le spirituel triomphe totalement du non-spirituel. Notre dernière leçon a montré en outre en quoi est requis le concept d'une cause externe au procès, pour l'un comme pour l'autre, cause à laquelle toutes les langues humaines réservent une unique appellation, à savoir Dieu. Ce nom ne s'avérant pas toutefois suffisant à tous égards, il est [97] partout d'usage de lui adjoindre des compléments afin de distinguer le Dieu véritable du faux Dieu ; ce que la langue grecque fait en adjoignant ou en laissant tomber l'article, avec ὁ θεός et θεός. Par le concept de Dieu, nous n'entendons quant à nous jusqu'à présent que celui de la cause qui, dans le procès du monde, confère à l'idéal la prépondérance sur le réal. Dieu, a dit Platon, est cause non du bien, mais du meilleur. Du point de vue auquel nous sommes parvenus, nous sommes en droit de voir ce « meilleur » dans la prépondérance du spirituel sur le non-spirituel. Mais si Dieu, ou bien plutôt ce qui est causé par Dieu constitue le meilleur, il faut nécessairement que se trouve exclu par là un moindre bien. Mais quant à savoir comment Dieu se rapporte, quant à sa substance, à l'idéal et au réal, voilà qui reste entièrement indéterminé par l'explication que donne Platon, et l'on sait que des doutes subsistent encore jusqu'à nos jours sur ce dernier sentiment de Platon à ce sujet. Qu'il me soit simplement permis de remarquer, à cet égard, que l'on trouve toutefois chez Platon des déclarations dont il semble résulter qu'il admettait en outre, en dehors de Dieu, une substance indépendante, encore qu'il faille se garder d'inférences précipitées à partir de telles déclarations, faute de savoir en quel sens il les entendait au juste ; elles pourraient bien en effet n'avoir été conçues que comme simple transition. En tout état de cause, notre explication n'exprime elle aussi qu'une prépondérance de l'idéal sur le réal, Dieu n'y est posé que comme ce qui fait pencher la balance. D'où résulte à présent la question non plus de la qualité *(Sosein)*, mais bien de l'être *(Sein)* des principes eux-mêmes. Telle sera la dernière élucidation relative à cette philosophie apriorique. Si l'on fait abstraction, conformément à celle-ci, de toutes les déterminations de l'étant, il reste toujours encore un étant en général. Cet étant, bien qu'il soit simple *abstractum* du *posterius,* n'en est pas moins considéré comme le *prius* absolu. Il est, pour cette philosophie, l'éternel, qu'elle appelle ce qui [ne] peut [pas][88] ne pas être pensé. Mais ce concept, elle ne peut le recevoir en sa pure abstraction, de cet étant qu'elle adopte il lui faut dire encore que, d'une façon ou d'une autre, il est, et [dès lors] il est aisé de montrer que le premier genre de l'étant ne peut être que pour être sujet de l'être, en sorte que tout être objectif se trouve exclu de lui. C'est là ce qui réside déjà dans le concept *subjectum = suppositum.*

88. Cf. Cgm 6282, p. 135 : « ce qui n'est pas le ne-pouvant-pas-ne-pas-être-pensé ». Cf. *supra* p. [16] et [19].

La priorité, dans la pensée, revient nécessairement au sujet, non à l'objet, auquel il faudrait à son tour être précédé d'un sujet. Après l'explosion du [98] devenir effectif, le *terminus a quo* est assurément l'être ; mais avant celui-ci c'est le subjectif qui, dans la pensée pure, vient en premier, tout comme le sujet vient en premier dans une proposition, l'être objectif venant en second, comme en celle-ci le prédicat. Au cours de la première progression l'être n'est que pouvoir-être, il ressent donc un manque, et c'est ce qui l'amène à aller de l'avant. Au cours de la deuxième progression advient un pur être sans pouvoir ; il ne se possède pas lui-même, c'est pourquoi il s'épanche sans retenue. Dans les deux cas, donc, l'étant est posé avec une négation. C'est seulement en troisième lieu qu'il devient l'étant dans le pouvoir-être, et inversement, ou l'indissociable sujet = objet. Jusque là, la philosophie abstraite doit elle aussi reconnaître la triade nécessaire au procès. Mais il lui sera impossible de trouver la transition vers le procès lui-même. Car en cet archi-être *(Ursein)* chaotique (que j'appelle chaotique non pas parce que je me représenterais de la confusion en lui, selon le concept général, mais parce que les puissances en lui ne sont pas distinctes *materialiter,* mais seulement *formaliter*) le pouvant-être doit être pensé comme strictement intransitif, et partant comme ne se sachant pas lui-même. Car s'il était transitif, il aurait tôt fait de déserter le pouvant-être pour passer à l'être au mépris de tout ordre[90]. Mais de cette façon l'archi-être ne pourrait accéder à la tension nécessairement requise pour que procès il y ait, il lui faudrait en rester à une simple potentialité. Or si cette potentialité ne peut se supprimer d'elle-même, elle peut fort bien en revanche être supprimée, en vertu de la même nécessité par laquelle l'étant est déterminé à être pouvoir-être immédiat. C'est précisément pour cela qu'il doit se poser comme pur a. Cet être demeurant stationnaire comme pur a, et ne passant à aucune forme particulière, la philosophie abstraite a pu l'appeler Dieu[91]. En ce qui concerne ce

90. Beckers a corrigé en : « de façon immémoriale ». Cette correction risque toutefois de faire l'impasse sur une allusion possible à la traduction du *Philèbe* (29 a) par Schleiermacher, allusion possible et probable pour autant que la page [92] s'est déjà référée au passage 30 d de cette traduction. En faveur de cette correction, en revanche, pourrait être invoqué le passage de NL Schelling 109, t. 1, p. 18. Le Journal de 1830, p. 59, irait aussi en ce sens, si toutefois l'inscription portée est bien de 1830. Cgm 6282 n'offre malheureusement sur ce point aucune formulation comparable.

91. Le fait que Cgm 6282 ne fournisse rien d'équivalent d'ici à la fin du paragraphe, et en outre le fait que manquent les deux derniers paragraphes de cette Leçon, attestent assez que la transcription de Beckers n'est pas « assez exacte »

passage au concept de Dieu à partir du concept de l'être, il faut assurément admettre que, à partir de l'étant, l'on parviendra difficilement à Dieu, de façon logique, autrement que par cette consécution. Seulement, s'il faut bien reconnaître cette conséquence, la question n'en reste pas moins de savoir s'il faut commencer par l'abstraction en général. Le concept de cet étant n'a en lui-même qu'une nécessité relative ; s'il est nécessaire, c'est seulement eu égard à l'être qui se présente dans l'expérience. Le véritable commencement de la philosophie ne se trouve nullement en un tel <être>, il consiste à présupposer l'être comme n'étant nulle part présent, à ne pas traiter celui-ci, par conséquent, que comme ayant une certaine étoffe dont il est possible de [99] faire abstraction. La philosophie abstraite n'ose pas retourner jusqu'au total néant, aussi voudrait-elle sauver cet être au moins comme puissance. Mais pour celui qui a le cœur de commencer par Dieu, pour ne penser tout le reste que posé consécutivement à la puissance, un tel concept, tout bonnement, n'existe pas. Pour lui, Dieu n'est pas en effet l'étant, c'est un Être singulier, à vrai dire il est l'Unique au sens le plus éminent, qui ne se connaît pas de pareil. Certes, il me faut dire aussi de Dieu qu'il est l'étant, mais non au sens où il n'en aurait plus d'autre à ses côtés. Dieu est bien l'étant, mais il est, notons-le bien, l'unique étant, ce qui revient à dire qu'il est un étant déterminé. La plus profonde erreur est d'identifier le concept de Dieu à l'étant lui-même, ou, comme on dit, avec l'Être universel. Il n'est aucunement l'étant lui-même, et même [la] théorie que nous venons d'exposer ne parvient au concept de Dieu qu'en posant l'étant avec cette détermination qui consiste à être sans détermination, il est pour elle = a, qui se présuppose lui-même comme - a et + a, et n'est affranchi de ces déterminations qu'en ne les intégrant plus. Mais en voilà assez sur cette transition simplement logique.

Comme j'en ai fait la remarque, cette transition ne peut être contournée dès que l'on commence de façon logique. Revenons à l'explication du procès lui-même, et voyons comment la philosophie abstraite doit procéder pour montrer que le a posé comme pur a met les déterminations sous tension. Elle pourrait notamment expliquer de la façon suivante le rapport de Dieu à cette unité chaotique des puissances qu'elle lui présuppose : le a posé comme pur a serait le proprement transcendantal en Dieu ; il se rapporterait de façon

(cf. *supra* n. 28 de l'introduction). Beckers lui-même y a introduit de nombreuses corrections, même relatives à sa propre numérotation des Leçons, d'après Cgm 6283. Les dates des Leçons indiquées par Beckers ne sont certainement pas fiables, elles non plus.

parfaitement libre à son intériorité, et il lui serait loisible dès lors de rendre visible cette intériorité même. Cette intériorité ne repose effectivement elle-même, en cet état chaotique qu'est l'état de l'intériorité, que sur la latence du premier <terme>, *omnia concludens*, relativement auquel par conséquent + a serait le relativement extérieur, ± a l'encore plus extérieur, et Dieu lui-même le comble absolu de l'extériorité ; mais comme il lui est loisible d'extravertir l'intérieur, il faut nécessairement, si du moins il recourt à cette possibilité, que le plus intérieur devienne le plus extérieur, en sorte que Dieu lui-même s'abrite dès lors derrière ce qui était auparavant abrité en lui. On pourrait de cette façon expliquer le procès du monde par une conversion de l'intérieur divin. Cette théorie serait même susceptible en un certain sens de fournir l'explication d'une création, non pas certes d'une création *ex nihilo,* en ce qu'elle [100] présuppose d'emblée les puissances, mais pourtant d'une création en général, ce qui est toujours mieux qu'un simple monde logique par émanation. Mais à considérer les choses plus précisément, la création en ce sens repose sur la présupposition que Dieu est libre de poser des puissances hors de soi. Il suffit à cet égard de faire la remarque suivante : Dieu est assurément libre par rapport aux déterminations posées, mais dans la mesure où il se rapporte librement à lui-même, il n'est pas libre à l'égard des puissances, car elles constituent le présupposé qui lui permet d'être lui-même pur a. Et c'est précisément parce qu'il ne se situe que dans cette relation en tant que a absolu qu'il n'est lui-même qu'absolu, et ne peut de ce fait abolir cette relation sans s'abolir lui-même du même coup en tant qu'absolument libre. Son être absolu est lui aussi un être auquel il est tenu *(obligates Sein),* et s'il est a absolu, c'est pour autant que - a et + a sont déjà.

Que ceux-ci en viennent à être posés hors de leur rapport, et lui aussi ne peut manquer d'être posé hors du sien, pour redevenir par conséquent un a parfaitement indéterminé, en sorte qu'il nous faudrait tout recommencer depuis le début. En outre, tout dépendrait de la cohésion se maintenant durant la dissociation, car si celle-là faisait défaut, aucun procès ne pourrait en résulter. Cette théorie soutient assurément que Dieu est l'unité des puissances, et, considéré logiquement, il est alors assurément *eminenter,* ce que chacune n'est que d'une certaine façon ; il n'en reste pas moins que c'est franchir un grand pas que de passer d'une telle identité logique à celle qui maintient solidaires en elle des puisssances antagonistes. Dieu cesse d'être unité dès lors que cesse ce rapport. Mais à quoi bon poursuivre davantage ces discussions ?

Dès lors que nous nous sommes élevé au concept de cause, nous ne pouvons plus laisser de telles tentatives nous retenir de parvenir, en passant de la philosophie négative à la philosophie positive, à une cause absolue ne posant rien d'autre qu'elle-même. D'après la théorie que nous venons d'examiner, les puissances étaient le tremplin de la divinité ; mais telle est précisément la raison pour laquelle Dieu ne pouvait disjoindre effectivement les puissances ni les amener à une tension réciproque, et encore moins assurer le procès jusqu'au terme prescrit. Car une fois posé comme causé, il ne peut redevenir cause.

Le véritable concept de Dieu ne peut donc être que le suivant : Il est la cause du procès du monde sans aucune puissance préexistante. Dieu est la cause suprême, mais en son absolue nudité ; les principes en revanche n'existent plus [avant] lui, comme *causae instrumentales,* ils ne sont que *in actu* et par la volonté divine. Dieu est un, il se [101] donne à lui-même cette existence. Voilà acquise la transition vers la philosophie positive, et c'est dorénavant d'elle seule que nous nous occuperons.

LEÇON XXVI

Une fois que l'on a admis une libre cause du procès, on ne peut rendre celle-ci de nouveau tributaire de puissances présupposées, il faut progresser jusqu'au concept de la cause qui amorce le procès purement à partir d'elle-même. Il faut se garder en cela de susciter un faux concept de cause en disant que la cause est cause des principes non pas seulement selon l'acte mais encore selon la substance. Il n'y a rien à redire à cette proposition en elle-même, mais elle ne doit pas être entendue au sens où la cause produirait aussi les puissances, vu que celles-ci ne sont d'emblée présentes que comme principes. Toutes les puissances sont non-étantes, or le non-être ne peut être produit sans que l'être soit ; tout ce qui est produit est étant. Les principes qui président au procès ne sont nullement en tant que puissances antérieurement au procès, mais tout juste comme des puissances *actu,* en sorte que rien ne les précède, si ce n'est la cause, les puissances n'ont pas d'existence antérieure à l'*actus,* elles n'ont pas d'être pur en dehors de la cause. Toute la question est seulement de savoir comment la cause est cause des principes.

Nous avons déjà distingué des causes [i]mmanentes et des causes transitoires. Relativement à la statue qu'il produit, l'artiste est cause transitoire, car son produit tient tout seul en dehors de lui, ce qui fait qu'il peut même le laisser à lui-même. En revanche, l'artiste est la cause [i]mmanente de ce qu'il insuffle à l'œuvre, de ce qui s'en dégage et s'y recueille ; qu'il ne soit pas toujours là en ce sens, et celle-ci n'est plus rien. Si nous appliquons cela à l'objet de notre propos, il nous faut dire qu'aucun être ne revient aux principes en dehors de la cause ; ils n'ont d'existence que dans la volonté de Dieu ou de la cause, et ne sont purement et simplement que par la volonté, ne cessant de leur être inhérente, de la cause, ce qui à son tour n'est possible que dans la mesure où ils sont des points de passage de l'être propre de Dieu. Dieu est par suite la cause [i]mmanente des principes, et non leur cause transitoire. En outre, ces principes [102] ne peuvent du reste être à leur tour les points de passage de l'être de Dieu que si Dieu s'est librement donné en ces formes. Mais que cet être soit le fait d'une auto-donation, cela n'est possible que si Dieu est libre de tout être. Tout être en dehors de Dieu est un être qui ne s'est pas donné à lui-même son être, un être qui n'est pas lui-même son être, mais qui est seulement là pourvu d'un être à l'égard duquel il n'est pas libre, en lequel il lui faut persévérer. Nul ne songera à adresser comme objection à ces déterminations l'apparente liberté dont dispose l'homme de détruire son être. Car c'est précisément la plus pitoyable chimère de celui qui se suicide, de croire qu'il est en son pouvoir de s'ôter l'être. L'homme peut certes supprimer le phénomène extérieur, mais non l'être intérieur, et en détruisant celui-là, il se prive précisément par là-même des moyens de parvenir à un état meilleur, car c'est par là précisément qu'il a rendu éternel cet état qu'il voulait fuir. En des temps reculés, on eut déjà le sentiment du malheur de l'être[91] dans la mesure où on ne peut pas échapper à l'être ; il était assurément plus aisé de sentir ce malheur que de le convertir en félicité. Ce sentiment n'en fut pas moins sans conteste la première incitation à la philosophie ; l'esprit a cherché à s'élever au-dessus de cet être non-libre, dont il ne pouvait nier la réalité, il ne pouvait se contenter d'une substance suprême universelle, où l'être non-libre est toujours présupposé comme moyen, de contentement il ne pouvait trouver qu'en ne voulant absolument pas de cet être et en posant d'emblée l'être absolument libre. L'homme capable d'un tel acte

91. Cf. le « malheur de l'existence » (SW V 313 ; XII 33). Pour cette dernière expression, X. Tilliette renvoie, comme source possible, à la *Lettre à M. Rousseau* de d'Alembert (*op. cit.* II, p. 203 n. 90). N.d.T.

héroïque d'anhélation[92] n'aurait besoin d'aucune philosophie régressive, d'aucune dialectique successive et destructrice. Il pourrait dire : Je veux que tout parte d'une liberté absolue, que tout soit œuvre d'un entendement non pas dépourvu mais pourvu de volonté, œuvre de sagesse ; c'est à la sagesse qu'aspire mon premier élan. Voilà enfin qui serait de vraie philosophie. Je ne pose pas la question de savoir si un tel point de départ pourrait se justifier ; j'affirme seulement que seul un être ainsi fait philosopherait. Mais une époque qui s'est aussi profondément engagée dans le négatif, qui tient pour un triomphe de la science la nécessité de dérivations à partir d'un principe, a besoin d'être libérée des liens du successif. Après être parvenus à ce point, il suffira de quelques explications supplémentaires pour nous affermir. – Aucun être ne revient aux principes, avons-nous dit, en dehors de la volonté divine. Mais afin que Dieu puisse se donner à lui-même cet être, il lui faut être lui-même libre de tout être, et n'être que lui-même. J'ai déjà [103] allégué antérieurement qu'en Dieu essence et être ne font qu'un, et remarqué que cette formule admet diverses explications. Ayant déjà donné l'explication d'après le premier point de vue, j'en viens à présent à l'explication d'après le point de vue actuel. Nous parlons ici de Dieu en tant qu'en soi et pour soi, et partant avant cet être qu'il se donne à lui-même. Or, en soi et pour soi, Dieu est pur soi-même, ce qui vient de ce qu'il est Lui. Cette formule a donc en l'occurrence le sens suivant : en Dieu en soi et pour soi il n'y a pas d'être différent de lui, mais seulement l'être qu'il est. Mais c'est là précisément son essence même, ou lui-même considéré en son essence. Même cette autre formule : *in Deo non differunt esse et quod est,* à savoir qu'en Dieu l'être et ce qu'il est ne font qu'un, ne veut rien dire d'autre qu'en Dieu en soi et pour soi il n'est question que de ce qu'il est, non d'un être excédant son essence. L'être que nous lui attribuons n'est pas un être de propriété, auquel il serait attaché, comme par exemple une chose est attachée à ses propriétés. Seule cette liberté permet à Dieu d'adopter un être distinct de son essence. Si un tel être lui revenait d'emblée, il ne serait pas libre. Dieu peut adopter un être en sortant de lui-même, c'est là l'expression positive de ce qui se formule négativement : Dieu est libre de tout être. En prononçant cette proposition pour la première fois, je signale que bien des déterminations plus précises sont nécessaires pour l'expliquer parfaitement, qui ne peuvent néanmoins être fournies que progressivement. Je signale provisoi-

92. La dénomination inusitée (du latin *anhelare* = souhaiter ardemment, désirer) a induit Beckers en erreur dans sa correction par « acte d'annihilation », ce qui en l'occurrence ferait contre-sens.

rement que cette proposition n'en a pas moins pour elle d'être autorisée par les sources les plus anciennes. C'est à cette proposition que se rapporte l'ancienne explication de Dieu comme *causa sui* ; non pas certes au sens de Spinoza, mais bien plutôt au sens selon lequel Dieu est proprement cause de son soi-même, c'est-à-dire sans cesser d'être dans l'être. Dans les termes d'un Platonicien, Dieu n'est pas comme il se trouve être, au petit bonheur *(wie es sich trifft),* autrement dit, l'être que Dieu a n'est pas un être qui lui est échu, à la façon du fini qui a un être de rencontre, au petit bonheur. L'être de Dieu n'est pas contingent, autrement dit contraire à son intention ; c'est un être qui est le fait d'une auto-donation, qu'il n'est que pour autant qu'il le veut ; si Dieu est cause, ce n'est que de et par lui-même. Il est lui-même la volonté d'être celui qu'il sera, ou comme dit Platon : ἐργάζεσθαι τά τε ἄλλα καὶ ἑαυτόν. C'est ce même concept[93] que nous rencontrons dans l'Ancien Testament. Ne voyez nul sujet d'étonnement dans le fait qu'en dehors de Platon, des Orphiques et des Védas, je cite l'Ancien Testament. Les livres de l'Ancien Testament appartiennent à la commune recherche, il faudra bien que cesse leur confiscation par les [104] théologiens ; ces livres nous offrent davantage que les trésors de la Perse et de l'Inde, ils remontent à une époque où aucune écriture cunéiforme ne recouvrait les murs de Persepolis, ni aucun hiéroglyphe les obélisques. Vu que tout au long de la philosophie moderne on a tellement usé et abusé du nom de Dieu en faisant appel à des concepts si disparates, il s'avère nécessaire de remonter à une époque où ce concept a commencé à se fixer dans la conscience humaine. Tous les documents d'une haute antiquité ont davantage profané ce concept que ne l'ont fait ces livres ; en eux [se reflètent] [les] rapports où se trouvait un passé enfoui dans la nuit des temps, comme autant d'éclairs perçant de sombres nuages. Mais venons en au fait. C'est dans ces livres que Dieu dit au grand législateur de l'Ancienne Alliance, lorsque celui-ci s'enquiert de son nom : Je suis qui je serai.[94] À savoir : je suis ce que je suis non pas de façon substantielle, mais par la volonté et l'acte, ou encore je ne suis rien d'autre que la volonté d'être celui que je serai. Dieu est donc la volonté d'être non pas celui qu'il est, mais celui qu'il

93. Une comparaison de ce passage avec une refonte ultérieure de la Leçon d'introduction, dans NL Schelling 108, XXIII, fournit une bonne illustration du déplacement d'accent après l'élaboration de la *Philosophie de la Révélation* : le passage de l'Ancien Testament s'y trouve mentionné avant la citation des *Lois* de Platon.

94. Selon la traduction luthérienne du fameux verset d'Exode III, 14 : *Ego sum qui sum.* N.d.T.

sera. Je crois avoir ainsi justifié jusqu'à présent de façon générale le concept mentionné. Toute la différence qui sépare Dieu du créé réside en ceci qu'il n'est pas comme il se trouve être, mais cela qu'il veut. Il s'ensuit que Dieu n'est ni la substance morte de Spinoza, ni la substance s'auto-posant de façon strictement nécessaire de l'idéalisme moderne. Au lieu de ces concepts, nous avons posé le concept de Dieu se posant librement. Comme nous venons également de justifier ce concept de façon générale, la question qui se pose à présent est de savoir comment Dieu adopte un être à proprement parler. Il nous est déjà arrivé, comme vous vous souvenez, de parler de moments ; mais on voit déjà de façon générale que si nous n'avons déterminé Dieu jusqu'à présent que comme celui pouvant de son plein gré se donner un être, nous le déterminons également à présent comme celui ne voulant pas demeurer inconnu, ou encore nous allons déterminer que Dieu n'est pas la volonté d'être en général, mais d'être en tant que Dieu. Mais pour être en tant que Dieu, il lui a fallu être le sur-étant. Par suite, il apparaît clairement d'emblée que cela n'est pas possible immédiatement, mais seulement par une sorte de répercussion[95].

[105] **LEÇON XXVII**

Parce qu'il est essence pure et limpide, Dieu est la nature prenant immédiatement congé d'elle-même, ou la pensée de Dieu en soi et pour soi est purement la pensée de l'instant. Le premier ou véritable concept de Dieu est celui de son avenir, à savoir qu'il est la volonté d'être celui qu'il sera. Car Dieu n'est pas simplement celui pouvant se donner l'être, mais aussi la volonté de se rendre reconnaissable. Il est la volonté de n'être pas simplement surtout le sur-étant *(das Überseiende, nicht bloß überhaupt zu sein)*. C'est là assurément une contradiction, mais celui qui craint cette contradiction ne trouvera jamais la vie de Dieu. C'est dans cette contradiction qu'il nous faut nous précipiter sans nous en effrayer. Dès lors ne manquera pas de se poser la question de savoir comment il se fait que Dieu épouse cette contradiction. On voit d'avance que cela qui ne peut être immédiatement n'est pourtant pas possible médiatement, ou encore que Dieu ne peut s'empêcher, afin d'être quelque chose outre sa pure essence, d'adopter immédiatement

95. Cf. Cgm 6282, p. 146 : « car en se mouvant dans l'être, il en vient à l'être. »

un être. Demandez vous ce que peut bien être un être d'adoption. Cela ne peut être assurément que ce qui consiste simplement dans la volonté de celui qui l'adopte. Dieu adopte cet être et ce vouloir de par sa volonté, de même que l'homme, pour se dissimuler, n'a besoin que de sa volonté. Je m'expliquerai plus complétement sur le concept de volonté. Je ne recours ici à ce concept qu'en général. Poursuivons : comment se ferait-il que Dieu ne pût adopter un être, alors qu'il est au pouvoir de l'homme de le faire ? Même selon la théorie habituelle, on admet quelque chose qui n'est que par la volonté divine, à savoir la production des choses particulières ; mais on sait tout autant que l'on n'a pas pu donner encore un concept intelligible de ce qui se trouve admis par là. Or il nous faut à présent faire plus ample connaissance avec quelque chose qui n'est que par la volonté divine, à savoir l'être adopté par Dieu, et ceci du moins apparaît clairement : la volonté par laquelle Dieu adopte immédiatement de l'être ne concerne que l'être, non un être déterminé. Il ne s'agit que de l'être, et c'est pourquoi aussi cet être est en soi-même un être infini, qui n'a pas de limites en soi-même ni de soi-même, équivalant à un ἄπειρον. Et c'est précisément pourquoi il n'est pas non plus connaissable. L'illimitation de cet être se laisse concevoir de la façon suivante :

Le dessein de Dieu n'est pas restreint à cet être, et par conséquent cet être n'a pas de véritable limite. C'est l'être qui en lui-même [n'a pas de bout], [106] l'être dépourvu d'entendement et pour ainsi dire à l'état brut. Le véritable entendement ne se trouve qu'en dehors de lui. Il ne devient concevable que par la suite, parce qu'en lui il n'y a pas de but ou, pour reprendre une expression à laquelle nous avons recouru, il est le devenir-connaissable par suite de son aboutissement[97]. En ce sens, Dieu est par conséquent mis hors de soi, et méconnaissable, de même que nous disons d'un homme qu'il a été mis hors de lui. Dieu est pour autant qu'il est Dieu dans l'extase, et par là le commencement de toute existence, qui elle-même n'est précisément rien d'autre qu'extase, puisqu'il ne fait aucun doute que le latin *existere* n'est autre que le grec ἐξιστάνω. Dieu, qui en soi et pour soi aussi est pure essence, est par cet être, par suite d'une *existasis* librement consentie hors de l'essence. Cette liberté de sortir hors de soi, on ne peut la dénier à Dieu sans lui ôter toute liberté de mouvement. Le mouvement ou la vie ne réside que dans la liberté de devenir inégal à soi-même, mais ne consiste assurément pas à persévérer dans l'inégalité, elle consiste bien plutôt à redevenir égal à soi-même. Nous ne pouvons pas dire que Dieu ne

97. Cf. NL Schelling 109, t. 1, p. 44 : *entwerden* (« dédevenir »), au lieu de *endwerden* (« venir à bout »). [*Entwerden* est un terme de Maître Eckhart – N.d.T.]

devrait pas adopter un tel être, car pour Dieu il n'y a pas de loi qui vaille – notre Dieu dans les cieux, dit l'Ancien Testament[97], peut faire ce qu'il veut. Il n'appartient à personne de lui demander pourquoi il fait ceci ou cela. On pourrait certes trouver quelque condescendance dans l'adoption de cet être, mais ce n'est pas le lieu de m'étendre davantage à ce propos, il suffit que la surabondante liberté de Dieu consiste en ce pouvoir qu'il a de se nier soi-même. Dieu adopte cet être parce qu'il lui a plu de l'adopter. Les êtres finis, en revanche, n'ont que la liberté de se poser éternellement eux-mêmes. C'est en cette auto-position que s'exprime le caractère du fini, et même, plus un individu est étroitement circonscrit, moins il peut faire autre chose que se poser lui-même. Ainsi, un poète en mal de créations géniales ne fera toujours que s'exposer lui-même, et telle est la raison pour laquelle la dimension objective est tant prisée en [toutes] les productions. Partout où se montre le pouvoir de produire autre chose que soi-même, les hommes n'ont pas manqué de reconnaître le divin. Et c'est pourquoi Homère est lui aussi qualifié de divin, lui qui, comme l'a dit à son sujet un ancien critique, déporte l'admiration de lui-même vers l'œuvre, lui qui est fier de se faire oublier derrière son œuvre. C'est la magie de l'art, en effet, que de nous transposer en quelque chose d'autre.

Seul peut dire « je suis qui je veux être » celui qui est également libre de sa divinité. L'idée de cette liberté absolue dilate à ce point tout ce qu'est à même d'embrasser [107] notre pensée que nous avouons être ainsi parvenus jusqu'au Très-Haut, au-dessus duquel plus rien ne se laisse penser[98]. Dans l'être tout d'abord adopté, Dieu n'est assurément pas en tant que Dieu, mais nous ne pouvons pas dire pour autant qu'il n'est pas en cet être, tout comme Brutus n'est pas en tant que Brutus dans la dissimulation contre les tyrans de sa patrie. Mais si cette extase est voulue, il est d'emblée inclus dans le concept de l'être adopté qu'il n'est qu'un moyen, ou, selon les termes de l'Ancien Testament, un visage de Dieu. Aussi Dieu dit-il au législateur des Israélites : Tu ne peux voir mon visage. D'après ce qui vient d'être exposé, cette déclaration ne peut plus demeurer obscure. Le premier être apparaît en effet comme l'être consumant tout ce qui est fini, comme l'inconnaissable en soi qui ne devient connaissable qu'en devenant lui-même méconnaissable ; c'est le vrai en soi, qui n'est connaissable ni comme inconnaissable ni comme connaissable, c'est cela même qui n'est su que dans le non-savoir, *ignorando cognoscitur*. Je ne disconviens pas, du reste, du fait que ce passage pourrait être compris sous d'autres

97. Psaume 115, 3.
98. Cf. XIII, 256.

rapports que ceux indiqués, et notamment de la façon suivante : Dieu, en tant que n'ayant d'être que par sa volonté, n'est connaissable qu'*a posteriori,* de même que toute volonté n'est connaissable que par l'acte ; c'est là une proposition dont j'ai déjà fourni auparavant l'explication. Ainsi comprise, cette déclaration aurait donc pour sens : Je suis *a priori* inconnaissable à tout mortel. Ce ne serait d'ailleurs pas la première fois où une sentence moderne rencontrerait un écho dans les langues [anciennes]. Le dédaigneux, auquel il ne vient pas à l'esprit qu'un sens supérieur puisse se cacher sous le revêtement de l'image, et qui voit encore moins combien nombre d'expressions, aujourd'hui tenues pour purement logiques, sont autant d'images surgies de l'enfance du genre humain, ne verra rien d'autre, dans cette image, qu'une image, sans signification véritablement supérieure. On n'est guère avare de commentaires sur cette propension aux images propre au caractère oriental, sans pour autant savoir de quoi il retourne au juste, car c'est là la première expression naturelle d'idées spéculatives, demeurant inaperçues par l'homme d'aujourd'hui, auquel a échappé la véritable signification [des] images. Aussi longtemps qu'il ne s'agit que de la production de systèmes artificiels, l'expression ne peut que demeurer scolastique, mais dès qu'un système adopte le caractère objectif, l'expression redevient appropriée. Pour revenir, ceci dit, à notre passage, je crois qu'il est à comprendre entièrement au premier sens.

[108] En faveur de cette affirmation, je peux encore alléguer que c'est dans le même sens que le Nouveau Testament dit lui aussi qu'en présence de Sa face, la terre et le ciel s'enfuient et ne trouvent plus de lieu < où se réfugier >. C'est précisément parce que cette face demeure cachée que sont le ciel et la terre. Que cette face surgisse hors de sa réserve, et elle en vient aux dernières extrémités, à faire frémir l'univers entier ; en sorte que doit alors nécessairement périr tout ce qui est créaturel, car ce qui constitue la base de toute connaissance ne manque pas de devenir, en advenant elle-même, la base de toute déposition. Lorsque ce qui a été mis au fondement en vient à s'insurger, il dépose *(tollet)* nécessairement ce à quoi il servait de fondement. Mais précisément aussi parce que l'être adopté n'est qu'un moyen en vue d'une fin déterminée, la volonté en lui n'est pas proprement volonté, mais plutôt mé-volonté [99] divine, ou une volonté qu'il ne veut pas à proprement parler, de même que dans la langue

99. Cet usage du terme « mévolonté » *(Unwille)* est l'occasion pour Schelling, dans la lettre citée à la note 3 de l'introduction, d'attirer l'attention sur une modification de sa terminologie.

allemande le terme *Unfall* (« accident ») ne désigne pas l'absence de cas *[Fall]*, mais bien plutôt un cas de figure qui n'aurait pas dû se produire selon notre volonté, ou de même encore que le terme *Untat* (« méfait ») équivaut à un fait que nous ne pouvons nous représenter comme ayant été proprement voulu par une volonté humaine. La volonté en ce sens est donc assurément une mé-volonté divine, et cet être est la consonne d'un verbe qui attend encore une voyelle. Dieu, afin d'être le sur-étant, doit tout d'abord être le contraire de lui-même ; c'est ainsi seulement qu'il en vient à lui-même. Afin qu'il apparaisse qu'il est un être librement voulu, il lui faut poser, dans l'immédiat, l'inverse de ce qu'il veut proprement. Mais pour ne pas déborder en nous lançant dans une nouvelle recherche, en voilà assez pour aujourd'hui.

LEÇON XXVIII

Le but de toute l'action dont il a été question jusqu'à présent, ou le dessein proprement dit de Dieu en celle-ci, est de se poser lui-même, car auparavant il est au-dessus de l'être, mais pas en tant que tel [100]. Mais être en tant que tel, cela ne lui est pas directement accessible. Il est dès lors loisible à Dieu, tout d'abord, de contracter un être par sa volonté ; en cet être contracté, il est en fait celui qui est l'étant, mais s'il lui appartenait auparavant d'adopter ou non cet être, il n'est plus libre en lui une fois qu'il l'a adopté. Car étant donné qu'en soi et pour soi la divinité de Dieu consiste à ne rien vouloir [109] (Dieu est en effet la nature à laquelle rien ne manque), du fait de ce vouloir (qui n'est volonté qu'en vue d'un autre, et par conséquent est contingent) se trouve à présent posé en Dieu quelque chose d'étranger vis-à-vis de quoi entre en tension la volonté qui originellement ne veut pas, qui est par conséquent la volonté entièrement libre ([car] seule est entièrement libre la volonté qui ne veut rien). Cette volonté entièrement libre ne peut donc plus demeurer indifférente, elle ne peut qu'entrer en conflit, mais par là-même, la volonté qui jusque là était entièrement non-voulante se fait elle-même vouloir, elle est posée subjectivement. Comme elle était auparavant comme néant, et ne savait rien, à présent elle se fait elle-même vouloir et savoir (car savoir revient à dire rendre

100. L'alternative *« als solcher »* (« en tant que lui-même » : NL Schelling 109, t. 1, p. 51) est sûrement plus éloignée du *status nascendi* de cette idée.

objectif, ce qui présuppose à son tour un vouloir), elle se fait donc savoir afin de se restaurer elle-même, en restaurant son non-vouloir originel, en son ciel préalable, car ne rien désirer, ne rien vouloir, c'est là le ciel.

Tout homme cherche ce ciel, chacun à vrai dire à sa façon, l'un en cherchant à tout tirer à soi, afin d'être quitte ainsi du tourment de son désir, tel autre, en revanche, en se purifiant de tout désir. Mais ne perdons pas le fil de notre propos. Délogée de son ciel, cette volonté ne peut donc que vouloir se rétablir en lui, et par là se rendre maîtresse de reconduire la première du vouloir dans le non-vouloir. Nous avons déjà eu recours auparavant à cette expression, mais c'est seulement ici qu'elle sera parfaitement claire. Si le mé-être *(Unsein)* [101] n'était pas un vouloir, rien ne permettrait de penser qu'il pût être surmonté ; car seule la volonté est susceptible d'être surmontée ; il peut toutefois être amené au non-vouloir. La volonté proprement dite de Dieu est bien exprimée par la volonté rehaussée dans l'acte, mais celle-ci non plus n'est pas Dieu lui-même, mais seulement une figure de celui-ci. Dieu en soi et pour soi est la volonté absolument détendue. Cette seconde volonté n'est donc elle aussi qu'un moment de l'auto-position divine librement consentie. L'intention prochaine de la première adoption d'être était de faire quelque chose de la volonté ne voulant rien, d'en faire quelque chose en sorte qu'elle soit en tant que volonté ne voulant rien et par là, nécessairement, en tant que volonté de négation. Car la volonté ne voulant rien ne peut apparaître comme la volonté de négation qu'à la condition qu'elle le veuille bien. Ce qui pose à partir de soi un autre, de telle sorte que cet autre tout d'abord n'est pas mais n'en est pas moins posé de telle sorte qu'il s'effectue nécessairement lui-même dans l'acte – c'est là la volonté de négation en sa signification propre. Dès lors nous pouvons dire que ce Ab = adoption de l'être est d'engendrer la volonté du non-vouloir ; elle ne peut donc être que *secundo loco*. Vous allez donc voir à quoi nous auront servi [110] les exercices préliminaires. Ils devraient avoir permis de s'imprégner de l'aspect formel de nos considérations. La volonté qui ne veut rien ne peut être qu'une volonté engendrée, car pour soi elle ne peut rien, elle est entièrement impotente, un être autonome peut seulement lui être donné. Cet être, elle-même ne peut se le donner, parce qu'elle est ce qui ne veut rien. Mais ce n'est que l'intention prochaine de celle-ci, comme adoption de l'être, que d'engendrer cette figure, son intention dernière est que Dieu ait surmonté par le vrai vouloir un vouloir apparent, et

101. Cf. X, 285.

pose [ ] la pure liberté dans l'expiration du premier vouloir, qu'il pose cette pure liberté qui ne peut plus devenir inégale à elle-même, et dont on voit tout de suite pour la même raison qu'elle ne peut se situer ni en première ni en seconde position. Si nous adoptons à présent le point de vue où Dieu est avant tout être et en dehors de tout être, il apparaît clairement que Dieu ne peut se poser lui-même qu'en vertu d'une médiation telle que par elle le premier <terme> se présente comme commencement, le deuxième comme moyen-terme, et le troisième comme fin.

Afin d'être comme le sur-étant, il faut que Dieu soit ce qu'il ne veut pas être, pour se poser finalement comme celui qu'il est. Comment Dieu pourrait-il se poser *cum ictu* [102] *et actu* autrement qu'en se supprimant en n'importe quel étant ? J'ai déjà soutenu auparavant que Dieu est la volonté d'être ; or s'il peut être ainsi, ne pourra manquer la volonté d'être de cette façon. C'est d'emblée, dans le concept qu'il a de soi, qu'il s'est posé en cette volonté, en conséquence de quoi il peut dire de lui-même : Je serai celui que je serai. Dieu aperçoit ici les possibilisations prescrites d'emblée de son être futur ; il voit les puissances de son être. D'où il résulte que ces puissances elles-mêmes n'ont pas d'être substantiel indépendant de Dieu, elles n'existent qu'en son dessein, elles sont s'il le veut et ne sont pas s'il ne le veut pas. Toutes ces possibilités de son auto-engendrement se présentent à lui de toute éternité. C'est de toute éternité que ces puissances sont les points de passage de son engendrement, mais de telle sorte qu'il se trouve vis-à-vis d'elles dans un rapport totalement libre. C'est précisément pourquoi ces futures figures ne connaissent pas encore non plus de disjonction substantielle, elles ont encore entièrement à être dans la volonté divine, et pour cette raison ne s'excluent pas encore réciproquement ; Dieu est leur unité apriorique, supramatérielle, spirituelle et indissoluble. Dieu ne résulte pas de ces puissances, ce sont ces puissances au contraire qui résultent de lui, elles ne sont pas Dieu, mais seulement des points de passage de [111] sa vie éternelle perpétuelle. Si par conséquent elles ne sont pas strictement Dieu, elles n'en sont pas moins en leur liaison Dieu au cours de son auto-position. Si Dieu n'est aucune de ces puissances particulières, nous pouvons dès lors appeler Dieu seulement la volonté indissoluble mettant les puissances sous tension et les maintenant solidaires ; il est la cause du procès qui demeure hors du procès, qui met tout en œuvre et impose ses propres décrets. Le procès n'est lui aussi qu'une transition ; or ce que Dieu veut proprement, c'est l'unité,

102. Cgm 6282 : *dictu.*

qu'il ne peut toutefois poser que *per contrarium*. Dans cette mesure, les puissances apparaissent comme l'Un inversé qui, dans la volonté divine, est à l'origine comme l'*universum = unius versum*.

Simple remarque incidente ici : lorsque nous déterminons ces puissances divines comme *universum*, il ne faut pas entendre par là l'univers advenu, mais cet *universum* originel, purement spirituel, intelligible, les Elohim de l'Ancien Testament.

C'est seulement à partir de l'apparition solidaire de ces puissances purement spirituelles que naît l'univers matériel. Il est aisé de voir qu'en ces trois archi-figures de l'être divin sont contenus en fait tous les genres et modes de l'être, en sorte que celles-ci constituent le véritable πᾶν = tout, mais de telle sorte qu'en l'ultime totalité produite elles présentent cela qui est seul. Cette ultime unité doit apparaître comme celle qui était voulue, mais afin qu'elle apparaisse ainsi, il est nécessaire que soit posé l'inverse de ce qui était proprement voulu. Dieu n'est pas toutefois le Solitaire simplement matériel, sa volonté de se poser en tant que tel est bien plutôt spirituellement solitaire, la seule uni-totalité, et en quelque sorte le Dieu de la divinité proprement dite. Dieu met en tension ce qui constitue une unité selon sa volonté. La volonté n'est pas supprimée du fait de l'inversion, ce qu'elle veut est invariant, quand bien même elle se déguise et, par cette ironie, se présente comme le contre-pied de ce qu'elle est, ou comme dit le prophète : Dieu n'était pas dans la tempête, il n'était pas dans le tremblement de terre, il n'était pas dans le feu, mais Dieu était dans le bruissement d'un souffle ténu[103]. Dieu n'est pas dans un de ces principes visant simplement à accuser réception, à humilier, de ces principes dépourvus de toute forme ; mais Dieu est libre de surgir en cette mé-volonté, parce qu'il entrevoit déjà en lui cet autre monde qui surmonte le premier et le réconcilie. Toujours la véritable volonté de Dieu est portée à surmonter ce qui contrarie, tout ce qu'il y a de dur, d'inconcilié vient de l'ancienne nature, [112] où Dieu est simple pouvoir, et non volonté proprement dite ; ou pour reprendre les termes de Platon : il est seulement nourri de sa nature divine, par quoi il entend ce qui n'est pas à exclure, ce qui constitue la *conditio sine qua non* de la vie et de la Révélation de Dieu. C'est là ce que Dieu laisse être surmonté dans le procès, mais selon une certaine consécution, afin qu'il apparaisse dans toute sa gloire et seigneurie que Dieu n'est pas moins Seigneur dans la suprême dissonance que dans la plus simple harmonie, et c'est pourquoi il laisse ce contraire se développer de toutes les façons

103. *Rois* XIX, 11-12. N.d.T.

possibles. Cette vérité, d'après laquelle Dieu montre dans sa Révélation autre chose que ce qu'il veut, peut paraître à première vue une idée bien hardie ; mais cette idée est la seule qui permette de résoudre le doute le plus profond de la raison humaine. Mais comme cette investigation nous mènerait trop loin, je me contenterai d'ajouter pour aujourd'hui une remarque d'ordre méthodologique, mais d'une profonde portée.

Comme vous le voyez d'après ce qui vient d'être exposé, nous voilà ramenés à une trinité de principes. Or depuis l'époque où cette trinité a commencé à être à nouveau reconnue universellement, n'ont pas manqué les tentatives singulières de mettre en évidence cette trinité. On commençait par exemple avec trois concepts, si bien que la trinité, au bout du compte, était naturellement présupposée. Mais comment cette philosophie qui ne veut rien présupposer en vient-elle à déterminer un nombre, lequel correspond à une distinction qui n'est possible que dans la conscience ? Dans la mesure où il y a une conscience divine, on peut bien concevoir trois puissances ; mais d'où vient un nombre, là où il n'y a pas de conscience ? Il est vain de commencer avec le concept abstrait, car il faut soit que celui-ci reste stationnaire, soit qu'il progresse. Dans le premier cas, il n'explique rien, et dans le second on en revient à un nombre. C'est dès son premier pas que tout l'entendement humain doit être présupposé, ou alors on commence sans entendement. À une philosophie de ce genre, il faudrait surtout rester muette, parce qu'elle veut déduire au préalable la possibilité de la pensée. C'est donc une pure vantardise que cette absence de présupposition ; là où il n'y a rien, l'empereur n'est pas seul à ne pouvoir faire prévaloir aucun droit, c'est aussi le cas de l'entendement.

[113] **LEÇON XXIX**

Nous avons désormais saisi comme tels les principes que nous avons reconnu à l'œuvre dans le procès, ces principes qui ne se retrouvent pas solidaires de façon simplement contingente, et qui ne sont pas réunis non plus par un lien seulement transitoire ; nous avons vu qu'ils sont mis en efficience à partir d'une unité originelle. Or une telle unité indéfectible même dans la séparation ne se laisse penser que comme une unité ayant été voulue ; il n'est au pouvoir que d'une volonté de vouloir aussi les moyens en vue de la fin, et de faire une fin, dans une certaine mesure, de ce qui n'est pas une fin. La volonté est strictement indéfectible, et elle est seule en mesure de maintenir la contradiction jusqu'à la conciliation. La volonté de Dieu pose le procès et le conserve afin de se poser dans l'être. Dieu est la pure essence, la limpide liberté libre de tout être ; afin ne serait-ce que de se poser comme tel, il lui faut adopter un être après la suppression duquel seulement il peut surgir comme celui qui est le sur-étant. Une Révélation immédiate de Dieu est impossible, mais non pas assurément au sens où la dogmatique chrétienne parle d'une telle Révélation immédiate, qui à vrai dire devrait plutôt s'appeler en l'occurrence une Révélation très médiatisée. Nous parlons bien plutôt ici d'une Révélation immédiate absolue. C'est tout d'abord comme l'inégal à lui-même que Dieu apparaît dans le procès. Seule cette idée fournit véritablement une explication ; le procès du monde est la Révélation de Dieu *per contrarium,* le mystère dont il s'est réservé de dévoiler progressivement les explications. Quant à ceux qui prescrivent à Dieu, mesuré à l'aune humaine, ce qui est digne et indigne de lui, et qui, après l'avoir mis, ou peu s'en faut, dans une despotique dépendance au moyen de concepts plus réducteurs que relevés, lui ôtent jusqu'au moindre frémissement de vie, ils peuvent bien trouver choquantes les idées que je viens d'exprimer. Mais le caractère choquant est à vrai dire un concept très relatif, et il n'est pas du reste jusqu'au christianisme qui ne dise de lui-même qu'il sera une pierre d'achoppement et de scandale. Aucun philosophe n'est tenu d'éviter toute pierre d'achoppement. Cela lui serait précisément aussi difficile que de vouloir se représenter les pensées de Dieu qui, comme il le dit lui-même, s'élèvent tout autant au-dessus des pensées des hommes que le ciel au-dessus de la terre [104]. La philosophie est l'effort tendu vers une sagesse suprême, vers le mystère du monde. Se pourrait-il que celui-ci [114] fût contenu dans des idées ordinaires ? Car je puis dire avec un Français plein d'esprit : vaut-il vraiment la peine d'être inspiré, si c'est pour dire des choses triviales ? Certains rationalistes, qui tiennent tant à un Dieu rationnel, ne parviennent plus à trouver rationnel un Dieu qui se joue, tel un virtuose, des difficultés qu'il se crée. À quoi je peux rétorquer avec Hamann que Dieu est un génie, et qu'il ne se soucie pas de ce que des gens de cette sorte appellent raisonnable ou déraisonnable. Cela fait un bon nombre d'années, j'ai eu l'occasion de rencontrer un Français, non moins loyal que jovial, et que ses convictions portaient du reste secrètement à l'athéisme (vous êtes trop jeunes pour avoir connu cela. Le climat qui règne en France a

104. *Esaïe,* 55, 8.

bien changé de nos jours, les écrits des Encyclopédistes ne trouvent plus de lecteurs, mais des milliers d'exemplaires sont imprimés qui passent en contrebande en Italie, en Espagne et au Portugal, où ils sont littéralement dévorés) ; j'avais alors porté, dans l'album de ce Français, l'inscription suivante : Le monde est l'existence de Dieu ; mis en doute par lui-même, il s'amuse de voir des hommes donner dans le panneau, et ceux qui le nient sont assurément en droit d'espérer son pardon pour le plaisir qu'ils lui préparent [105]. La nature est existence divine suspendue, avant qu'elle ne se rétablisse, en son essence, en conscience humaine. S'il y a quelque chose que la philosophie doive prendre en considération, c'est seulement la religion officielle, non la religion privée, et c'est pourquoi seule la religion officielle peut lui acorder à son tour sa protection. Nul ne peut réclamer qu'elle soit moins choquante que le christianisme lui-même. Le concept d'une Révélation *per contrarium*, ou d'une dissimulation divine, est si peu choquant que j'avoue que tout le christianisme serait inintelligible sans cette présupposition. Le christianisme repose, comme le dit l'Apôtre, sur un plan demeuré caché depuis des temps éternels [106]. L'apparition

105. Ce passage offre plus que tout autre matière à comparaison avec les variantes dont on dispose, ce qui permet de mettre en lumière les propriétés stylistiques de la transcription présentée ici :

1) « Le monde n'est que l'être divin suspendu. Il se moque de ceux qui donnent dans le panneau et, en considération du plaisir que lui procure leur précipitation, c'est de fort bonne grâce qu'il leur pardonnera de l'avoir nié. » (XII, 92)

2) « Le monde n'est rien d'autre que l'existence de Dieu, mais par lui suspendue ou mise en doute. Il se moque de ceux qui se laissent par là induire en erreur ; et considérant sa réjouissance, il leur pardonne gracieusement de l'avoir nié. » (*loc. cit. supra*, *Introd.*, n. 24, p. 355).

3) « Il a plu à Dieu lui-même de mettre en doute son existence, et le monde n'est rien d'autre que cette existence de Dieu mise en doute par lui-même. Il se réjouit de l'irréflexion de ceux à qui il n'en faut pas davantage pour donner dans le panneau, et ceux qui le nient sont en droit d'espérer qu'il leur pardonnera de l'avoir nié, eu égard au plaisir qu'ils lui auront procuré. » (NL Schelling, 109, t. 1, p. 67). En marge est noté : « msc. p. 110 a. » Cf. en outre, pour l'adjonction du mot « lui-même » au début de la première phrase de cet extrait : « cahier de Paulus, p. 110 b. »

4) « Le monde est l'existence de Dieu, par lui-même mise en doute. Ce n'est pas pour lui une mince réjouissance que de voir ceux qui donnent dans le panneau, et il faut leur souhaiter qu'un pardon gracieux leur sera accordé en raison du plaisir qu'ils lui auront procuré. » (NL Schelling 109, t. 1, p.67).

5) « Le monde est l'extrême de Dieu, indubitablement posé par lui, qui se réjouit de ceux qui le nient. » (Cgm 6282).

6) Puisse-t-il être accordé au flair incomparable de Xavier Tilliette d'en inférer ce que Schelling a réellement inscrit dans l'album !

106. *Rom.* 16, 25.

du Christ est le premier dévoilement de ce plan ; elle fournit la clef de l'explication du plan universel, qui n'a pas [tant] été révélé par la doctrine du Christ que, bien plutôt, par son apparition. C'est en ce plan que consiste l'économie divine du monde, car faire quelque chose κατ' οἰκονομίαν ne signifie rien d'autre que faire apparemment autre chose que ce dont on avait l'intention. Il est dit de Dieu qu'il se déguise dans la mesure où il cherche constamment à exprimer son intention par le contraire <de cette intention>, et cette économie divine, nous ne pourrions pas la reconnaître si Dieu [115] visait une éternelle conciliation, si toute la création n'était qu'une grande conciliation. La liberté divine n'est pourtant pas supprimée en cela, et rien n'est en mesure d'empêcher Dieu de laisser éclater de temps à autre le feu de sa colère. À celui qui prend tout de travers, Dieu ne manquera pas d'apparaître de travers, car à ses yeux il ne peut être néant. Mais même à celui qui lui est soumis Dieu peut se dissimuler. Je recours à une expression orientale en disant que Dieu se dissimule aussi à celui qui marche dans ses voies, d'une expression qui n'en est pas moins répandue, au demeurant, dans toute l'Antiquité : c'est ainsi que Pindare, déjà, dit d'un vainqueur aux Jeux olympiques qu'il a marché dans les voies de Zeus, c'est ainsi encore que Platon parle des voies frayées par Dieu. *Weg* [« voie »] et *Bewegung* [« mouvement »] sont apparentés par le sens comme par l'étymologie, et les voies divines ne désignent rien d'autre que le mouvement divin. Celui qui agit à leur encontre va à l'encontre des voies de Dieu, qui peut toutefois se dissimuler même à celui qui va dans ses voies, afin de le mettre à l'épreuve. Mais comment la volonté soumise peut-elle être mise à l'épreuve autrement qu'en allégeant le fardeau de la décision contraire ? L'expérience ne suffit-elle pas à montrer que Dieu met des montagnes en travers de la voie du bon, et aplanit en revanche les voies du méchant ? Il ne faut pas se laisser égarer par l'apparence dans le cours du monde, il faut se garder de la prendre pour l'intention recherchée. Lorsqu'une grandeur terrestre s'élève d'une façon sans précédent, pour disparaître soudain sans laisser de trace, il est à la portée même de l'imbécile de comprendre que le gouvernement divin du monde poursuit des desseins inconnus, qui passent jusqu'à l'entendement de ceux qui s'y entendent. Or si la liberté de Dieu est reconnue déjà dans le cours du gouvernement du monde, quelle difficulté subsiste-t-il pour expliquer toute la création du monde ? N'est-il pas conforme à l'uniformité dans les voies de Dieu que la première action ait reposé sur la décision de se révéler médiatement à travers son contraire ? Le concept d'une dissimulation divine n'a dès lors plus rien de choquant. Celui à qui il était loisible de demeurer en sa réserve est également en mesure de surgir librement hors de cette réserve, afin de devenir visible et saisissable en tant que celui qui est devenu. C'est pourquoi Platon l'appelle la divinité incapable de repos [107], à laquelle il convient, non pas d'en rester à ce dessein, mais bien plutôt de s'engendrer elle-même et de se faire consciente de ce déroulement. Cette extraversion de la vérité posée dans le dessein divin peut dès lors être nommée *universio* = conversion de l'unité voulue et intentionnellement recherchée par Dieu. Dans la non-unité, Dieu demeure toutefois invulnérable ; non pas à titre de quatrième en dehors des [116] puissances, mais bien plutôt en elles, sans les être elles-mêmes en leur inversion. Il est en elles la cause subsistante. Les puissances ne peuvent s'appeler Dieu en leur séparation, et pourtant elles ne sont pas rien, elles sont de purs êtres spirituels, je ne puis même m'empêcher de les invoquer comme des personnes, des personnes véritables, vivantes, étant donné que chacune est posée contre l'autre et qu'une conscience est affectée ; il ne faut assurément pas entendre par là des personnes divines au sens du dogme <trinitaire>, elles sont bien plutôt comparables aux Elohim qui se concertent lors de la création. Les puissances sont des personnes qui ne peuvent non plus être tenues pour n'étant absolument pas Dieu. Elles sont Dieu, mais dans l'inversion ; même quant à la possibilité elles sont assurément Dieu, car c'est Dieu qui s'engendre en elles, mais de cela il ne peut encore être question ici. Je remarquerai simplement que comme chaque principe de la mé-volonté divine = a^2, la véritable essence divine n'est posée qu'à partir de sa divinité ; comme cette essence n'est que provisoirement suspendue, elle peut se restaurer finalement en sa divinité. J'aimerais rappeler en outre, du fait que j'ai déterminé jusqu'à présent les puissances comme autant de personnes, que l'on se méprendrait gravement si l'on considérait le premier principe = b comme matériel ; car c'est à vrai dire par la suite, du fait de a^2, que ce principe est déterminé à l'effectuation de la matérialité. Mais au commencement il n'est encore en aucune façon nature, en soi il est même bien plutôt précisément l'antithèse de toute nature, ce qui est hostile à la créature ; en vertu de ce principe, aucune nature ne pourrait advenir, car il est purement spirituel, et répugnant par là à toute matérialité, ou comme le dit Héraclite, feu un principe s'éteignant [108], après l'extinction duquel

107. Cf. *loc. cit.* n. 24 de l'introduction, p. 353.

108. Cgm 6282, p. 160 : « feu dévorant ». Une faute aussi grossière étant pour le moins inattendue dans cette transcription, sans doute faut-il supposer un jeu de mots entre les deux formulations.

seulement le monde paraît. De ce principe, en tant qu'il ne fait pas retour sur lui-même, n'advient aucune personne, mais une personne advient dans le procès. Nous avons donc trouvé jusqu'à présent :

1. que Dieu est de toute éternité, c'est-à-dire dès qu'il est la possibilité de s'effectuer en ces trois puissances distinctes jusqu'à présent entièrement sises en lui.
2. que la volonté divine, pour être tout bonnement, doit viser à être en une telle médiation.

Mais dès lors ne manque pas de se poser la question suivante : par quoi Dieu est-il déterminé à exécuter dans le fait cette volonté, ou à la concevoir à l'origine ? Si nous [117] considérons tout ce déroulement comme une Révélation de soi ou comme un auto-engendrement de Dieu, comme une théogonie, nous ne pouvons dès lors nous empêcher de demander pour qui doit être cette Révélation. Assurément pas pour lui-même, puisqu'il n'en a pas besoin pour pouvoir se réfléchir. En ce cas, ce serait là à tous égards un jeu gratuit. Si cette Révélation n'est pas non plus en vue d'elle-même, elle peut fort bien en revanche être en vue d'un autre vouloir, qui n'est pas encore présent mais futur. Il va sans dire que ce non-étant n'est autre que la créature. Nous voilà donc parvenus au point où il nous incombe de montrer s'il peut être satisfait ou non à l'exigence de penser le monde non pas comme émanation de Dieu, mais comme production librement consentie.

LEÇON XXX

Le concept de création est le véritable but d'une philosophie positive. Toutes les philosophies seulement artificielles qui ont vu le jour jusqu'à présent n'étaient que prétexte à contourner cette tâche véritable de la philosophie, elles ne sont qu'autant de produits de substitution dont on se contentait parce que l'on tenait pour inaccessible ce qu'il fallait vouloir, et qu'il est peut-être arrivé que l'on veuille effectivement ; ce sont elles, enfin, qui ont imposé à la raison un fardeau dont on a cherché à se défaire dès que possible dans la vie. Car où est-elle, cette philosophie, transposée de l'école dans la vie, qui pourrait être revendiquée ici ? La raison ne pouvait assurément manquer de chercher à échapper aux tourments de la substantialité ; mais celui qui a goûté une fois à la connaissance plus haute en concevant le monde à travers une cause libre, celui-là ne retournera jamais à l'exiguité des systèmes rationnels, plus jamais il ne consentira à se casser les dents sur de la pierre, quand il attendait du pain.

Au concept de création libre appartient avant tout que Dieu n'est lié à rien, à aucune puissance préexistante, ou qu'a lieu une création *ex nihilo*. Les échappatoires que l'on a voulu trouver en disant que le concept d'une création *ex nihilo* serait formé à partir du μὴ ὄν des Grecs, en sorte que Dieu, par la création, n'aurait fait qu'élever un non-étant à l'être, mais que ce non-étant, ce n'est pas nécessairement qu'il n'est pas – ces échappatoires perdent toute signification. Chaque puissance n'est à vrai dire que relativement non-étant, elle n'est pas absolument rien. La langue [118] allemande n'a pour le néant qu'une unique expression, tandis que le Français, lui, désigne le néant proprement dit par le terme de *rien*, et par celui de *néant*, le néant par opposition au concret [110]. Or l'un et l'autre se peuvent dire d'une création *ex nihilo* ; car l'étoffe immédiate de la création du monde est également le néant par opposition à l'être concret. Nous avons nous-même désigné l'être dépourvu de mesure et de limite comme un être qui ne se sent plus, qui ne devient réel que pour autant que du non-être est produit à même son être. La création comprend en soi deux moments ; dans le premier moment se trouve l'être illimité, en sorte que ce n'est pas la puissance qui précède l'être, mais l'être qui précède la puissance. C'est seulement pour autant que l'être sans bornes s'intériorise qu'il entre en possession de lui-même ; c'est seulement par la négation, dans le second moment, qu'il lui est donné de se posséder lui-même. C'est pourquoi on dit aussi dans la vie courante : qui Dieu aime bien, il le châtie bien. Seul ce châtiment rend l'homme à lui-même. C'est pour cette raison que le châtiment est aussi un moyen si nécessaire pour s'amender, c'est aussi pourquoi la véritable amitié a une si haute valeur, parce qu'elle devient moyen de ne pas se disperser, mais de revenir à soi et de se recueillir. Seul un tel réinfléchissement est à même de conduire à la théorie d'une philosophie positive. À vrai dire, celui qui tient d'emblée la création pour un inconcevable miracle a naturellement renoncé à tout droit à une philosophie objective, et ne peut plus que se jeter dans les bras du système du non-savoir absolu. La théorie de la création requiert strictement une explication sur la façon dont est possible, en ce qui est produit, un mouvement indépendant de ce qui produit. Or ce problème est résolu par les moments de la création. Le premier principe dans le procès – au lieu de l'appeler personne, je préfère le désigner encore par le nom de principe – n'est

110. Cf. *Initia philosophiae universae*, Leçon XXXV, éd. Fuhrmans, p. 159. N.d.T.

pas posé afin de demeurer, mais afin d'être rétrogradé dans le néant par la volonté qu'auparavant il a niée et par laquelle à son tour il se trouve nié. Ce premier principe est bien en soi = b, mais par le second principe il est posé comme subjectif = a, en sorte que naît à présent un troisième principe résultant des deux puissances *(Mächte)* à la fois, qui n'est ni simplement a ni simplement b. C'est dans ce principe oscillant entre a et b que réside le premier commencement de la créature, le εἶναι καὶ μη εἶναι d'Hippocrate. Le frémissement, l'oscillation de ce qui connaît une constante alternance et que suffit à mettre en branle le moindre souffle, c'est là le propre de tout ce qui est créé, situé, comme il l'est, au milieu de deux puissances efficientes. C'est là, assurément, que le dualisme de la nature trouve sa racine. Toute manifestation de vie naît [119] du conflit entre un mouvement vers l'extérieur et un mouvement vers l'intérieur. La première vie s'annonce comme frémissement, que ce soit dans l'aiguille de l'aimant, dans les trémelles ou dans la gélatine animale. L'être ne devient autonome que par la production du principe a ; car c'est seulement par là qu'il est donné à lui-même. Mais il n'entre pleinement en possession de lui-même que dans la conscience humaine. Or du fait que ce troisième <terme> est posé par deux autres à la fois, il devient quelque chose d'indépendant de l'un comme de l'autre, ce qui en est advenu se rapporte aux deux autres comme leur lien commun, et comme un lien devenu indépendant des deux, libre et mobile. Tout ce qui est créaturel n'est à l'origine que quelque chose qui s'est sauvé du principe b. C'est seulement grâce à cette puissance produite qu'il est invulnérable au feu de l'être aveugle. S'en être sauvé : c'est là ce qu'exprime également le grec σῶμα, qui vient en toute certitude de σώζειν, et équivaut à σῶσμα = σῶζόμενον = sauvé. C'est là le fondement de tout mouvement, tel qu'il est encore visible dans le mouvement originel des corps célestes, qui tous se meuvent comme guidés par une main invisible. C'est bien pourquoi il ne rime à rien de vouloir présenter la nature comme un rebut de l'idée divine. Cette procession de la nature n'est-elle pas en effet ce qui a été voulu par Dieu lui-même, et vu que la consécution des choses, en leur étagement, repose simplement sur le degré auquel les choses ont été libérées de la volonté qui consume tout, ne faudrait-il pas, d'après cette conception, que la plus parfaite des choses apparût comme la plus coupable ? Cette autonomie qu'acquiert le créé se laisse également penser de la façon suivante. Dans la mesure où le b qui en soi est toujours b est posé comme a par la deuxième puissance, ce qu'il en est advenu, pour autant qu'il est a, est quelque chose de séparé du simple b, il en résulte en b une articulation qui jouit d'un libre mouvement par rapport à lui, comme une partie articulée d'un membre. Le mystère éminent de l'articulation dans l'organisme[111] ne se laisse effectivement expliquer que de cette façon. Nous nous servons également de ce terme d'articulation à propos de la langue, et c'est en ce sens que j'ai dit auparavant [112] que l'obscur et l'inintelligible de cet être objectif de la divinité provient du fait que c'est une simple consonne sans voyelle. La création est l'articulation de cet être inexprimable, et peut encore être appelée de ce fait, par métonymie, le Verbe, comme c'est d'ailleurs effectivement le cas déjà chez Philon, comme du reste dans le Nouveau Testament [.] Nous [120] n'avons toujours parlé jusqu'à présent que de deux principes, dont nous pouvons appeler le premier, avec Aristote, la cause première, à savoir la volonté comme objet à surmonter, ou encore la cause ne pouvant pas ne pas être, *conditio sine qua non* du procès ; et le second la cause créatrice, la volonté qui surmonte. Or, pour produire la diversité des choses, ce surmontement ne peut advenir en un rien de temps, il faut bien plutôt qu'il ait lieu successivement. Je m'expliquerai plus précisément sur le fait d'admettre un surmontement successif. Pour l'instant, il suffit d'avoir attiré l'attention sur ce point en général. Or si le surmontement est successif, elles [les choses] se trouveront, entre le premier moment de la tension extrême et le dernier autre moment, au milieu. Mais la visée ultime de tout mouvement est l'unité, qui n'est produite que si la première volonté est entièrement surmontée et ramenée à l'intériorité, se faisant par là-même position de la troisième. En cette ultime unité, la première *universio* est supprimée. Ce qui se tenait le plus profondément en réserve dans le procès devient à son tour, de cette façon, manifeste. Seulement, cette unité n'est que la fin du procès ; dans cette mesure, il pourrait sembler que la troisième puissance ne pût faire son apparition qu'à la fin. À quoi l'on peut rétorquer que, comme cette unité est le but de tout le procès, il lui faut être non moins le but de [chaque] moment particulier, en sorte qu'en chaque moment est posé le troisième, au moins de quelque façon. Mais afin qu'un tout advienne, il faut que les trois puissances apportent leur concours, ce n'est que par là qu'adviennent, dans le procès, des formes qui sont plus ou moins des répliques de la suprême unité, en un mot des choses. Il n'y aurait aucune chose si la troisième puissance n'y était pour rien ; car les choses sont bel et bien quelque chose de renfermé et de fini. Les choses sont donc des produits de la volonté retournée à son néant originel, et non moins toutefois de

111. Cf. *Âges du monde* I (version de 1811), p.39; tr. fr. P. David, P.U.F., Épiméthée, p. 53. N.d.T.

112. Voir *supra*, p. [108].

la volonté surmontante, et comme la première ne peut être surmontée sans poser la troisième puissance la plus haute, elles sont tout autant le produit de cette puissance la plus haute. Cette expression de la puissance suprême, voilà précisément ce par quoi sont les choses. L'expression de la cause suprême, voilà précisément ce que nous pouvons appeler l'idée des choses. Mais il ne suffit pas de montrer que le procès repose sur un surmontement continu du premier principe ; encore faut-il fournir une raison qui explique en vertu de quoi il fait des haltes à divers niveaux, ou qu'adviennent des choses déterminées ; et effectivement, savoir par quoi les choses [121] subsistent n'est pas plus aisé que de savoir d'où elles adviennent. Nous allons percevoir bientôt la cause ultime de leur subsistance. La véritable cause du devenir est cette troisième puissance, et de ce fait, si nous appelons la première celle qui préside, la seconde celle qui produit, ou δημιουργικὴ, nous pouvons appeler cette troisième puissance celle qui achève, ou αἰτία τελευτικὴ. Comme en chaque chose le premier principe est surmonté de diverses façons et à des degrés divers, celui-ci est constamment cause de la troisième puissance ; c'est ce même principe qui est la cause à partir de laquelle, par laquelle et en vue de laquelle tout est créé. Varron, déjà, avait cherché à reconduire toute la doctrine des dieux à la même τρίας de concepts, avec son *de quo, a quo,* et *secundum quod,* cette dernière expression signifiant le modèle et paradigme. Rien ne peut être amené à se tenir, c'est-à-dire à l'état de –, qui ne soit à l'effigie de l'esprit ; en toutes choses la triade est nécessairement achevée. D'une autre façon, le concept de triade se laisse également exprimer de la façon suivante : *Deus omnia pondere, numero et mensura constituit,* où le poids signifie le premier principe, le nombre le deuxième principe, la multiplicité, et la mesure, enfin, l'esprit, seul à accorder aux choses l'ultime *mensura.* L'une des plus anciennes images par laquelle on s'est efforcé de rendre la création intelligible est en outre celle du tissage. Gœthe a réintroduit cette image, conformément au juste sentiment qu'il avait des choses [113]. L'intérieur de toutes choses corporelles est sans conteste un tissu où viennent premièrement les fils étendus dans le sens de la longueur = la chaîne, deuxièmement les fils dans le sens de la largeur = la trame, et troisièmement l'entrelacement de la chaîne et de la trame. En chaque chose possible, si éloignée soit-elle de la suprême unité, l'unité n'en est pas moins posée d'une certaine façon, et Dieu y est par conséquent présent. Seule l'unité spirituelle des trois causes est en effet Dieu, la

113. Cf. *Faust,* v. 1925 et sv. Voir *supra*, n. 3.

causa causarum des Pythagoriciens. La volonté au sein de laquelle les trois causes n'en font plus qu'une ne peut être qu'immédiatement la volonté divine, c'est pourquoi aucune chose n'existe sans la volonté divine. Il lui suffit de dire, et les choses de tenir, c'est-à-dire de s'en tenir à ce qu'elles sont, mais non, comme on l'a faussement interprété, de s'en tenir là. La téméraire déclaration de Spinoza, selon laquelle toute chose est un Dieu modifié, est certes bien digne d'être rejetée si l'on considère les choses comme des modifications de la véritable essence divine, si l'on pose donc chose et modification comme identiques en ce sens : elle est tout à fait vraie, en revanche, dans la mesure où l'on comprend qu'en chaque chose l'unité des trois causes est néanmoins posée d'une certaine façon. Les puissances sont toutefois le Dieu inversé, [122] c'est-à-dire le Dieu en devenir, et à cet égard on peut donc tout à fait dire de chaque chose qu'elle est une modification du Dieu en devenir ; toutes choses en sont autant de différenciations. Si tant est qu'un sens puisse être accordé à cette expression, il faut se garder de la concevoir avec des concepts communs. Au moment où l'unité arrive à tenir, une lueur, en quelque sorte, parcourt le tout. Toute chose advenant est un simulacre de la divinité, un εἴδωλον ; c'est seulement à celle qui vient en dernier qu'il est réservé d'être à son image. Après avoir expliqué jusqu'à ce point la provenance de leur genèse, nous en viendrons la prochaine fois à la provenance du quatrième <terme>.

LEÇON XXXI

Au cours de nos précédentes considérations, ce qui est advenu en troisième lieu entre deux puissances spirituelles est devenu quatrième puissance, qui réunit et désolidarise les trois puissances spirituelles. On rapporte un serment des Pythagoriciens, rejeté comme apocryphe pour des raisons insuffisantes, d'après lequel ils confirmaient toujours leur allégeance par la formule suivante : en notre âme sanctifier la tétrade, source de la nature éternellement intarissable [114]. Nous nous sommes déjà accordé auparavant avec eux dans nos concepts, et c'est pourquoi nous ne pouvions ici passer sous silence ces compagnons de jadis. En ce serment s'exprime

114. Cf. XIII, 348. [Cf. *Vers d'or* 47-48. N.d.T.]

manifestement la connaissance de la tétrade comme une conception sacrée. Mais quoi de plus mobile que cette source intarissable d'un éternel être-autre ? Nous pouvons considérer à bon droit ce quatrième < terme> comme étant le πᾶν. Dieu n'est pas tout, il n'est donc pas πᾶν : il est l'Uni-total ; mais à ce quatrième <terme> toutes les puissances ont contribué. Seulement, ce πᾶν lui-même est quelque chose d'inclus en Dieu, et par conséquent de fini ; mais comment se pourrait-il que quelque chose qui va s'étirant en étant dépourvu de sens fût un κόσμος, le suprême ornement, et partant le suprême achèvement ? Ne faut-il pas avoir les idées bien embrouillées pour affirmer, tout en pensant pouvoir se réclamer de Kant, que la raison s'enferre nécessairement dans une contradiction dans la question de l'achèvement du πᾶν ? C'est une honte pour la philosophie, qui ne s'est pas encore élevée au-dessus de l'antinomie entre monde limité et monde illimité. En fait, je ne puis rien voir d'autre, dans cette assertion kantienne, que l'opposition bien connue de nous tous entre philosophie négative et [123] philosophie positive. Faire dériver le monde dans le sans-fin, c'est là un défaut d'affirmation : affirmer en effet qu'il n'y a pas de limite, c'est là ne pas affirmer, et par conséquent ne rien affirmer du tout. Poser une limite, en revanche, l'établir, c'est là une affirmation qui exige davantage que de ne pas poser une limite. Or une limite ne peut être posée que *actu,* en faisant donc intervenir une volonté. Il est frappant que Kant présente cette contradiction comme l'unique contradiction, la seule à surgir en cosmologie, car celle-ci se trouve dans toutes les idées, tant théologiques que psychologiques. La contradiction entre l'enchaînement causal et l'idée psychologique de la liberté, entre la liberté de Dieu et la nécessité, est précisément la même qu'entre la limitation ou le caractère illimité du monde. La véritable raison, non pas celle qui n'est présente chez les hommes que *potentialiter,* mais celle ajustée à son propre niveau, aperçoit que le πᾶν doit être quelque chose d'enclos, parce qu'il est κόσμος, ou plus précisément, parce qu'il résulte, pour ainsi dire en quatrième, de la synergie des trois sujets initiaux. En cette déduction aussi nous nous rencontrons avec les Pythagoriciens, qui disaient à propos du πᾶν qu'il est entouré, enclos par Dieu ὥσπερ ἔν φρούρα[114], qu'il est renfermé dans la réserve originelle de Dieu. De même que le Très-Haut partout se retrouve, si grande que puisse être la séparation à travers le temps et l'espace, ici aussi il se retrouve. Ce que les Pythagoriciens disent de la bonne garde divine n'est rien d'autre que la protection dont il est

114. Sur cette expression, cf. Schelling, *Philosophie de la Révélation*, tr. fr. t. II, p. 203, n. 12. N.d.T.

question dans le Nouveau Testament. Comment pourrait-il ne pas accorder sa protection, celui à qui le monde est comme le fléau d'une balance [115] ? C'est volontiers que je fais part de telles déductions, car la philosophie est exposée aussi pour la vie ; j'aimerais par là vous faire acquérir ces convictions consistantes dont on a tant besoin. Nul ne sait à quelle place il viendra. Une crise se prépare, telle que le monde n'en a encore jamais vu. J'aimerais vous mettre en garde face à cette philosophie aussi frêle qu'irrésolue, et vous fournir des déductions qui soient un baume pour le cœur humain. Il a assez duré, le temps où l'on a chassé Dieu du monde, au point que c'est à peine si les représentations de la Providence, tant universelle que spéciale, éveillaient encore un écho, au point que l'on a pu tenir pour impossible de concilier cette Providence avec la philosophie. Si le monde est pour Dieu quelque chose d'absolument extérieur, le rapport qu'il entretient avec lui est dès lors un rapport purement mécanique, [124] purement mécanique aussi l'effet qu'il a sur lui. Mais comment un tel rapport demande-t-il à être pensé ? La principale objection adressée à toute Providence consiste dans l'incidence mécanique de Dieu sur le monde. Mais les choses prennent une tout autre tournure si Dieu prend soin du monde en son intériorité, ou pour reprendre la belle expression de Gœthe : à Dieu il ne sied pas de n'entourer le monde que de l'extérieur, de le faire tourner du doigt – le remuer de l'intérieur, cela seul est digne de lui, en sorte que ce qui tisse et ce qui est prend toujours la mesure de son esprit. Si l'on appelle panthéisme un tel système, non seulement je ne récuse pas cette appellation, mais je me flatte même d'y avoir aussi ajouté les voyelles, ce que Spinoza a profondément senti, bien que cela ne lui fût pas encore compréhensible : *omnia, quae sunt, in deo sunt.*

Pourtant, nous n'avons pas encore parfaitement justifié notre présupposition, toujours demeure l'objection selon laquelle tout ce processus n'aurait aucun but, qu'aucune nécessité ne lui imposerait de se poser lui-même. Mais si tout le procès ne réside que dans la volonté divine, et si ce n'est que par l'intervention de cette volonté que doit être posé en dehors d'elle ce qui doit advenir, on voit que même cette succession du devenir ne peut être voulue que dans la volonté divine, et en outre seulement en raison de ce qui doit devenir. Si en effet le

115. On trouve dans les Leçons sur la mythologie (XII, 157 sq.) un passage manifestement parallèle à celui-ci, qui illustre de façon exemplaire le rapport mentionné dans l'Introduction aux travaux de Schelling alors en cours pour l'impression des Leçons sur la mythologie. Ayant été prononcées le 3 août 1830, les phrases qui suivent ont dû être suscitées par la révolution survenue en France durant les dernières journées de juillet. Voir également ci-dessus, *Introd.*, n. 17.

premier vouloir, réfractaire à toute nature, se trouve surmonté en un rien de temps *(im Nu)* par le second, en sorte que n'en subsiste plus aucune trace, et qu'il devient entièrement latent, disparaît du même coup toute possibilité de distinguer si ce vouloir posé comme fondement n'était partout que latent, ou s'il s'agit de fait d'un vouloir refoulé de l'extériorité. Dieu veut être le Seigneur, et c'est pourquoi cette succession s'avère nécessaire afin de laisser apparaître que ce qui s'est trouvé surmonté l'a été selon sa propre volonté. Il nous faut remarquer que ce principe est ὑποκειμένον du procès et qu'il demeure un et le même tout au long du procès, principe qui assume et conserve tous les moments posés au cours du procès, en sorte que, à chaque nouveau moment atteint, le précédent n'est pas perdu pour autant, bien qu'il soit passé, et qu'en outre ce principe est destiné à se fondre en une conscience ultime, fort de toute la plénitude de la science acquise au cours du procès. Cette conscience ultime, ce ne peut être que la conscience humaine. À cette conscience humaine, il fallait être pourvue de la science de tout le cheminement, récapituler en elle l'unité, en sorte que le Créateur a effectivement éduqué en cette conscience une co-naissance de son essence. Il est naturel que la conscience humaine ne se rapporte pas d'emblée de cette façon à la création ; car ce n'est pas d'emblée qu'elle [125] reconnaît ces moments comme autant de moments de son propre devenir, ce n'est que par la philosophie qu'elle y parvient. Elle ne les reconnaît tout d'abord, ces moments, que comme ceux d'un être autre et étranger. Quant à savoir comment l'homme est parvenu à cette connaissance, voilà une question appelée à demeurer encore sans réponse. Il est en revanche évident dès à présent que c'est précisément ce premier <terme> qui constitue aussi ce qui, dans le procès, est proprement sachant, car, ramené au non-être, à l'être n'étant plus situé (= objectif), il est devenu l'élément subjectif, sachant du procès. En cela aussi, qui revient à considérer ce premier élément subjectif de tout le procès comme sachant, l'Antiquité nous a précédés. Comme une légère rosée du matin, cet en-soi effleure tout l'Ancien Testament ; un vieux livre testamentaire fait dire en ce sens à la Sagesse : « Le Seigneur m'a eue au commencement de ses chemins », *cum eo se progrederetur*[116]. La Sagesse est donc posée comme le *prius,* elle se décrit également aussitôt comme engendrement de la création : [«] avant ses œuvres, j'étais là, avant que n'adviennent le ciel et la terre ; j'étais à ses côtés lorsqu'il a circonscrit la mer en ses limites ; j'étais comme un enfant auprès de lui, et je jouais en sa présence jour et

116. *Prov.*, 8, 22 et sv.

nuit. [»] On pourra objecter que ce qui est dit ici de la Sagesse ne s'applique guère à ce premier vouloir. Vouloir et sagesse ne sont-ils pas en effet des concepts entièrement différents ? À cette question nous avons déjà répondu. Ce vouloir aveugle n'est assurément pas en soi l'élément sachant, mais il n'en est pas moins ce qui doit être transformé en savoir. Ici vaut également ce qui vaut pour l'explication de la mythologie, à savoir que le principe est désigné selon ce qu'il est à la fin. La raison nous fournit la même illustration, car si nous appelons raison effective celle ajustée à son propre niveau, la raison en soi n'est que raison potentielle, et par là possibilité de raison aussi bien que de déraison, de cette déraison dont les effets sont reconnus dans la science comme en tous les accomplissements humains. Cette remarque s'applique à ceux qui s'attribuent *a priori* une raison. Après cette remarque, on ne sera plus surpris par l'équivalence posée entre le vouloir aveugle et la sagesse ; car le vouloir aveugle devient entendement, même s'il était auparavant ce qui est dépourvu d'entendement. Or il revient à l'entendement effectif de montrer sa puissance sur ce qui est dépourvu d'entendement. Si l'on demande par quoi l'imbécillité se distingue de la folie, la réponse est que l'imbécillité est un état où l'âme est préservée de toute folie. La folie n'est en soi et pour soi rien de mauvais, pour peu qu'elle soit réglée ; d'où la *furor* des poètes chez [126] les Romains, la μανία chez les Grecs. L'énergie de l'entendement ne se montre qu'en ce qui est dépourvu d'entendement. L'entendement le plus éminent a pour fondement la folie la plus profonde, qui demeure en lui l'élément latent [117]. On

117. Cf. XIII, 300. – Le fait que nous soyons renvoyés pour ce passage au « 2nd ms. », par opposition à une formulation ultérieure lors de la rédaction qui en a été tentée (voir *supra*, n. 22 de l'introduction), atteste que le manuscrit original n'était plus disponible (cf. *supra*, introduction). Le manuscrit auquel nous sommes renvoyés offrait le texte suivant : « De l'imbécillité à la folie ? Celle-là est sans folie aucune – et par là-même l'entendement sans force aucune. La folie ne naît que par *surgissement*. La folie la plus profonde est précisément au fondement de l'entendement le plus éminent – mais c'est une folie latente, surmontée, réglée par l'entendement. Productivité – *furor divinus.* » (NL Schelling 109, t. 1, p. 101). Bien d'autres passages parallèles pourraient sans aucun doute être mentionnés ici, mais qui ne seront significatifs que dans le cadre de l'édition historico-critique.

[Sans attendre la publication de ces textes parallèles dans le cadre de l'édition susdite, et quitte à enfreindre la règle prescrite en la circonstance par l'éditeur, mentionnons quelques uns de ces textes :

– les *Conférences de Stuttgart* (SW VII, 469-70), in : *Œuvres métaphysiques* de Schelling, tr. fr. J.-F. Courtine et E.Martineau, Gallimard, 1980, p. 245-6.

– les *Âges du monde,* version de 1815 (SW VIII, 338-9), tr. fr. S. Jankélévitch, éd. Aubier, p. 182.

connaît les paroles d'Aristote : c'est à bon droit que l'on oppose le vouloir à l'entendement, si l'on entend par là le vouloir illimité, ou ce qui est dépourvu d'entendement. Mais le vouloir ramené à lui-même est *eo ipso* entendement ; le vouloir est l'élement productif, l'entendement l'élément dominant. Quc celui-là se trouve ramené à lui-même, vouloir et entendement ne font dès lors plus qu'un ; l'entendement est la fin du vouloir subsistant, le vouloir le commencement de l'entendement, en sorte que, par conséquent, le vouloir est sujet de l'entendement, ce qui adopte l'entendement. C'est donc sans hésiter que j'appelle celui-ci, à savoir l'entendement *(Verstand)*, ce qui préside *(Vorstand)* dans la vie divine, le *prius* est égal à l'entendement de celle-ci : selon l'étymologie, le terme *unversehen* (« inopiné ») dit aussi *unvorsehen* (« imprévoyant »). Mais l'entendement est = état premier *(Urstand)*, en sorte que celui-là peut encore être appelé proprement l'état premier du procès, du mouvement divin. S'il est devenu tout à fait intérieur, c'est lui le sujet effectif = soubassement *(Unterstand)* du mouvement divin, de même qu'en anglo-saxon l'entendement *(Verstand)* d'un autre que soi n'est que ce qui, en cet autre, est devenu soubassement *(Unterstand)*.

Je profite de l'occasion pour signaler qu'il en va de même avec le grec ἐπίσταμαι = « je sais »[119], qui n'est rien d'autre que la forme ionienne de ἐφίσταμαι = « je suis fixé », de même que l'entendement est l'ultime figure en laquelle s'est fixé le procès du monde. Cette expression signifie encore : « je reçois un pouvoir », car ce qui est devenu sujet d'un autre a un pouvoir sur celui-ci. Comme le dit Bacon, *scientia est potentia*[120]. Notre mot allemand *Können* (« pouvoir ») signifie encore savoir, tout comme en hébreu « savoir » est identifié à « avoir un pouvoir ».

Qu'il me suffise d'ajouter quelques remarques sur le passage précédemment cité de l'Ancien Testament.

Comme on le voit aisément, la Sagesse y est très nettement distinguée de Dieu : « Le Seigneur l'a eue », y est-il dit, et par conséquent Il n'est pas elle ; Dieu est bien également le premier sujet, mais que d'emblée il outrepasse : « Il l'a eue au commencement de ses chemins [»], à savoir : comme possibilité de poser tout le reste en elle,

– la *Philosophie de la Révélation,* Leçon XIV (SW XIII, 298-9), tr. fr. livre II, P.U.F., p. 150-153. N.d.T.]

119. Cf. XIII, 297.

120. *Novum Organum* I, 3 *(science is power)*; cf. Schelling, SW XIII, 301, tr. fr. *Philosophie de la Révélation,* p. 353. N.d.T.

et cela « avant toutes ses œuvres », parce qu'elle était bel et bien la possibilité de leur production à venir.

C'est seulement par la fondation de ce principe que la création est instituée, et c'est pourquoi le [127] récit se poursuit immédiatement par : « J'étais auprès de lui, avant qu'il ne crée le ciel, etc. ». Et de poursuivre : « J'étais auprès de lui comme un enfant », pour ainsi dire sous la protection du Père, comme entourée par les trois personnes. Nous pouvons encore la caractériser comme une jeune pousse, en laquelle il voulait élever la co-naissance de sa création. Et c'est pourquoi il est dit aussi : « Je jouais en sa présence jour après jour », à savoir : je lui montrais toutes les possibilités de la création ; la toute-puissance, pour ainsi dire comme la Maya des Indiens. Le fondement de la succession réside uniquement dans l'intention que le premier sujet soit transformé en un élément universellement sachant, en lequel se réunissent finalement tous les moments de la création. Ce sujet universel, qui a porté toutes les délices et toutes les douleurs, c'est lui qui devait être le principe de la conscience humaine.

LEÇON XXXII

Le résultat final et nécessaire du procès est la relève des trois figures en leur antagonisme, qui en produisent communément une quatrième, laquelle est, pour l'être devenu, ce que Dieu est sans l'être devenu. Au commencement du procès prévaut la plus haute tension, en ce que la première figure n'accorde aucune place à la deuxième, ni la deuxième à la troisième. La visée <du procès> n'en est pas moins que le deuxième vouloir surmonte le premier vouloir. Mais pour ce faire, il est nécessaire que le premier vouloir soit susceptible d'être surmonté. C'est par conséquent la puissance exclusive du premier vouloir qui doit être pensée comme premier moment du procès, de ce vouloir en soi et pour soi réfractaire à toute nature. Nous ne pouvons assurément penser que comme moment cet état d'exclusivité absolue, mais il nous faut le penser comme moment. À ce moment fait suite celui où le premier vouloir, s'il n'est certes pas encore surmonté par le deuxième, n'en est pas moins déjà généralement soumis à celui-ci, c'est-à-dire susceptible d'être surmonté. La seconde volonté ne peut s'effectuer autrement, de façon générale, qu'en surmontant la première ; la potentialité posée dans la première volonté est une négation posée en elle. Pour lever [128] la négation, il lui faut nécessairement lever l'action de nier en dehors d'elle. C'est seulement avec ce second moment que tout se présente comme devenir. Toutefois, ce moment ne peut être considéré que comme première matérialisation du principe originel, et non comme étant déjà son application. Je suppose connue ma terminologie, d'après laquelle il ne faut pas entendre par matérialisation le devenir-corporel, mais bien plutôt le devenir ὑποκείμενον = sujet[121]. Par conséquent, je pose le système du monde comme première transition vers l'avènement de la nature. La nature n'advient en effet que là où ce b est déjà modifié et commence à être ramené en a, en sorte qu'advient le moyen-terme entre a et b. Mais dans le moment en discussion, b n'a pas encore été modifié, mais *ab noxium tantum se secundo reddidit,* il n'en a encore subi aucun effet. Qu'il nous faille en rester en l'occurrence au simple être-soumis, c'est là ce qu'il est en outre possible de démontrer du fait qu'il est impossible de subsumer le système du monde sous une catégorie commune avec l'être de la nature, que ce soit une catégorie de l'inorganique ou de l'organique. Qui ne serait réticent à appeler le système du monde une œuvre de la nature, comme sont par exemple les métaux ? Entre l'embrasement de la volonté excluant tout de l'être, donc, et le procès proprement dit, il y a le moment du système du monde. Comme b est objet devant être effectivement surmonté, il faut tout d'abord qu'il soit tout bonnement susceptible d'être surmonté à partir de la volonté supérieure. Il n'est pas permis à la véritable science de sauter aucun moment. Or le phénomène de la première soumission est le surgissement du système du monde. Il s'ensuit que le système du monde n'est en soi rien de concret, mais qu'il est toujours encore à l'origine le b pur, inchangé, et seulement brisé. Par nature, il aspire toujours au centre absolu, tandis qu'il se voit invité par la puissance supérieure à s'écarter de ce lieu. D'où résulte l'antagonisme entre le centre et la périphérie. Mais dans la mesure où celui-ci aspire d'une part à être ce qui exclut absolument, mais doit reconnaître d'autre part la supériorité du deuxième, de cette contradiction résulte le déchirement, et par là l'espace, qui n'est rien d'autre que la forme universelle de l'être-brisé d'un principe auparavant infrangible. En chacun des éléments naissant de cette fracture doit se montrer la trace de l'être-brisé. En chacun, b cherche effectivement à être le [129] centre absolu, et n'en est pas moins tout aussi constamment repoussé au lieu qui lui est assigné à la périphérie. Cette puissance qui l'attache à son lieu, c'est la pesanteur. Mais parce qu'il cherche néanmoins

121. Cet usage terminologique propre à Schelling mérite d'être souligné. Cf. *supra* p. [50] et n. 77.

constamment à s'y soustraire, il en résulte toutefois un mouvement équivalent au repos, un simple mouvement giratoire où, comme on l'a dit, la constance avec laquelle il est ramené à son lieu n'a d'égale que celle avec laquelle il s'efforce de s'en arracher. C'est ce qu'on appelle, par opposition à la pesanteur, la force projectile, ou tangentielle, ou encore centrifuge, mais qui pourrait tout aussi bien s'appeler centripète, étant donné que par elle b cherche à s'élever au-dessus de l'être périphérique et à regagner le centre absolu. Le mouvement du corps terrestre est une lutte constante pour se poser comme centre, ce qui ne peut survenir qu'à titre de sollicitation. Le processus décrit jusqu'à présent est la καταβολή τοῦ κόσμου, le commencement de l'*universio* proprement dite, en ce que ce qui voulait s'affirmer comme spirituel est posé comme étant matériellement cette *universio* ; à cette première *universio*, quelque nom que l'on veuille lui donner, fait suite la seconde, ou *universio* proprement dite, par quoi le ne-devant-pas-être est surmonté en intériorité, et l'unité originelle instaurée du même coup comme unité manifeste. C'est immédiatement après la καταβολή que commence la création de la nature. Si le mouvement giratoire constituait le commencement, la καταβολή τοῦ κόσμου, c'est [bien] la rotation autour d'un axe qui constitue le commencement de la création proprement dite de la nature. La naissance du système du monde est le phénomène du devenir-matière de la volonté jusqu'alors purement spirituelle, ardente, qu'est b. Mais en dehors du fait qu'il faut se garder de songer en l'occurrence à une quelconque matière corporelle, ce vouloir lui aussi n'est matière que relativement à un vouloir supérieur. En soi il est spirituel, astral, eu égard aux choses concrètes la constellation proprement dite des corps terrestres est astrale, supra-corporelle. Les choses corporelles que nous rencontrons à la surface de notre planète et au-dessous de cette surface, aussi loin que l'on a pu y pénétrer jusqu'à présent, ou ce qui se rapporte au rayon de la terre et devrait s'y rapporter comme la pointe d'une aiguille, à la surface d'un globe, à son rayon, ces choses corporelles, donc, sont quelque chose de tout à fait contingent eu égard au monde astral. Le monde astral sidéral est supra-corporel. Cette matière relative se laisse également expliciter de la façon suivante : il y a dans une certaine mesure contradiction à ce qu'un seul et même <être> soit potentiel à l'égard d'un autre, et actuel en soi. La solution à cette contradiction ne se trouve que dans la matière spirituelle. Mais une matière [130] spirituelle semble à son tour constituer à nouveau une contradiction ; pour la résoudre, il suffit de se rappeler que cette matière est en soi spirituelle, et qu'elle n'est matérielle qu'eu égard à autre chose qu'elle. Or cette matière est le pur b, qui ne peut se supprimer en tant que tel, parce que cela serait pour lui une régression, et par conséquent il lui faut nécessairement se faire reconnaître comme μὴ ὄν relatif eu égard à une puissance supérieure. Soumis à une telle pression, il ne reste pour ainsi dire à celui-ci d'autre issue que de se muer en cette première matière dans laquelle il est donc intérieurement purement actuel, et extérieurement matériel relativement à une puissance supérieure. Demeurant encore en soi le feu originel, il ne fait que céder face à une puissance supérieure, et lui accorde l'espace qu'auparavant il niait. Or tels sont bien les deux éléments à partir desquels on a coutume de tout expliquer : l'intérieur et l'extérieur, le feu éteint = eau. Mais ce qui se trouve posé au cours de ce processus n'est jamais qu'une rupture, ce n'est pas encore une altération effective du principe originel, ni une diversité, mais seulement de l'être désolé, désert, vide. C'est pourquoi Moïse dit : Au commencement Dieu créa le ciel et la terre, mais la terre était encore informe et toute nue, ce qui ne veut pas dire que la diversité y était inextricable, mais qu'il n'y avait encore aucune diversité : la terre n'est pas devenue déserte et désolée du fait de la chute des Esprits, selon une interprétation que l'on fera bien de laisser à Fr. Schlegel et consorts, qui ne peuvent penser la création originelle sans une participation de Satan[121]. Dans le corps terrestre se trouve encore la forme originelle inchangée du premier principe, même si elle a déjà été rompue ; d'où l'expression renvoyant à ses mains, c'est-à-dire aux mains qui ont accompli l'œuvre de Dieu ; les deux premières puissances sont ici encore en jeu. Même dans les corps terrestres proprement dits, se trouve encore cette originelle force paternelle, mais déjà métamorphosée, d'où la survenue d'une troisième puissance. Depuis fort longtemps on a reconnu l'existence de quelque chose d'astral, et il arrive qu'on dise d'un homme qu'il est poussé par son étoile ; cette étoile n'est rien d'autre que le puissant vouloir en lui. Des hommes de cette trempe se meuvent sur la voie que leur trace leur destin, comme les étoiles en leurs orbites. Ce n'est pas ce puissant vouloir qui est le mal ; une doctrine opposée ne devait produire que de purs hypocrites. Dieu recourt à un puissant vouloir de cette sorte partout où doit advenir quelque chose de grand. Cette volonté astrale advient comme

121. Dans un mémoire sur la dissertation inaugurale de Franz Hoffmann du 21.7.1830 (*Rariora*, p.517), Schelling a également critiqué la théorie d'après laquelle le diable serait nécessaire, à titre de prémisse, à la création du monde. Comme cette Leçon a été professée le 5.8.1830, il est probable que s'y soient immiscées des préoccupations qui étaient alors celles de Schelling. Voir également *supra* , *Introd.*, n.17.

une apparition du monde supérieur, et seul le sentiment d'une telle volonté poussait des mondes antérieurs à transposer [131] sous les étoiles des hommes de cette trempe, à voir une conjonction entre l'apparition de comètes et la mort de César.

L'avènement du système du monde n'est que la transition vers une effectuation exhaustive de la seconde puissance. La cause créatrice, la volonté que nous avons posée = a, ne s'effectue que lorsqu'elle a surmonté ce premier vouloir. Quant à la possibilité d'un tel surmontement, elle est donnée par le fait que ce premier vouloir se fait mère, *mater – materies*. C'est sur elle que reposent la καταβολή dont nous parlions, le devenir-effectif [122] du premier principe, et le véritable commencement de la nature comme telle qui, comme son nom l'indique, ne signifie rien d'autre que naissance. C'est ici que commence la première vie naturelle, comme c'est ici le point où la philosophie de la nature pourrait, sans modification essentielle, entrer dans le système positif. Comme j'en ai déjà fait la remarque, rien ne pourrait s'instituer dans la nature si les trois puissances n'y avaient contribué, ce qui toutefois ne nous empêche pas d'admettre une gradation successive de celles-ci, en sorte que c'est chaque fois l'une d'entre elles, au sein d'une sphère déterminée, qui a électivement la prééminence sur les deux autres ; car bien que b soit susceptible d'être surmonté en vue d'une vie supérieure, il ne cesse pas pour autant d'y être réfractaire. Cette histoire intérieure pourrait assurément n'être présentée que comme poétique ou mythologique. Ce b, qui est proprement l'objet devant être surmonté, se comporte dans le procès comme une véritable personne. Tout ce qui est objectif, toutes les vivalités [123] de la nature présente, qui n'apparaissent plus à présent que comme éprouvées, s'éprouvaient en leur principe originel. Nous avons perdu le souvenir de cette histoire véritablement intérieure, que nous ne découvrons plus qu'aux moments demeurés stationnaires. Nous nous souviendrions immédiatement de cette histoire si l'homme ne s'était pas écarté de l'état de ce qui est universellement conçu, pour préférer à l'omni-conscience sa conscience particulière. C'est depuis lors que la nature ressent le manque de l'omni-conscience, qu'elle est pour ainsi dire un être acéphale. Si nous ne pouvons nous remémorer immédiatement cette histoire intérieure, nous pouvons néanmoins la

122. Leonardi a noté : « devenir-féminin » (cf. *Spiegel* I, p. 338), expression qui n'a pas dû manquer de survenir dans une formulation voisine (cf. Cgm 6282, p. 179) et qui trouverait son explication dans le contexte des Leçons sur la mythologie.

123. Cf. Cgm 6282, p. 180 : qualités.

recomposer extérieurement par une recherche assidue de tous ses moments, pour les relier ensuite intérieurement ; que la nature soit l'héritière d'une véritable histoire intérieure, mais devenue à présent pour nous incompréhensible, cela résulte déjà du fait qu'elle repose sur le surmontement du premicr principe, qui a bien dû [132] en éprouver quelque chose. Quiconque à qui il est arrivé de s'élever au-dessus de l'opinion qui consiste à considérer la nature simplement comme quelque chose d'objectif, sans sujet aucun, celui-là tiendra à jamais pour impossible que l'avènement des choses ait pu se dérouler d'une façon aussi morte, comme l'admettent ceux qui font toutes choses se précipiter à partir du simple élément de l'eau, ou qui font tout naître d'un concept, en sorte que n'est plus concevable la disjonction de moments distincts. L'histoire de la nature est notre histoire. Il est tout à fait juste d'affirmer une préexistence de l'homme en ce sens où il est aussi vieux que le monde. La philosophie de la nature pourrait à vrai dire commencer, comme Énée auprès de Didon, par un *« infandum, regina, jubet renovare dolorem »*[124]. D'où vient cet intérêt que l'homme prend à la nature, si ce n'est du fait qu'il en est partie prenante ? C'est à travers toutes les peines et toutes les joies que l'essence, en l'homme, a été accompagnée par la nature dans son parcours, et d'en être abandonnée, la nature elle-même est affligée ; mais cette essence est toujours encore capable de son identité avec la nature. Faute d'un véritable sujet, la nature reste parfaitement inconcevable. Qui peut bien s'imaginer que l'amertume de l'eau de mer, la puanteur des javelles, seraient un paisible produit de la nature ? Ne faut-il pas voir là, bien plutôt, ce qu'ont enfanté le découragement, l'angoisse et le désespoir ? Nous nous tenons à vrai dire devant la nature comme devant un livre refermé, ou une histoire qui a sombré, mais il y a bien de la différence entre cette ignorance et l'opinion dont il résulte que la nature n'est originellement rien pour l'homme. Jusqu'à présent, j'ai annoncé la transition de l'inorganique à l'organique.

124. Cf. Virgile, *Enéide* II, 3 («c'est une indicible douleur, ô reine, que tu m'ordonnes de renouveler»). N.d.T.

LEÇON XXXIII

Au cours de la dernière leçon, j'ai annoncé la transition de l'inorganique à l'organique en disant que le b contredit toujours, au commencement, le mouvement visant à le surmonter, qu'il cherche toujours, même s'il est déjà passé à la périphérie, ou à l'extérieur, à revendiquer son règne. Avant la καταβολή, ce principe était absolument intérieur, dorénavant il est soumis périphériquement à la puissance supérieure, mais la contradiction propre à ce moment prend fin, à son tour, en dernière instance, en une καταβολή dont [133] le procès géologique fournit les indices les plus concluants. La différence entre cette καταβολή et la précédente est qu'en celle-là b est objet d'un surmontement possible, et en celle-ci d'un surmontement effectif. Et à celle-ci il se prête lui-même dans la mesure où il est passé de son aveuglement originel au discernement. Il offre son concours à l'édification d'une nature organique. Sans cette modification de sens, jamais n'aurait pu s'élever une telle nature. Ce processus se montre dans toutes les formations organiques ; que le principe aveugle puisse s'élever à l'entendement, aucune philosophie ne peut le dénier, pourvu qu'elle pose au fondement un principe aveugle et néanmoins susceptible d'entendement. Kant s'est exprimé à ce sujet d'une façon digne d'admiration : le technicisme dans le domaine organique n'est pas produit superficiellement, il provient du même principe dont est issue la matière [125]. Le même principe qui se pose comme matériel pose également cette forme ; mais comme cela ne peut se produire sans intention, il faut que ce principe se montre lui-même comme doué d'entendement, non pas certes en soi, mais par la lueur momentanée qu'il reçoit, par la puissance supérieure. Comme nous l'avons expliqué ailleurs, c'est un seul et même principe que celui de la matière et celui du νοῦς. Quant à savoir comment cela a lieu, cela relève de l'explication générale des principes. Il faut qu'apparaisse enfin le moment où b est de plus en plus disposé à être le siège de l'esprit, où ce principe en l'homme se sent érigé en un vouloir rendu à lui-même, où il est entièrement libre, lui qui était auparavant affecté et non-libre. Cet être primordial *(Ursein)* entre en une totale liberté, qui n'est certes pas originaire mais devenue, et donc en un ciel créé, en un ciel du non-

125. Cf. SW XII 582. N.d.T.

vouloir, de la volonté libre de tout vouloir. Le ciel est la liberté d'une volonté qui se contente elle-même comme volonté sans volonté. Avec la fin de ce développement, nous touchons à l'un des problèmes les plus ardus de la philosophie, dont la difficulté a été tenue jusqu'à présent pour insurmontable, qui est de concilier la liberté de la volonté humaine avec la causalité divine ; la solution à ce problème a été tenue pour si difficile qu'une précédente philosophie a vu en toutes choses ce qui est posé par le Moi afin de sauver cette liberté. Quiconque connaît un tant soit peu l'histoire de la philosophie sait pertinemment qu'aucune philosophie jusqu'à présent n'a été en mesure d'exposer comment un être intégralement posé comme produit peut être maître de ses faits et gestes. Tout ce qui ne fait que résulter d'une cause efficiente ne peut effectuer à son tour que ce que la cause efficiente a déposé en lui d'efficience. Cette difficulté ne peut être résolue que [134] par l'institution de la liberté non par position, mais par négation. Dieu est un B posé comme autre [126], non pas certes dans la mesure où il est Dieu, mais dans la mesure où il est b ; cette inversion se poursuit jusqu'à la totale conversion de b en a, qui n'exclut ni b ni a et néanmoins ne relève d'aucun des deux, et par conséquent est libre vis-à-vis des deux ; or dans la mesure où ce a est au moment suprême ce qui pose cette puissance suprême, il est un quatrième <terme> indépendant de chacune de ces puissances, et libre, et par conséquent capable d'un rapport immédiat à Dieu. Ce n'est ni en vertu du premier principe, ni en vertu du second principe, pris séparément, que la liberté est possible, c'est seulement par la réunion des deux qu'advient une libre mobilité entre les deux, et une indépendance intérieure par rapport à Dieu, en sorte que ce quatrième <terme> constitue une seconde divinité, une liberté tout aussi absolue, encore que devenue, que celle qu'est Dieu. S'il n'y a que de cette façon que nous obtenons un véritable aperçu sur la liberté humaine, nous allons également obtenir par là une vision plus claire sur certains rapports que l'homme entretient avec Dieu. L'homme est la dernière créature, à laquelle ont également part deux personnes et sur laquelle elles exercent une égale souveraineté, en laquelle triomphe l'ultime force du premier principe, et sur laquelle est répandu l'esprit, à travers laquelle enfin tout doit

126. L'usage de la majuscule dans cet unique passage revêt nécessairement une signification : dans l'Agenda de 1830 se trouve portée à la date du 13 octobre (sans que cela se rapporte assurément à cette date) l'inscription suivante : « NB : Il est (un autre en B et pourtant n'est autre que) Dieu. *Il* est donc B. » (NL Schelling, *loc. cit.)*. Cf. à ce sujet : Loer, Barbara, *Das Absolute und die Wirklichkeit in Schellings Philosophie [L'Absolu et la réalité effective dans la philosophie de Schelling]*, Berlin, 1974, p. 133, note 66.

être vaincu, c'est-à-dire achevé, au sens où Mahomet est appelé « le sceau des prophètes ». La visée ultime de la création était d'ériger en lien communautaire de tout être le vouloir du πάντα ἐνεργῶν, ou de ce *penes quem erat velle*. Par suite, le rapport de l'homme à Dieu n'est pas, comme le veut l'habituelle orthodoxie, simplement idéal, mais au plus haut point réal. C'est parce que l'homme est le lien de l'unité divine que Dieu attache tant d'importance à l'homme, ce qui ne peut assurément manquer de surprendre si l'on considère l'homme en sa bassesse et en son indigence ; d'où aussi l'exclamation de ce prophète : Seigneur, qu'y a-t-il donc en l'homme dont tu doives t'occuper ? Seul ce rapport réal nous explique plusieurs idées universellement admises par les hommes, comme par exemple celle de la nécessité et de l'efficacité objective de la prière ; même le héros grec Achille prie, et il n'est pas de religion dont la prière n'ait constitué un élément essentiel. Cette conviction universelle repose manifestement sur la conviction du rapport réal de l'homme à Dieu. Ce qui réunit la divinité désunie doit nécessairement exercer une certaine emprise sur la divinité. Le sens de la véritable prière est de renouveler la médiation qui unit la divinité à elle-même. [135] Tout aussi universellement répandue que la conviction relative à la prière est celle relative au sacrilège. C'est tout d'abord envers lui-même que le scélérat agit de façon sacrilège, mais en agissant envers lui-même de façon criminelle il déchire du même coup le lien avec la divinité. Aucun engouement pour les « Lumières », si « éclairées » fussent-elles, ne pourra supprimer le frisson intérieur qu'inspire un crime, toujours le crime apparaîtra au contraire comme une profanation du mystère divin, comme une perturbation de la paix de Dieu. Mais c'est précisément parce qu'est atteint par là le but qu'est la liberté devenue que ce qui d'un côté est une fin peut devenir d'un autre côté commencement d'une nouvelle histoire. L'homme, le b posé en liberté conformément à son essence intérieure, est entièrement indépendant du b originel, mais sa liberté est elle-même encore douteuse du fait de sa nature propre. L'homme est mis en liberté afin de s'affermir en ce lieu par son action propre ; de cette façon lui est octroyée la possibilité d'un nouveau mouvement, en ce que l'homme peut demeurer en ce lieu ou s'en écarter. Or si je dis qu'il n'y est pas demeuré, c'est là quelque chose qui ne peut être su *a priori*. Nous avons déjà expliqué au commencement que notre philosophie est bien éloignée de celle qui tente de tout exposer comme un mouvement nécessaire, nous sentons à quel point notre état est conditionné, le sentiment de la liberté héréditaire se révolte à l'idée qu'il en aurait été ainsi de toute éternité, que l'anneau désolant n'aurait jamais été brisé. À cette philosophie monotone qui explique toutes les déterminations de la température actuelle comme corollaire du concept toujours étant, on est enclin à demander s'il lui arrive de reculer devant quoi que ce soit [127]. Cette créature qu'est le b entièrement métamorphosé en liberté n'est pas demeurée à la place où elle fut posée. Dieu a misé sur un monde libre, et la volonté libre qui devait le constituer lui était si précieuse qu'il a voulu exposer sa Création au danger du bouleversement, et s'exposer lui-même à l'abaissement. Tout devait être posé par liberté, comme c'est sur la liberté de l'homme que devait reposer la conclusion de la création ; qu'il me soit permis de citer ici le mot d'un traité juif, qui dit ceci : « Garde toi, homme, où que tu sois, d'ébranler mon monde, de le remuer ! » En l'homme, le principe de toute la nature est surmonté ; quand il a réactivé celui-ci, ce repos, ce sabbat de la création en fut troublé et supprimé, car lorsque ce qui a été posé au fondement se met en mouvement, ou bien plutôt s'insurge, ce à quoi il sert de fondement ne peut qu'en être ébranlé. « Si tu le corromps, nul ne pourra le restaurer », [136] est-il dit encore dans le passage cité. Or il se trouve que l'homme l'a effectivement ébranlé, c'est là ce [qu'atteste] l'état de la nature, et en outre l'état de l'homme en soi et relativement à la nature.

Par l'homme, tout devait être amené à une conscience éternelle ; au lieu de quoi tout est demeuré dans le temps sans qu'aucun progrès survienne ni soit survenu. Depuis que l'homme s'est soustrait à ce mouvement par lequel devait être atteint quelque chose d'éternellement subsistant, la nature est un tout au repos, qui est assurément toujours vivant en lui- même, mais s'affaire en vain, sans but, contre son gré. Là où il y a un temps, il fallait aussi une progression, et là où il n'y a pas de progression, aucun temps ne pouvait plus être. C'est la contradiction inhérente à la nature que de montrer toujours le même visage. Peu d'hommes ont été à même de saisir convenablement cette contradiction, encore que tous la sentent peu ou prou. C'est à bon droit que Lessing a rétorqué, à une dame bien intentionnée qui l'invitait à s'extasier lui aussi devant le spectacle de la nature printannière en train de reverdir, qu'il aimerait autant que tout fût rouge afin qu'il y eût au moins une alternance, et quelque chose qui change. La nature se répète selon le cycle des mêmes apparitions ; là où elle ne produirait rien, il est concevable qu'elle marque le pas, tandis qu'elle demeure vivante en sa racine. Depuis ce temps où un empêchement est survenu, retentit

127. Cf. Cgm 6282, p. 184 : « s'il a neigé au Paradis ». Voir *supra* n. 6 et *Introd.*, n. 7.

l'ancienne lamentation : il n'y a rien de nouveau sous le soleil, toutes les eaux se jettent dans la mer sans la remplir davantage. Chaque génération prend la relève de la précédente, pour sombrer à son tour, afin de faire place à la génération suivante, qui sombre elle aussi. Depuis ce temps, la nature est contre son gré, οὐχ ἠκοῦσα, comme le dit un Apôtre, soumise à la vanité [129], en ce qu'elle peine sans parvenir à rien produire. C'est ici encore le lieu de faire état de la déclaration selon laquelle le temps n'excède pas le monde. Si l'on comprend par monde la forme de l'existence présente, et par temps celui qui en est indissociable, dans un temps déterminé, cette proposition est indéniable et revient à l'ancienne déclaration : il n'y a rien de nouveau sous le soleil. On peut demander à bon droit ce qui dès lors advient si ce n'est précisément ce qui est advenu auparavant. Qu'est-ce qui est accompli, si ce n'est ce qui a été accompli auparavant ? En soi ce monde n'a ni véritable passé ni véritable avenir. Qu'il soit advenu ou non, cela est parfaitement indifférent eu égard au monde. Quoi que tente [137] le monde, cela n'excède pas le temps en lui, à l'exposant qui est le sien. *Welt* (« monde ») vient du vieux mot *Währung* = durée d'un temps déterminé. Ce monde est la durée de ce temps qui ne dure qu'un temps. En grec aussi αἰών signifie à la fois monde et temps[130]. Ce que nous appelons monde est seulement un temps qui n'a ni véritable passé, car dans le passé n'est passé que ce qui resurgit aussitôt dans le temps suivant, ni véritable futur, car toujours s'y répète ce qui est déjà advenu. Le monde présent s'efforce bien en vain de produire son futur, ou il est déterminé à devenir du passé. Ce qui a été écarté pour toujours ressuscite sous nos yeux. Or un temps qui ne peut ni demeurer ni devenir du passé doit se poser incessamment dans une série a + a + a, etc. La durée constante de ce temps un, c'est là ce que nous appelons ordinairement le temps, qui n'est donc, comme il apparaît de toute évidence, qu'un temps apparent et un empêchement du véritable temps ; car ce temps véritable est seulement celui qui pose a comme véritable passé, et qui par conséquent est = à la série a + b + c ... Ce temps véritable s'oppose donc à ce qui réfrène. Quant au temps apparent, il est par suite un arrêt, une époque du temps véritable. Du fait que ce temps apparent est retenu ou empêché de poser son véritable avenir, il devient espace-temps = stationnaire = temps au repos. Tel est le caractère du monde présent, au sujet duquel nous voyons en outre tout aussitôt qu'il ne peut être un monde absolu, mais seulement un monde causé, contingent. La proposition selon laquelle le temps

129. *Rom.* 8, 20. N.d.T.
130. Cf. SW XIII, 308 = *Phil. de la Rév.*, tr. fr. t. II, p. 160-161. N.d.T.

n'excède pas le monde est donc une proposition purement tautologique. Pour l'heure, j'ajouterai simplement encore cette remarque, qu'est erronée l'affirmation selon laquelle le temps n'excéderait absolument pas le monde. En opérant cette distinction, j'ai abattu le mur qui empêchait d'aller au-delà du monde. Celui à qui cette connaissance fait défaut peut bien continuer à exposer l'état présent comme éternel, il n'en reste pas moins que nous avons surmonté cette fausse éternité elle-même.

[138] LEÇON XXXIV

Comme préliminaire à la création effective, nous avons posé l'exclusivité absolue du principe aveugle, mais comme transition, en revanche, le moment où b renonce à son exclusivité, et par là se montre à la puissance centrale plus haute comme susceptible d'être surmonté, devient donc périphérique, et c'est enfin le procès par lequel il est successivement surmonté que nous avons posé comme création effective. Il en résulte une lutte permanente entre les deux principes, et dans la mesure où, au cours de cette lutte, le principe aveugle est toujours surmonté à un certain degré, mais à un certain degré aussi n'est pas surmonté, à chaque instant jaillit un temps déterminé. Toute chose dans la Création est une aiguille au cadran de la grande [horloge] de la nature, toute chose y a son temps, qui seul lui confère ce qu'elle a de propre. Chaque temps de la sorte fait suite à un autre au cours d'une constante succession ; et tels sont les jours de la création dont parle la Sagesse : je jouais en sa présence jour après jour, autrement dit : je lui montrais toutes les posssibilités qu'il pouvait appeler à l'existence, car elle-même était la somme des possibles. Elle jouait en sa présence sur le sol terrestre, mais c'est dans la préfiguration de l'homme que sa joie fut à son comble. Ceci étant, le temps de la création n'est donc qu'un temps de transitions vers la conscience suprême ; à supposer que les portes de cette conscience demeurent fermées à la nature, quelle autre issue a-t-elle, si elle ne peut ni cesser ni pénétrer jusqu'en sa fin, que de se poser constamment de nouveau ? C'est là l'origine qu'il faut assigner au temps présent, qui ne cesse d'enfanter sans pour autant rien enfanter de véritablement nouveau. Mais ce n'est pas là le temps vivant de la création, ce n'est pas là non plus le temps de l'éternité, mais bien plutôt celui qui est inclus entre les deux. Un apophtegme oriental bien connu dit de ce temps : il repose sans cesser de faire suite, et fait suite sans cesser de reposer[130]. Ce temps fait suite, en effet, en ce qu'il pose toujours a + a + a ..., et repose en ce que, ce faisant, il demeure toujours seulement a ; c'est seulement parce que le temps total de ce monde = a toujours se pose de nouveau, et que par conséquent constamment le tout fait suite au tout, que s'explique cette continuité que l'on a exprimée par la comparaison du temps avec un fleuve. Toutefois, le *tertium comparationis* ne doit pas être cherché, dans cette comparaison, dans la paisible et constante succession des parties particulières, mais bien plutôt dans le fait que le fleuve, envisagé comme un tout, est autre à chaque instant, de sa source jusqu'à son embouchure, [139] et néanmoins demeure le même fleuve, en ce que, en chaque instant, il rend une part à son embouchure, tandis qu'il en prend une à sa source. C'est à cela que se réfère la formule pénétrante d'Héraclite : nul n'entre deux fois dans le même fleuve, et nul ne sort du même fleuve dans lequel il était entré [131] ; car le fleuve est à chaque instant autre, et pourtant à chaque instant le même, car toujours le fleuve tout entier succède au fleuve tout entier. C'est précisément à cet égard que le fleuve peut être considéré comme une image du temps présent, car toujours le temps tout entier a succède à l'autre temps <tout entier> a, il est toujours le même, et pourtant ne l'est pas. Je ne pouvais me dispenser de cette explication du temps après avoir exposé la naissance de l'espace. La philosophie a toujours éprouvé une difficulté peu commune à expliquer le temps. Si une métaphysique on ne peut plus éloignée de la nature fuit le temps comme une simple mauvaise conscience, je pouvais d'autant moins me dispenser de l'explication, que l'on ne saurait plus attendre de ladite métaphysique, du fait que le pouls du temps ne bat plus de façon vivante. Par là, nous avons surmonté l'opinion qui appelle temps tout court ce temps déterminé et prétend qu'il n'excède pas le monde, en sorte que le monde n'existerait que *modo quodam aeterno*. Le temps véritable doit nécessairement excéder le monde. Ce temps apparent est l'empêchement de ce temps véritable, qui ne sera que lorsque succédera au temps présent un autre temps = b. Selon la conception originelle, le monde devait d'emblée faire incursion en ce b ; mais tel ne fut pas le cas, et c'est ainsi que s'instaure la constante rémanence d'un temps unique. Extérieurement, tout est tranquillité au sein de la nature pleine de vitalité. Toute mobilité est passée en l'homme, en celui qui devait être la cause de la tranquillité. Par là est posé le monde idéal,

130 Cf. *Âges du monde* (1811), p. 13 ; tr. cit. p. 25 ; *Initia*..., p. 33 ; SW XIV 110 n. = *Phil. de la Rév.*, tr. fr. t. III, p. 130 n. N.d.T.

131. Diels-Kranz 22 B. N.d.T.

le monde de l'histoire, qu'à présent du moins il n'est pas question pour nous d'aborder, du fait que nous voulons simplement démontrer le fait qu'un empêchement est survenu. Cet empêchement, nous avons cherché jusqu'à présent à le présenter à partir de l'état présent de la nature elle-même. Mais il ne ressort pas moins de l'état de l'homme et de son rapport à la nature. Voilà qui reste à expliquer. Par l'homme, la nature devait trouver sa suprême unité, mais du fait qu'il s'est lui-même transformé, eu égard à la nature, en un non-conducteur, il l'a contrainte à se [140] constituer en propre, et c'est comme telle qu'elle cherche en vain depuis lors son foyer. Le monde devait être assumé médiatement par l'homme en Dieu : c'est l'homme qui était censé être le magique animateur, le dieu immédiat de la nature. Mais il ne pouvait avoir cette puissance, comme le disent les anciennes sources, qu'à la condition de ne pas la contracter, et par conséquent en toute désappropriation de soi. Mais dès lors qu'il s'est insurgé en son individualité, le charme a été rompu : il n'est plus l'être uni-total, il a été expulsé du centre, et posé face à la nature comme être de la nature. D'où l'étrange rapport qu'il entretient dès lors avec la nature, en étant à la fois au-dessous et au-dessus d'elle. C'est dorénavant par la ruse et l'art, ou comme le disent les sources, à la sueur de son front, qu'il peut en obtenir quelque chose. Jamais celle-ci ne consent à une alliance durable avec lui, elle passe son chemin, impassible. On est volontiers disert sur les charmes de la nature, mais sans la connaître vraiment. La beauté de la nature est du genre mélancolique, son charme suprême réside dans la mélancolie, dans le suave poison que respire, de façon inimitable, l'art antique. Ce n'est pas de son plein gré que la nature se pare, telle une fiancée dont le prétendant est mort le jour des noces, et demeure, solennellement vêtue, désemparée. C'est là ce qu'attestent même ces pseudo-philosophes si enclins à ramener l'homme à l'animalité. C'est comme un étranger que l'homme se tient face à la nature ; il n'a d'autre issue que la fuite, et la nature alors de déployer toute la force de son efficience : conformément à une destinée étrange et inconcevable, mais qui n'est assurément pas contingente, il a fallu que les sites les plus anciens de la civilisation humaine devinssent le théâtre de la barbarie, et c'est seulement chez une petite partie du genre humain, repoussée dans le grand Nord, que la civilisation continue à prospérer. Mais en-voilà assez sur ces rapports, dont la contradiction n'est pas moins forte que celle de la nature. Depuis que l'homme s'est refusé à la nature, celle-ci est un fruit de l'inquiétude, auquel manque son unité. Et l'homme porte dès lors le fardeau qu'il eût sinon aisément déplacé s'il était demeuré dans le centre originel. Ce qui atteste cet empêchement, c'est, non moins que ce qui vient d'être dit, l'état de l'homme considéré pour soi. En l'homme, l'archi-principe de la nature devait être entièrement métamorphosé en esprit et liberté ; la vie naturelle devait être en l'homme la vie spirituelle, c'est-à-dire le sujet de celle-ci, tout comme le cercle décrit au tableau noir est le sujet du concept spirituel de cercle. En ce sens, la vie naturelle devait être du même coup la vie spirituelle, seul était requis cet acte ultime librement consenti du b posé en liberté pour réunir vie naturelle et vie [141] spirituelle de façon à jamais indissoluble ; mais au lieu d'être réunies, toutes deux sont entrées en un rapport tel qu'elles s'excluent réciproquement ; comme toutefois l'exigence de cette ésemplasie demeure, il reste que la vie spirituelle et la vie naturelle soient vécues successivement, celle-ci précédant chaque fois celle-là, seule et pour elle-même. La vie présente n'est en réalité que la vie naturelle, si haut que l'homme atteigne ; la vie spirituelle demeure indépendante de la vie naturelle. La nature se montre insensible pour tout ce qui est spirituel. La vie présente est seulement la première puissance de la vie humaine. Mais comme l'homme a été créé pour l'une et pour l'autre, il lui faut mourir [133] afin de vivre de la vie spirituelle. Cette vie spirituelle doit être considérée comme la seconde puissance de la vie humaine prise en sa totalité. Et il faut incontestablement considérer cette vie spirituelle comme une vie unilatérale du fait qu'elle est posée comme exclusive de la vie naturelle. C'est pourquoi la vie après la mort ne doit nullement être considérée comme la vie bienheureuse ; une vie purement spirituelle est pour l'homme tout autant une spoliation que la vie matérielle dans son unilatéralité. Même le christianisme n'est pas surhumain au point de ne pas tenir la mort pour un malheur et la vie après la mort pour une spoliation. Le plus profond des apôtres dit bel et bien lui-même : nous ne désirons pas d'en être dépouillés, mais d'en être revêtus par-dessus [134], c'est-à-dire : nous désirons que la vie mortelle soit absorbée par la vie spirituelle. Par revêtement, l'Apôtre entend la réunion de la vie naturelle et de la vie spirituelle, et c'est cette réunion qu'il appelle de ses vœux, afin de ne pas transiter par la vie à venir. Du fait que j'appelle cette vie spirituelle elle aussi une spoliation, on pourra assurément m'objecter qu'à prendre les choses ainsi le sort des hommes serait équivalent, du fait que les bons comme les méchants

133. Même le thème abordé ici, exposé le 10 août 1830, se rapporte étroitement à des préoccupations du moment, Schelling ayant adressé ses condoléances à son frère, qui venait de perdre sa femme, dans une lettre du 11 août 1830 (Plitt III, p. 53). Voir également *supra*, *Introd.*, n. 17.

134. *2 Cor.* 5, 4. N.d.T.

souffrent de la même façon de cette spoliation. J'accorde bien volontiers que les uns comme les autres en souffrent, mais de façon bien différente, car ceux qui durant la vie présente ont été entièrement absorbés par elle se traîneront dans la fange, comme le dit Socrate chez Platon [135], et leur tourment consistera à ressentir le besoin d'une vie spirituelle dont ils auront étouffé le germe en cette vie. Quant aux autres, qui ont cherché dès à présent à se purifier de la vie matérielle, comme le dit précisément le Socrate du *Phédon,* ce chant des sirènes, lequel se retire de la vie matérielle séduit pas les sons les plus attirants, [142] ils ne ressentiront aucune spoliation [dans] la vie spirituelle. J'ajouterai simplement cette remarque, que si la vie présente se rapporte à la suivante comme une première puissance à une seconde, il en résulte nécessairement que se pose une troisième période de la vie humaine prise en sa totalité [136]. Cette allusion sera parfaitement compréhensible à ceux qui s'y entendent et aux méditatifs. En cette troisième période, cette séparation sera abolie. Quant à cette doctrine qui contient si peu dans l'abstraction habituelle – car qu'est-ce que le concept d'immortalité[137], sinon un concept indéterminé, vide, de simple perpétuation, et, en mettant les choses au mieux, de perpétuation de la conscience individuelle ? – quant à cette doctrine, disais-je, nous l'avons transformée en une doctrine naturelle, concevable, en la rendant historique, ou en l'expliquant selon une succession de moments. Ce n'est pas seulement la perpétuation, mais encore le mode de perpétuation qui constitue un nécessaire corollaire de toute notre investigation. Je ne dirai rien des preuves habituelles de l'immortalité, car elles présupposent toutes l'immortalité, pour la rendre concevable ensuite par des moyens externes. La nécessité que ce qui est séparé s'ordonne en une succession constitue la preuve la plus probante résidant en l'homme lui-même. Quant à la preuve ultime, c'est le seul fait qu'au-dessus de la nature s'élève un deuxième monde idéal, plus richement doté quant aux sens que la nature. Mais ce n'est plus le lieu de l'aborder. Je renvoie ceux qui aimeraient en savoir plus à l'année prochaine, durant laquelle je fournirai une explication de ce phéno-

135. *Phédon,* 69 c 5; cf. SW XIII, 452-3 = *Phil. de la Rév.,* tr. fr. t. II, p. 312. N.d.T.

136. Ces phrases attestent que le souvenir qu'a Schelling d'avoir développé dès 1829 dans des Leçons la doctrine « de trois états successifs » remonte au moins jusqu'à 1830. Cf. XI, 476, et *Rariora,* p. 600 sq.

137. Cf. *Clara*, SW IX 17-8 (= trad. fr. E. Kessler, éd. de l'Herne, 1984, p. 49) : « Ce mot d'immortalité est bien trop faible au regard de ce que j'éprouve. Que sont à l'ardent désir les mots froids et les concepts simplement négatifs ? » N.d.T.

mène. En ce second monde, l'histoire de la nature trouve sa répétition à travers la conscience humaine ; à ceci près que le principe de surmontement successif revient en une figure intensifiée (l'histoire au sens étroit). Tout comme ce principe était dans la nature un véritable Protée, il va se montrer, dans l'histoire, sous différentes figures, bien qu'en soi il demeure constamment le même. De cette façon, je crois avoir trouvé le fil d'Ariane de l'histoire [138].

138. Le fait que la transcription se termine ici soulève bien des questions. Non seulement Cgm 6282, mais encore les inscriptions portées dans le journal de Meyr l'attestent : au moins quatre jours de Leçons suivaient. Il n'est guère possible d'admettre que la référence élégamment tournée au « fil d'Ariane » mentionné au début (voir *supra* p. [2]) puisse être le fait du transcripteur. Schelling était grandement pressé par le temps : « Je suis en ce moment si occupé par la fin imminente du semestre, qui me contraint à mettre les bouchées doubles pour mes cours, ainsi que par la préparation de la séance officielle pour le jour de la fête du roi, que je ne trouve que le temps de t'adresser ces quelques lignes », écrit-il le 11 août 1830 à son frère (Plitt III, p. 53).

Schelling aurait-il repris, pour les dernières journées de cours, un autre manuscrit ? Dans le volume cité à maintes reprises dans lequel se trouve une tentative de rédaction de l'« Introduction », se trouve portée à cet endroit une inscription qui se laisse déchiffrer comme « msc.p. antecedens fin. » (NL Schelling 109, t. 1, p. 154). Peut-être était-il précipité de ma part de m'appuyer sur la mention d'un « éternuement » (voir supra p. [6]) pour présenter toutes les supputations selon lesquelles l'auteur de la transcription s'achevant ici aurait pu avoir accès au texte original de Schelling.

POSTFACE

La situation de l'introduction de 1830
dans la dernière philosophie de Schelling

L'intérêt de l'*Introduction à la philosophie* a été souligné ici-même par Pascal David, nous espérons qu'il a été confirmé par la lecture du texte de Schelling. Il paraît pourtant indispensable de replacer ce texte dans l'ensemble de l'itinéraire de ce qu'il est convenu de nommer la « dernière philosophie » de Schelling, qui se caractérise par la positivité et par son corrélat d'abord négatif, ensuite rationnel. Il ne s'agit nullement de minorer l'importance de cette introduction, qui est sans aucun doute l'une des versions les plus accessibles et les plus autorisées des différentes introductions prononcées à Munich, mais de rappeler, s'il en est besoin, que la pensée de Schelling est évolutive, « en devenir », selon l'expression de X. Tilliette, et que les introductions de Munich devront céder la place à l'introduction de Berlin [1], qui donne une présentation quelque peu différente des rapports du négatif et du positif, ainsi que de la philosophie négative elle-même.

Il importe cependant, avant toute comparaison avec l'introduction de Berlin, de situer l'introduction de 1830 dans l'ensemble de la philosophie professée à Munich, et de la caractériser par rapport aux autres versions de l'introduction. En 1827, Schelling remonte en chaire dans la toute nouvelle université de Munich. Il est entouré d'honneurs et de considération, l'origine du cours ici traduit dit bien la faveur dont il jouissait en haut lieu, les circonstances sont on ne peut plus favorables à l'exposition de la philosophie authentique, positive,

1. Nous nous référerons toujours ici au texte vraisemblablement prononcé en 1842-43, publié dans les œuvres complètes en tant que premier livre de la *Philosophie de la Révélation*, (XIII, 3-174). Tr. fr. sous la direction de J.F. Marquet et J.F. Courtine, P.U.F., 1989. Rappelons que Schelling commence à enseigner à Berlin en 1841.

longtemps pressentie mais jamais encore réalisée ni même clairement comprise. C'est en effet à Munich que Schelling exposera la philosophie de la mythologie (pour la première fois en 1828-29) puis la philosophie de la Révélation (dont la première version, aujourd'hui publiée, fut prononcée en 1831-32 [2]), qui demeureront pour ainsi dire inchangées dans tous les exposés ultérieurs. En revanche, en ce qui concerne l'introduction, dont Schelling fera toujours précéder l'exposé de la philosophie positive proprement dite, les variations, de Munich à Berlin, sont indéniables, et ce n'est pas aux exposés de Munich que Schelling, lorsqu'il s'agira de donner des instructions à son fils en vue de la publication de ses cours, donnera la préférence. La période de Munich est donc, quant à la présentation de l'accès au *prius* positif, une période de recherche, de transition, dont l'intérêt ne peut être méconnu. Si l'hypothèse de lecture continuiste que nous adoptons, après d'illustres prédécesseurs tels le Père Tilliette, a quelque validité, il faut tenter de comprendre comment la présentation des introductions de Munich, tout particulièrement le rôle accordé à l'empirisme, contient une limite ou une insuffisance que l'introduction de Berlin permet de dépasser.

Il faut ici souligner l'indéniable apport que constituèrent, pour la connaissance de l'introduction munichoise, la publication, relativement récente, de deux *Nachschriften*, celle de 1827-28, *System der Weltalter* [3], et celle de 1830, ici traduite. Les œuvres complètes ne comprennent en effet que la *Geschichte der neueren Philosophie* (X, 1-200) et la *Darstellung des philosophischen Empirismus* (X, 227-286), cette dernière n'ayant d'ailleurs pas reçu l'aval de Schelling lui-même quant à sa publication. Il est bien certain que ces deux textes présentent la version la plus complète de ce qui constitue, dans toutes les introductions, la partie historique et la partie systématique, mais extraits de leur contexte, tels qu'ils ont été publiés, c'est-à-dire sans la moindre indication quant à leur fonction et à leur importance dans l'introduction dans son ensemble, dans l'accès au positif, ils perdent beaucoup de leur intérêt, du moins pour comprendre l'itinéraire de Schelling dans la constitution de cette dernière philosophie. Certes, dès 1972,

2. *Urfassung der Philosophie der Offenbarung*, éditée par W. Ehrhardt, Hambourg, Meiner, 1992.

3. *System der Weltalter, Münchner Vorlesungen 1927-28 in einer Nachschrift von Ernst von Lasaulx*, éditées et introduites par S. Peetz, Francfort, Vittorio Klostermann, 1990.

H. Fuhrmans publiait la *Grundlegung der positiven Philosophie*[4], version complète de l'introduction, pour l'essentiel composée de la *Nachschrift* des cours de 1832-33. Pour l'essentiel seulement, puisque l'éditeur, supposant la permanence de l'introduction tout au long de la période munichoise, choisit les textes les plus détaillés, donc éventuellement ceux des œuvres complètes, qui se trouvent ainsi mêlés à ceux de la *Nachschrift* en question. Il est vrai que le sens de l'introduction demeure à Munich le même, pourtant la présentation connaît des variations que nous allons immédiatement préciser, et il paraît de toute façon préférable de se reporter d'abord à des textes qui n'ont pour ainsi dire pas nécessité d'intervention éditoriale, et dont la fidélité à l'enseignement de Schelling lui-même semble solidement attestée.

Il ne reste donc plus qu'à justifier le choix de la traduction de la *Nachschrift* de 1830, plutôt que celle du *System der Weltalter*, qui pourrait pourtant se recommander par sa priorité chronologique : nous avons là la première présentation de la nouvelle philosophie, dont le titre affirme, sans aucun doute légitimement, la continuité avec l'œuvre trois fois commencée et jamais publiée des *Âges du monde*. Le rapprochement des deux textes s'impose à l'évidence, nous l'avons signalé en note lorsqu'il est le plus manifeste. Pourtant les différences, même si elles n'affectent pas le sens d'ensemble de l'exposé, sont tout aussi indéniables, elles conduisent à une différence d'accent qui rend l'introduction de 1830 plus appropriée à une prise de contact avec la spécificité de l'introduction munichoise. Bien des thèmes, bien des termes, qui seront repris par la suite dans les exposés tels qu'ils figurent dans les œuvres complètes, sont déjà présents en 1827-28, la continuité est ici indéniable, mais l'exposition de 1830, deuxième version de l'introduction, semble plus pédagogique, moins touffue, plus concentrée autour de l'originalité essentielle de Munich, le rôle de l'expérience dans le côté négatif de la philosophie. Le cours de 1830 est ainsi nettement plus bref que celui de 1827-28, c'est principalement l'exposé historique qui est réduit, mais l'exposé systématique est lui aussi épuré et simplifié, même si, là encore, son sens demeure inchangé.

4. *Grundlegung der positiven Philosophie, Münchner Vorlesungen W.S. 1832-33 und S.S. 1833*, éditées et commentées par H. Fuhrmans, Turin, Bottega d'Erasmo, 1972.

Philosophie négative et expérience.

C'est le recouvrement de ces deux notions qui paraît le plus significatif des introductions de Munich, et qui est tout particulièrement mis en valeur par le texte de 1830, c'est de ce point de vue que nous en proposerons une brève interprétation. Nous tenterons de montrer que, contrairement à la vision de la philosophie en deux que tend à donner, de façon certes problématique, l'*Introduction de Berlin*, et en dépit de l'expression de « philosophie négative », présente dès le cours de 1827-28 [5], c'est bien sous le signe de la philosophie positive qu'il faut placer la démarche négative qui n'est qu'un aspect de la philosophie authentique, positive, et qui permet tout particulièrement l'accès au *prius* positif.

Un coup d'œil d'ensemble sur les cours de Munich ou de Berlin, ne peut manquer de provoquer la question : pourquoi cette insistance de Schelling à *toujours* faire précéder le cycle de la philosophie positive, donc la philosophie de la mythologie et de la Révélation, d'une introduction ? Est-elle vraiment absolument nécessaire, une fois le positif annoncé ? Il est bien certain, en effet, qu'il faut définir le positif et, au fur et à mesure des réactions suscitées par les premières expositions, rectifier tel ou tel malentendu. C'est à cela que s'emploient les premières leçons de notre texte, mais cela ne saurait suffire à justifier cette longue introduction. Ne faut-il pas alors évoquer des « réglements de compte » avec des philosophies plus ou moins éloignées dans le passé ou avec leurs interprétations ? Le passage obligé par Hegel, présent à maintes reprises dans notre introduction, et pas seulement dans l'examen « historique » de sa philosophie, pourrait constituer un argument en ce sens. Mais il ne serait pas honnête de réduire le dessein d'une introduction à de simples intentions polémiques, même si elles ne sont jamais tout à fait absentes.

Il faut donc en venir à la raison sans aucun doute philosophiquement la plus intéressante de la persistance de l'introduction, que Schelling lui-même nous livre, presque en passant semble-t-il, en fait alors qu'il caractérise ce qui sépare Dieu de l'homme, donc ce qui sépare l'homme du positif : c'est là la leçon XXVI, qui évoque cet « acte d'ardent désir » [6], ce vouloir de l'absolue liberté qui permettrait de commencer d'emblée la philosophie, de se passer du moment préparatoire ou régressif. Malheureusement, un tel vouloir est trop héroïque

5. Cf. *System der Weltalter*, p. 86.

6. p. 102. Nous citons toujours la pagination allemande, reproduite dans la traduction entre [ ], de *l'Introduction* de 1830.

pour la plupart des hommes, tout simplement parce qu'il serait un dépassement de la condition humaine. C'est en effet parce que l'homme a voulu se donner un être autonome au lieu de rester en son lieu près de Dieu, c'est parce qu'il a voulu être comme Dieu, oubliant qu'il n'était qu'un dieu devenu, c'est donc parce qu'il a perdu sa liberté véritable en voulant s'en assurer, qu'il est désormais emprisonné dans le monde et plus généralement dans ce qui *est* d'une façon telle qu'il doit user de cette « dialectique successive et destructrice » [7] pour s'en libérer. Il faut ici insister sur l'importance de ce vouloir du positif qui sera toujours, selon Schelling, l'attitude la plus authentique, la plus simple, d'accès au *prius*, en même temps peut-être qu'elle est trop simple pour l'homme auquel le vouloir ne suffit plus [8]. On peut penser notamment au texte presque final de la *Darstellung der rein rationalen Philosophie* [9], dans lequel Schelling évoque le désir du Dieu personnel qui conduit certes l'homme à la religion mais aussi semble-t-il à la religion philosophique, alors autre nom de la philosophie positive. De tels textes semblent montrer que Schelling a toujours envisagé deux voies d'accès à la philosophie positive, le vouloir pur et simple, assez puissant pour donner immédiatement ce qui est recherché, et la démarche régressive puis rationnelle, qui constitue peut-être un pis-aller, en tout cas un moyen d'accès plus facilement praticable par tout un chacun, plus sûr, mais aussi plus « scientifique » – terme que Schelling applique dans notre texte à l'exposé systématique du fait de la connaissance [10] –, puisqu'on peut patiemment montrer ses étapes et leur nécessité.

Il est alors clair que la démarche *négative* est telle par suite de la chute de l'homme, par suite du refus du positif, l'accès immédiat par le vouloir serait préférable, le négatif est la face d'ombre d'un positif duquel l'homme s'est exilé. Pourtant, puisque le vouloir immédiat est désormais presque impossible, du moins s'il s'agit de fonder une philosophie, la voie régressive, négative, ne peut que bénéficier de la positivité de ce qu'elle permet d'atteindre. Le négatif n'est de toute façon tel que par rapport au positif, d'abord son opposé il devient son complément. Rappelons à ce sujet les textes les plus significatifs de l'introduction de 1830 : leçon III, p. 8, leçon VIII, p. 21 à 24, leçon IX, p. 25-26. Il est très remarquable que Schelling ne puisse se résoudre à refuser le nom de philosophie à la voie négative. Il ne s'agit pas pour

7. *Ibid.*

8. Cf. *System der Weltalter*, p. 17 ; *Grundlegung der positiven philosophie*, p. 117.

9. Cf. XI, 564 et surtout 566.

10. p. 74.

autant de la mettre sur le même plan que la philosophie positive, d'en faire deux systèmes rivaux dont la lutte devrait se résoudre par l'anéantissement, le renoncement, de l'un ou de l'autre. Schelling insiste à plusieurs reprises [11] : il n'y a pas exclusion réciproque des deux systèmes, mais complémentarité, à condition toutefois que la philosophie négative se reconnaisse pour ce qu'elle est, ne se prétende pas absolue, excluant par là le positif. Il est donc clair que la voie négative peut être comprise en deux sens, et c'est sans aucun doute ce qui explique les précautions toujours prises par Schelling alors même qu'il admet que cette voie peut être nommée « philosophie » ou « science » [12] : elle ne peut être telle que dans son rapport bien compris avec la philosophie positive, dont elle constitue à proprement parler l'un des aspects, mais les systèmes qui ont précédé, n'ayant pas explicitement reconnu le positif, même s'ils l'ont pressenti, ne peuvent porter le nom de « philosophie », sous peine de mettre à l'honneur l'orientation logique, entendons contraire au positif, qui les a caractérisés. C'est pourquoi la pensée de Schelling s'exprime sans aucun doute le plus clairement lorsqu'il parle de deux « directions » [13], l'une progressive, l'autre régressive [14], ou encore de « méthode » [15]. Ce dernier terme, précise-t-il, permet de ne pas décider laquelle de ces deux directions mérite véritablement le nom de philosophie. Ne voyons pas là le simple souci d'éviter des polémiques avec les tenants des « anciens » systèmes, mais bien l'idée que c'est l'ensemble des deux directions qui, seul, peut constituer la philosophie positive. Il s'agit là, répétons-le, de constater la nécessité d'une voie propédeutique, très nettement exprimée au début de la leçon VIII [16], puisque la volonté pure et simple du positif est pour ainsi dire impossible, et que l'étude des systèmes qui ont précédé montre abondamment qu'un « simple concept général d'un auteur du monde » ne saurait suffire [17].

Que la « philosophie » négative ne soit telle que par rapport au *prius* positif, qu'elle n'ait en elle-même pas la moindre autonomie, voilà qui est on ne peut plus clair à travers la notion centrale de cette introduction, comme de celles de Munich en général, la notion d'expérience. Cette notion est paradoxalement si inséparable de la

11. p. 8 et 21.
12. p. 25-26.
13. p. 24.
14. Ces qualificatifs apparaissent pour la première fois dans la *Préface à Cousin*, X, 210.
15. *Introduction à la philosophie*, p. 26.
16. p. 21-22.
17. p. 21.

positivité qu'elle n'apparaît presque qu'incidemment, alors qu'il s'agit de préciser les rapports de la philosophie et de la pure pensée, et que Schelling l'introduit en soulignant que la philosophie n'est pas n'importe quelle réflexion sur n'importe quel type d'expérience [18]. Si la positivité ne signifie rien d'autre, comme Schelling le déclare dès la deuxième leçon, qu'une création accomplie par liberté et fruit d'une décision autonome [19], ou, plus généralement, que ce qui émane d'une volonté explicite [20], il est clair que ce qui est positif ne peut qu'être expérimenté, c'est-à-dire ne peut jamais être simplement déduit *a priori*. Toutes les définitions de la philosophie authentique, qui sont autant de rectifications de concepts erronés ou déformés par la vision exclusivement négative de la philosophie, reviennent en définitive à dire que la philosophie, si elle reconnaît le positif, ne peut pas se passer de l'expérience : c'est ainsi, notamment, que la science véritable a comme objet ce dont le contraire n'est pas impossible, elle est toujours le résultat d'un doute surmonté, elle est, à la différence des mathématiques, un savoir *cum emphasi* [21]. L'expérience ainsi comprise caractérise la philosophie positive, c'est-à-dire ses deux voies, directions ou méthodes, la voie progressive, certes, qui suit le chemin même de la création en allant du *prius* au *posterius*, mais aussi, et c'est là ce qui est caractéristique du temps de Munich, la direction régressive, empirisme régressif qui tentera de parvenir au *prius* à partir de ce qu'il a produit, à partir donc de l'expérience que constitue le « grand fait du monde ». Il n'est alors plus surprenant, précisément en vertu de ce rôle central accordé à l'expérience, que sa « définition », les précisions quant à ce qu'elle n'est pas, soient en définitive données fort tard, au milieu de ce qui tient lieu d'exposé historique, dans le bref passage intitulé, de l'un des rares sous-titres du manuscrit, « D'abord de l'expérience » [22]. Rappelons que Schelling y précise, dans des termes constants à Munich, que l'expérience dont il est ici question est « quelque chose d'intérieur », qu'elle est, comme le dit explicitement l'exemple du livre, affaire de compréhension, qu'elle est donc le résultat de la philosophie, entendons de tous les systèmes qui ont précédé, et tout particulièrement de celui dont Schelling s'attribue la plus grande part, la philosophie de la nature. Ce n'est donc pas par hasard ni par négligence si ces précisions quant à l'expérience

18. p. 14.
19. p. 5.
20. p. 8.
21. p. 17-18.
22. p. 37.

apparaissent à ce moment précis du cours, alors que l'exposé historique, après avoir précisé la valeur des systèmes précédents, en dépit de leur insuffisance quant à la compréhension du positif, valeur qui tient précisément à leur caractère d'expérimentations [23], va aborder cette philosophie de la nature qui, si elle n'est certes pas allée, elle non plus, au-delà du fait, présente cependant l'indéniable avantage de l'avoir compris plus profondément que les autres systèmes [24].

Ainsi apparaît la logique de la construction des introductions munichoises : la compréhension du fait du monde, l'interprétation de l'expérience de ce qui a été produit, ou plus exactement créé par le *prius* positif doit se faire de deux façons, selon la voie historique tout d'abord, c'est-à-dire en discernant ce que les systèmes philosophiques passés ont compris de la positivité, comment ils l'ont pressentie, et, en définitive, manquée, mais aussi selon la voie « scientifique » ou systématique, dont la tâche est d'accomplir ce que même la philosophie de la nature n'a pu réaliser, aller « au-delà du fait » [25], en recherchant, et en atteignant, « le point à partir duquel la philosophie peut avancer dans la direction progressive » [26], le *prius* lui-même. C'est cette seconde voie qui fut intitulée par le fils de Schelling, dans son édition des œuvres complètes, « Exposé de l'empirisme philosophique », certes à tort puisque la philosophie positive dans son ensemble, nous l'avons dit, est un tel empirisme, mais le terme « d'empirisme régressif » ne lui convient qu'à la condition de préciser que l'exposé historique en constitue la première partie, le premier échelon en quelque sorte.

Le terme d'exposé historique n'est ici employé que par commodité, pour souligner le parallélisme de construction de toutes les introductions de Munich, mais il est bien moins un exposé historique que celui que l'on trouve dans le cours de 1827-28 ou, bien sûr, dans les œuvres complètes. Il est considérablement plus court, et, si les mêmes philosophies sont évoquées, la brièveté s'accompagne ici d'une insistance toute particulière sur l'appartenance de tous ces systèmes à la voie négative, c'est-à-dire régressive, qui a son point de départ dans l'expérience, mais aussi, et c'est là le principal reproche de Schelling, dans une expérience insuffisamment approfondie, mal comprise, qui ne pouvait donc pas jouer son rôle de voie d'accès au *prius* positif. Le début de la leçon X est à cet égard des plus significatifs, il montre bien que « négatif » est ici exactement synonyme de « régressif », et que

23. p. 37.
24. p. 38.
25. p. 38.
26. p. 74.

cette « science » est bel et bien une direction possible de la philosophie, à condition d'atteindre « le fait véritable, dans lequel est exprimé le positif »[27]. Rappelons simplement que l'erreur, commune à Descartes et à Spinoza, de la séparation du monde en deux substances, pensante et étendue, est un exemple éclatant de cette mauvaise compréhension du monde, donc de son origine. Soulignons également la disproportion, au sein de ce qui tient lieu du traditionnel exposé historique, de la présentation des systèmes de Descartes à Kant, par rapport à celle de la philosophie de la nature, qui prend Fichte comme point de départ, mais qui sera évidemment centrée sur la philosophie de Schelling lui-même. La philosophie de la nature ne peut acquérir une telle importance que dans la perspective régressive, puisqu'elle pose en effet les bases de l'approche « scientifique » du *prius*, et de la philosophie progressive elle-même, notamment à travers la première expression des puissances, et l'analyse, par l'intermédiaire de la particule *« als »*, de la différence entre l'être dans sa pure essentialité, dans sa pure nudité, absence de toute qualité, et l'être *en tant que* tel, qui se pose *en tant qu'*être, qui est désormais prisonnier de l'être[28].

La limite de la philosophie de la nature, comme le rappelle Schelling dans la leçon XIX, réside cependant dans sa conception de Dieu, dont elle a certes fait une substance spirituelle, mais qui demeure toujours substance, c'est-à-dire prisonnière de la nécessité[29]. Il faut donc passer à une autre recherche, celle dont nous avons précisé qu'elle est en un sens plus authentiquement régressive puisqu'elle atteindra le *prius* recherché, qui est annoncée, dans le cours de 1830, par le titre « le système de Schelling »[30]. Il faut ici souligner que l'introduction de 1830, suivant, selon toute vraisemblance, les indications de Schelling lui-même, sépare plus radicalement la méthode d'accès au *prius* des considérations sur les systèmes précédents qu'elle ne séparera la voie régressive de la voie progressive, le passage à la philosophie positive proprement dite est certes indiqué, dans le cours de l'exposé, mais cette dernière n'est pas particulièrement séparée de ce qui lui permet de commencer, comme nous aurons l'occasion de le préciser. Indiquons auparavant brièvement les caractéristiques de cette approche du *prius* par rapport aux textes de Munich qui lui correspondent, notamment le premier cours de 1827-28 et l'exposé dit de l'empirisme philosophique des œuvres complètes. Ces trois textes diffèrent en effet sensiblement,

27. p. 30.
28. p. 44-45.
29. p. 72-73.
30. p. 74.

non certes par leur sens général, il s'agit toujours de comprendre, à partir du fait de la connaissance présent en chacun de nous, que chacun peut donc tenter d'analyser, quel est le concept de Dieu qui peut seul rendre possible cette connaissance, et qui, par la liberté qu'il implique, même vis-à-vis des puissances, sera le point de départ de la voie progressive, de la philosophie positive proprement dite. Mais, au fur et à mesure de ces trois textes, et cela est à l'évidence éclatant dans l'exposé des œuvres complètes, le plus tardif [31] et sans aucun doute le plus travaillé, Schelling devient de plus en plus conscient de la nécessité de préciser chacune des étapes du raisonnement, de le rendre en ce sens de plus en plus rigoureux, de plus en plus « scientifique ». Nous nous contenterons ici d'indiquer que, en 1827-28, plus qu'à une méthode rigoureuse de déduction du concept véritablement positif de Dieu, c'est bien davantage à une discussion des conceptions habituelles de Dieu, qui plus est alourdie et retardée de nombreuses récapitulations, que nous avons affaire. L'introduction de 1830 présente donc une rigueur bien plus grande dans la déduction, distinguant nettement trois étapes : la recherche des principes à l'œuvre dans le procès de la connaissance (leçons XX, XXI), le passage des principes aux puissances, c'est-à-dire la déduction de ce qui se situe avant le procès, donc avant l'être (leçon XXII), enfin la déduction du concept de cause, et de la cause libre, qui peut seule expliquer le déploiement et le maintien de l'unité des trois puissances, ce qui nous permet d'atteindre le véritable concept de Dieu (leçons XXII à XXV). Mais cette déduction se distingue de celle des œuvres complètes par sa brièveté, bien des étapes alors précisées et distinguées sont là absentes, alors même qu'elles étaient présentes dans la première version, moins ordonnée mais déjà riche des caractéristiques du Dieu positif [32]. La version des œuvres complètes réunit alors la richesse du *System der Weltalter* et la rigueur de l'*Introduction à la philosophie*, et révèle sans aucun doute une prise de conscience de l'importance de la voie d'accès au positif, de la « scientificité » de laquelle dépend en définitive celle du *prius,* donc de la philosophie positive elle-même. En d'autres termes, si l'empirisme régressif s'impose pour accéder au *prius*, il faut rendre sa démarche la plus convaincante, la plus détaillée possible.

31. Il date vraisemblablement de 1836-37. Cf. Schelling, *Contribution à l'histoire de la philosophie moderne*, introduction de J.-F. Marquet, n. 4.

32. Dieu est par exemple, dès le *System der Weltalter, « Herr des Seins »,* Seigneur de l'être (p. 105), tout comme il l'est dans le texte des œuvres complètes (X, 308).

Le plus surprenant, pour le lecteur qui a déjà pris connaissance de la physionomie ultérieure de la dernière philosophie, de sa séparation en science rationnelle et philosophie positive, est sans aucun doute l'absence de rupture qui caractérise le passage à la philosophie positive proprement dite dans les introductions de Munich qui nous ont été restituées dans leur intégralité. C'est ainsi que, dans notre introduction, le passage *(Übergang)* à la philosophie positive est certes explicitement signalé [33], mais il est signalé alors même qu'il a déjà été « gagné », c'est l'ensemble de l'analyse du fait de la connaissance qui, peu à peu, nous y a conduit. C'est donc bel et bien un simple changement de direction qui sépare la voie négative de la positive, nous allons retrouver sur le versant positif les puissances dont la philosophie de la nature nous avait fourni les trois figures, instruments désormais de la révélation de Dieu, elle-même inséparable de la création.

Il est alors temps de formuler une hypothèse pour expliquer l'abandon des introductions munichoises, la transformation de l'empirisme régressif en philosophie rationnelle. L'empirisme régressif, parce qu'il est empirisme au sens où l'entend ici Schelling, parce qu'il explore le fait du monde et de la connaissance qui ne peut être connu *a priori* puisqu'il est le résultat de la volonté, positive, du *prius,* suppose à l'évidence ce *prius* qu'il veut atteindre. Il faut avoir déjà admis le *prius* positif pour suivre Schelling dans sa patiente démarche de construction de ce même *prius,* la « dialectique successive et destructrice » [34] n'est en ce sens qu'un complément, peut-être un approfondissement, de l'intuition de ce *prius* que nous devons de toute façon déjà supposer. Il ne s'agit évidemment pas là de simplement dénoncer la démarche régressive comme un cercle qui la disqualifierait, Schelling affirme sans relâche que le vouloir du positif est essentiel, premier, inévitable, même s'il est insuffisant. Il faut pourtant admettre qu'une alternative à ce vouloir, une démarche qui, loin de le supposer d'emblée, semble le récuser, si elle aboutit pourtant à poser le *prius,* sera plus convaincante, plus contraignante pour quiconque se décide à philosopher. Il ne s'agit pas de nier que la philosophie positive ait toujours été l'horizon de Schelling, qu'elle soit donc toujours supposée, mais d'affirmer que l'originalité et la force de l'*Introduction de Berlin* se situe dans la nécessité, pour la raison, d'admettre ce que d'abord elle ne pouvait supposer.

Ce n'est ici pas le lieu d'entrer dans le détail des rapports de la science rationnelle avec la philosophie positive. Contentons-nous

33. Fin leçon XXV, p. 101.
34. p. 102.

d'indiquer, brièvement et partiellement, que l'*Introduction de Berlin* nous montre comment la raison, dont le domaine est l'*a priori*, le *quid*, l'essence, le concept, est contrainte, par sa déduction d'une certaine essence, à quitter le domaine de l'*a priori*. Il ne s'agit pas d'avoir alors recours à l'expérience qui jusqu'alors aurait été exclue. Schelling prend soin de préciser que, si la science rationnelle n'a certes, en elle-même, pas besoin de l'expérience, puisque l'existence ou la non-existence n'ajoute rien au concept, l'expérience l'accompagne pourtant, elle permet de vérifier que ce qui avait été déduit n'est pas une chimère [35]. La science rationnelle, loin de s'interrompre parce qu'elle devrait avoir recours à l'expérience, se voit contrainte à sortir d'elle-même précisément losqu'elle atteint un concept qui ne se satisfait pas de l'*a priori* sans pouvoir davantage être constaté dans l'expérience, puisque cet être « absolument transcendant » est aussi bien « extérieur à toute pensée », « précédant toute pensée », qu'il est « au-delà de l'expérience » [36]. La raison, par l'inévitable déduction du nécessairement existant [37], de ce qui ne peut pas ne pas exister, se voit dans la nécessité de renoncer aussi bien au concept qu'à l'expérience, elle doit se situer au commencement absolu, elle doit renoncer à elle-même pour affronter, en une attitude extatique d'abandon [38], l'acte qui précède toute puissance, mais qui, acte premier s'il en est, ne peut non plus à proprement parler faire l'objet d'une expérience. Ne nous hâtons évidemment pas de conclure que Schelling renie ici la philosophie exposée à Munich, que la philosophie positive n'a plus rien à voir avec l'empirisme philosophique. C'est simplement le rôle de l'expérience dans la philosophie négative qui fait l'objet d'une transformation, par suite de la transformation de la voie régressive en science rationnelle, mais la philosophie positive elle-même, connaissance du nécessairement existant, ne peut, comme Schelling l'affirmait dès Munich, que faire l'objet d'une connaissance *a posteriori*, puisque, et nous nous retrouvons là en terrain familier, ce qui est posé par l'acte par excellence, par l'acte libre, ne peut être connu que par l'expérience que nous en ferons [39]. Schelling insiste, à Berlin, sur un aspect qui, à Munich, pouvait sans incohérence ni lacune être passé sous silence : le mode de « saisie » du *prius* de la philosophie positive, auquel il ne s'agit plus seulement d'accéder, et cette insistance est d'autant plus

35. XIII, 57-62.
36. XIII, 127.
37. XIII, 156.
38. XIII, 163-164.
39. XIII, 127.

urgente que ce qui sépare la méthode de la science rationnelle de celle de la philosophie positive est une différence de nature et non pas simplement de direction. C'est ici une rupture, une extase qui est posée, et non une inversion.

Si la voie régressive, empirique, d'accès au positif contenait en un sens les raisons de son dépassement, si elle ne constituait pas, en définitive, la meilleure introduction à la philosophie positive, l'*Introduction à la philosophie* de 1830 ne peut, quant à elle, être considérée comme un monument remarquable mais dépassé de l'itinéraire schellingien, s'il est vrai, comme nous le supposons, que la dernière philosophie restera jusqu'à la fin orientée vers la philosophie positive qui fut son foyer. Les définitions de la philosophie positive présentées dans notre introduction, ainsi que ses premiers développements à partir des puissances, la caractérisent de façon définitive : il faut comprendre ce qui constitue l'être pour ensuite le suivre, de façon positive, dans sa constitution. L'empirisme régressif et la science rationnelle auront l'un et l'autre pour tâche cette déduction des puissances de l'être, à cette différence près, certes capitale, qu'ils ne se situent pas sur le même terrain. L'insistance de Schelling à rechercher et à préciser la meilleure façon d'accéder au début de la philosophie positive peut alors être lue à la gloire de cette dernière.

Marie-Christine CHALLIOL-GILLET

INDEX NOMINUM

Les pages indiquées sont celles du texte allemand, indiquées entre [] dans notre traduction.

INDEX RERUM

Les pages indiquées sont celles du texte allemand, indiquées entre [ ] dans notre traduction.

TABLE DES MATIÈRES

Achevé d'imprimer par l'Imprimerie de la Manutention à Mayenne
Octobre 1996 – N° 304-96